改訂 シンプルマーケティング

product cone

THE SIMPLE MARKETING

本当に使える『競争の科学』

森 行生
Yukio Mori

SoftBank Creative

はじめに

「ピンポーン」

メールソフトから、メールが届いたことを知らせる音が鳴る。

一通のメールを選び、添付のエクセルファイルを開くと、四〇〇〇行にも及ぶデータの中から「トップボックス四二・七%」という数字が目に飛び込んできた。

「よしっ！」

とココロでガッツポーズを取る。

「森さん、ニコニコして嬉しそうですよ」

とスタッフの一人が声をかけてきた。ココロの中だけでガッツポーズを取ったつもりが、顔の表情にも出てしまったようだ。

「トップボックス四二・七%」というのは、ある商品開発プロジェクトの消費者調査の結果である。私たちが提案した商品のコンセプトが生活者に受け入れられた、いや、大ヒットしそうなことを示すデータなのだ。

私たちのようなタイプのコンサルタントには、つねにこういった通信簿が突きつけられる。いくらクライアントに気にいられようが、面白いと言ってもらおうが、最後の最後には生活者が下した通信簿が突きつけられるのである。

しかしこれはストレスでもなんでもない。むしろそれが楽しくて、マーケティングに携わっているようなものだ。先ほどの数字からは、「グループA」といった人たちがイキイキと街を歩いたり、仕事に必死になったり、仲間とワイワイ騒いでいる情景が浮かんでくる。そんな彼らの心理を読んで、先手を打ったマーケティング戦略を考える。こんな楽しい仕事を本業にできる自分は、本当に幸せだと思う。


さて、本書は前著「シンプル・マーケティング」(翔泳社刊)の改訂版である。前著はマーケティングの実務者やプロだけでなく、ちょうどITバブルがはじける寸前に刊行されたせいもあってかインターネット関係者にも読まれ、無名の著者としては珍しいロングセラーとなった。

そして、前著の刊行からはすでに五年経過しているが、今だに類書が見あたらない。マーケティングの基本書はあるのだが、実務的に突っ込んだ解説や、失敗例を含んだ豊富な事例を紹介しながら、初心者でも読みやすいマーケティング書がないのだ。

そのせいもあってか、前著が手に入らなくなった途端に見知らぬ読者からメールでの問い合わせが殺到した。それも一通や二通ではない。桁が二つも違う数の要望である。そのほとんどが「続編を読みたい」というものと「後輩や社内に渡す共通言語としての理論書がなくなってしまった。どうしてくれるのだ」といった内容なのである。

本書はそういった背景から改訂したものである。

今回の改訂では、基本となる理論は時代によっても色あせることはないのでそのままにし、事例を大幅に書き直している。ただ、いいものはいいし、時代におもねることは避けたいという理由から、「最近のヒット商品ベスト10」のような事例集にはせず、古い事例も載せている。

また、前著で好評ではあったものの、本書に収録するには違和感があった「広告代理店とのつきあい方」という章を削除し、代わりに「半・続編」ともいうべき理論をいくつか加えている。結果として、「準・続シンプル・マーケティング」といった内容にしているつもりである。

最後に、本書刊行にチカラを貸して頂いた外山女史と、原稿が遅々として進まない中、年末年始も返上して頂いたソフトバンククリエイティブの百瀬氏には感謝の意を送りたい。

二〇〇六年一月某日

目次

1 生活者をとらえる

SIMPLE MARKETING

1-1 「イノベータ理論」で生活者をとらえる

企業は「生活者」がわからない

マーケティングでは、「生活者」を把握することが非常に重要だ。もちろん、関係者はそれを身にしみてわかっている。

ヒット商品が出なくなった商品開発部門では、よく「生活者が見えない」、あるいは「見えなくなった」という嘆きが聞かれる。企業にとって生活者を理解することが、ただちに業績にはね返るからだ。

しかし企業サイドが生活者を理解できないのも無理はない。まじめな担当者が自社製品をどうすべきか二十四時間考えているのに対して、生活者はちょっと興味のある商品のことを一日一〜二分ずつ考えればいいほうだ。企業サイドと生活者にギャップが生じるのは、当たり前なのである。

かつて、永谷園に遊んでいても構わない「ブラリ社員」という、担当業務を持たない社員が出現して話題になったことがある。これは、企業と生活者のギャップを埋めようとした試みだった。他の企業もこぞって追従したが、現在、ブラリ社員制度が機能している例はほとんどない。

ブラリ社員の次に流行したのが「モニタ制度」である。これは、「いっそのこと、生活者に商品開発をさせてしまおう」という発想から生まれた制度で、プラスの文具「チームデミ」は新人の女子社員が開発したということで話題になった。また、コカ・コーラの飲料「島と大地の実り」は、高校生が開発に協力した商品ということで脚光を浴びた。

しかし、これらの大半は話題づくりの目的で誇張されたものだった。

生活者をつかまえることは、昔も今も、企業にとって最大の難問の一つであり続けている。さらに、今の生活者は、鋭い選択眼を持った、企業にとってますます手ごわい相手に生まれ変わろうとしている。八七年から九〇年前半までのモノがはんらんする時代をくぐり抜けた消費者は、幅広い商品知識と的確な判断力を兼ね備えた「賢い生活者」になったのだ。

こうした生活者は不況に襲われた後、商品を再利用して徹底的に使いこなす行動パターンをとるようになっている。婦人外衣市場がふるわない中、スーツ、ドレスなどのリフォームコーナーがにぎわい、あちこちでリサイクルショップがオープンしたのは、生活者の「進化」を反映したものである。

「生活者の高度な選択眼に耐える商品でなければ、たやすく売れない時代がやってくる」——これは、不況などで時代が行きづまったときに、いつでもささやかれる言葉であり、いつの時代にも通用する普遍的な真理だ。が、好況期になると、すぐに忘れられてしまう不遇の真理でもある。「ゼロ成長」といわれ、生活者が変貌している今こそ、この真理をかみしめ、マーケティングで生活者の動向を探ることが重要だ。本章ではそのための方法を考えてみよう。

キメが粗いデモグラフィック分析

「生活者」をとらえるためには、市場をさまざまな角度から細分化し、商品を「誰に向けてつくるのか」を明確にする必要がある。この市場の細分化を「マーケット・セグメンテーション」という。

P・コトラーは、セグメンテーションの基準を次のように定めた。

① 地理的要因
② デモグラフィック（人口統計学的）要因
③ サイコ・グラフィック（性格特性図）要因

①の地理的要因には、地域別、都市サイズ別、人口密度別、気候別などの分け方が挙げられる。

②のデモグラフィック要因には、年齢別、性別、家族数別、所得別、ファミリー・ライ

フサイクル別、社会階層別、職業別、教育水準別などがある。
③のサイコ・グラフィック要因には、後述するライフスタイルによる細分化のほか、パーソナリティ別、顧客ベネフィット別、認知段階別、ユーザー状況別、使用率別などが挙げられる。
さて、この三つの中で、比較的細分化が容易なのは、地理的要因とデモグラフィック要因だ。とりわけアメリカでは、地域とデモグラフィックによる細分化が有効である。それはなぜか。

アメリカは九三七・三万平方キロもの広大な土地に、さまざまな人種を抱えた多民族国家である。しかし、国土が広いにもかかわらず人口は二億五千万人弱で、日本のように都市部に人口が集中しているわけでもない。ニューヨークの市域人口は約七〇〇万人で、ロサンゼルスにしても三〇〇万人に過ぎない。人口が点在しており、都市部と諸地域では嗜好や価値観に違いが見られる傾向が強いのだ。

私自身、高校・大学生活をノースカロライナ州の人口二〇万人の都市で過ごしたが、そこには十八、十九歳にもなってノースカロライナから一歩も外へ出たことがないという友人が多かった。アメリカ映画で描かれるような「全国を転々として住居を住みかえる」という行動は、人口の半数以上を占める中・小都市の住人には無縁のものなのだ。

しかも地域により、住民の人種が著しく異なる。たとえばＷＡＳＰ（ホワイト・アングロサクソン・プロテスタント）と黒人では、居住地域が違うのである。収入や家庭環境、家族観、生活観も異なるので、買う商品も違ってくる。こうしたアメリカにおいて地理的・デモグラフィック的要因によるセグメンテーションが重視されてきたのは、極めて自然なことである。

一方、日本でも、昭和三十〜四十年代ぐらいまでは、地域とデモグラフィックによる細分化が有効だった。戦前の教育を受けた人々は、男女で嗜好や考え方に相違が見られたから性別による細分化も有効だったし、戦前世代と戦後世代では受けた教育が異なるために価値観も異なっていた。さらに当時はメディアが普及していなかったために、都市部とそれ以外の地域では情報量が格段に違い、生活観の相違も見やすかった。だから年齢・地域による区分も有効であり、とりわけ年齢によるセグメンテーションはアメリカよりも重視されてきた。

しかし、次第に男女同権の思想が普及し、男女間に嗜好や価値観の目立った違いが見られなくなり、男性向けにつくった商品を女性が購入したり、その逆のケースも増えてきた。また、戦前世代が高齢化して購買力が衰え始めたために、同じような教育と経済状況の下で育った戦後世代が増えて、年齢による差別化もしにくくなった。地理的要因とデモグラフィック要因による市場の細分化は、日本社会の分析にそぐわなくなったのである。

それなのに日本企業の大半は、今だに性別や年齢別の分析を、マーケティングの軸に据えている。これではマーケティングの成功率がガクンと下がってしまうだろう。

現在の日本社会の分析には、サイコ・グラフィック要因による分析、とくに「価値観分析」の手法を使わなければならない。

革新人間「イノベータ」が先を走る

価値観分析に基づいたライフスタイル論については次節で詳しく説明するが、その前にまず、どの時代にも適用できる「生活者の三タイプ」を説明しておこう。各タイプの消費動向は、商品の売上、ひいては二章で紹介するプロダクト・ライフサイクル（製品のライフサイクル）にも大きな影響を与えることになる。

「生活者」は三つのタイプに分類される。一握りのイノベータとそれに続くアーリーアダプタ、そして圧倒的多数のフォロワーである。

まず、「生活者」の中でもっとも早く商品に手をつけるのが、イノベータ＝革新人間である。イノベータはつねに流行を先取りして、時代が求めているモノを拾い出す革新的な存在だ。自分の思想、基準、価値観に自信を持っているから、他人の評価を気にしない。自分がいいと思った商品はすぐに買ってしまう、好奇心旺盛で行動力がある人々である。

しかし、その数は均等に三分されるわけではない。アメリカでは、イノベータは人口の一二％程度だといわれている。三、四十代で教育水準が高く、経済的にも精神的にも余裕がある、弁護士や医者などの知的職業の人が多い。

一方日本のイノベータの性質は、アメリカとは少し異なる。まず、日本のイノベータの

図表1 従来のイノベータ概念図(ロジャーズのイノベータ理論)

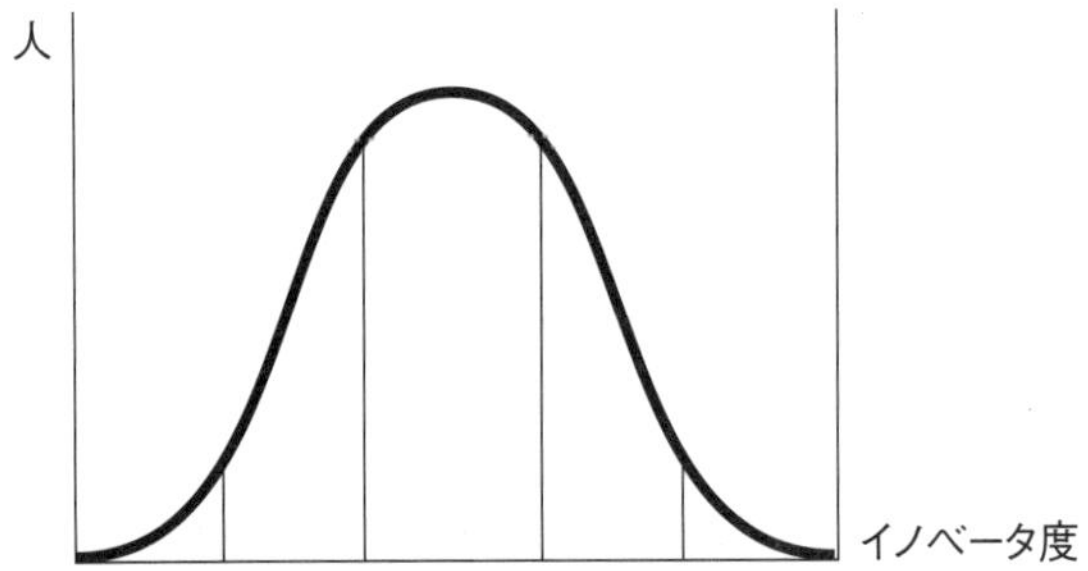

従来の理論では、正規分布によってそれぞれのグループの大きさを表現するだけにとどまっていた。

比率は、アメリカよりも若干低く、生活者の一〇%弱と考えておけばよい。また、従来はアメリカよりも比較的若い世代が多かったのだが、人口も多く、オピニオンリーダー的な存在でもある「団塊の世代」が成長して中年になるにつれて、イノベータの平均年齢も上がってきた。この結果、最近の日本のイノベータの分布は、アメリカの傾向に極めて近くなっている。

もちろん、すべての市場でつねに同じ人間がイノベータであり続けるわけではない。

たとえば自動車のイノベータは若者から先進的な中年だが、食品のイノベータは若い主婦である。またインターネットやデジカメのイノベータは三十代以上のビジネスマンに多いが、ファッションのイ

図表2　日本におけるパソコンシェア（1996年度）

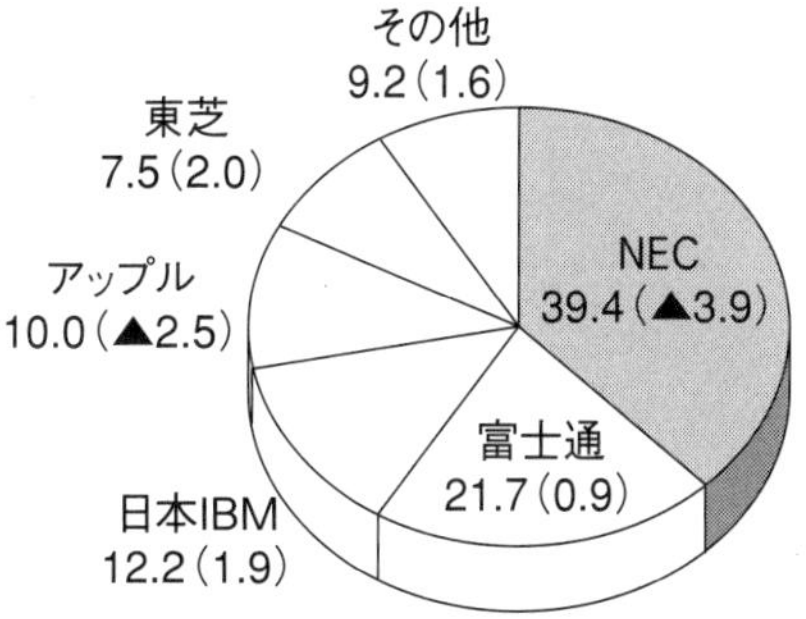

国内出荷台数[96年度]760万台(26.7)

ノベータは「おしゃれ人間」である。

ここで、従来の競合企業とは違う分野のイノベータをひきつけて、言いかえればそれまで発掘されていなかったイノベータにうまく訴求して、従来とはまったく異なる市場をつくってしまったユニークな企業を紹介しておこう。それは「マッキントッシュ」のアップル社だ。

アップル社がマッキントッシュを発表したのは一九八四年。マッキントッシュの"For the rest of us"（パソコンから取り残された人々のために）という当初のコンセプトからもわかるように、それは、従来のパソコンを使いこなせない、あるいは難しいと敬遠している人々のために設計されたパソコンだった。

とはいえ、マッキントッシュの発売当初は、設計思想の先進性にハードの性能が追いつかず、社員の二〇％がレイオフされるなどアップル社の台所事情は厳しかった。また、マッキントッシュの姉妹ブランド「パフォーマ」の戦略的失敗などが尾を引き、勢いがなくなってしまった時期もあった。

それでも、マッキントッシュは、全世界のパソコン出荷台数で天下のＩＢＭと抜きつ抜かれつの攻防を繰り広げるほどの商品に育ったのである。日本でも、日本市場参入当初三％台だったシェアが九六年には一〇％と上昇し、第四位のシェアを獲得するまでに躍進したことがある。

ＮＥＣ・ＩＢＭなど通常のパソコン市場でのイノベータは、メカに異様に詳しい、いわゆる「パソコンマニア」だった。対照的にマッキントッシュを支えたのは、デザイナーや医者など、「メカ・オタク」とはまったく異なった種類の人たちだった。デザイナーは言わずと知れた「感性市場」のイノベータであり、医者は「高額市場」のイノベータである。そんな人たちが、デザイン制作や学会で発表する資料づくりのためにマッキントッシュを購入したのである。

その後、ウィンドウズの攻勢の前に倒産しかけたアップル社だったが、iMacで見事立ち直った。そして、iMacは、それまでの医者やデザイナーの代わりに「若い女性」をイノベータとして取り込んだのだ。

そして現在、アップルはiPodで急成長している。これを支えているのは、いわゆるアップル信者ではない。音楽好き（パソコン好きではない）の若者たちなのである。

いつの世でもヒット商品を発掘するのは、革新人間「イノベータ」である。市場の流れを予測し、商品を仕掛けていくときに、彼らをどうとらえ、彼らにどう訴求していくかが重要であることがおわかりだろう。

ウケねらいの「アーリーアダプタ」と保守的な「フォロワー」

さて、イノベータが発掘したモノは、どうなるか。

アーリーアダプタが流行らせるのである。じつは商品の売れ行きのカギを握っているのは、人口の一五〜三五％を占めるアーリーアダプタだといっても過言ではない。

では、アーリーアダプタとはどんな人々か。

くだけた言い方をすれば、「ウケねらいの人々」である。イノベータが買ったモノを横目で見て、「これはいい」と判断するのがアーリーアダプタだ。彼らがモノを買う基準は、圧倒的多数の保守派層であるフォロワーに「これ、知ってる？」と自慢できるかどうかである。イノベータが主観的で自己完結的であるのに対して、アーリーアダプタはユニークネス欲求は強いものの、客観に傾いた人間といえる。

それではアーリーアダプタの後に続くフォロワーとはどんな人々か？

フォロワーは極めて慎重で、他人の意見を気にしやすく、つねに「これを買ったらバカにされるのではないか」という不安を抱えている。ゆえにフォロワーは、周りの人間が商品を買い出し、その商品が定着してはじめて行動を起こす。保守的で、自分の価値観に自信がなく、親和欲求が強い彼らの判断基準はつねに他人であり、行動パターンは“Me too”（私も）である。ちなみに日本社会では、フォロワーが生活者の六〇〜七〇％を占めるというのが定説だ。

生活者を三タイプに分けるこの理論を、「イノベータ理論」という。このイノベータ理論によれば、まずイノベータが新しい商品やサービスを受け入れ、アーリーアダプタがそれに続き、最終的にフォロワーに浸透して市場が拡大する。ただし、ここで一つ注意しなければならないのは、「イノベータをつかまえないと売れない」ということと「イノベータさえつかまえれば売れる」ということはまったく違うという点だ。

イノベータの割合はせいぜい一〇％前後である。彼らだけに受け入れられる商品や広告をつくっても、たかが知れている。実際、イノベータだけにヒットしたが、それ以外の層に広がらなかった商品は多い。たとえばキリンの「ウーロン茶」やたばこの「ミスティ」などはその好例である。熱狂的なファンはいたものの、そこで売上が止まってしまった。

また、一般的に「ブーム商品」と呼ばれる一過性のヒット商品も、イノベータだけが飛びついて話題にはなったものの、本質的なヒット商品には育たなかった商品である。最近の例では、アミノ酸飲料などが「ブーム商品」の筆頭に挙げられるだろう。

従来、イノベータ理論は、イノベータにさえ受け入れられれば「自動的」に大衆に広がると理解されがちだった。しかし正確には、イノベータに受け入れられることが、商品を

「効率的に」大衆に広げるための一条件だと理解すべきである。

それでは、イノベータだけにしか受け入れられない、単なる「ブーム商品」と、本格的に拡大する可能性がある「ヒット商品」の違いは何か？　もちろん、商品自体の性質の違いもある。しかし「ヒット商品」になるかどうかのカギは生活者、中でもとりわけアーリーアダプタが握っているのである。

「アーリーアダプタ」が商品成功のカギを握る

なぜ、アーリーアダプタが商品浮沈のカギを握っているのか？

イノベータは高感度のアンテナでいい商品を見つける能力を持っている。しかし彼らは、自分の判断力に自信を持っており、ことさら他人に選択眼をほめられたいとは思わないので、自分が持っている情報を他人に伝えようとしない。よって、前述したとおり、イノベータが発掘した商品が普及せずに、単なるブームに終わるケースも多い。

たとえば、４ＷＤ車（ＲＶ）について考えてみよう。４ＷＤ車が初めて日本で生産されたのは、三菱自動車がウイリスオーバーランド社と提携した一九五三年である。しかし当時の４ＷＤ車はオフロード主体の「ランドクルーザー」（トヨタ）などしかなく、一部でレジャー用として用いられたものの、大部分は土木・建設などの業務用や軍需用に用いられていた。生産台数もせいぜい月産百台で、４ＷＤ車に注目するのは一部のマニア＝イノ

図表3　イノベータ理論の新概念図

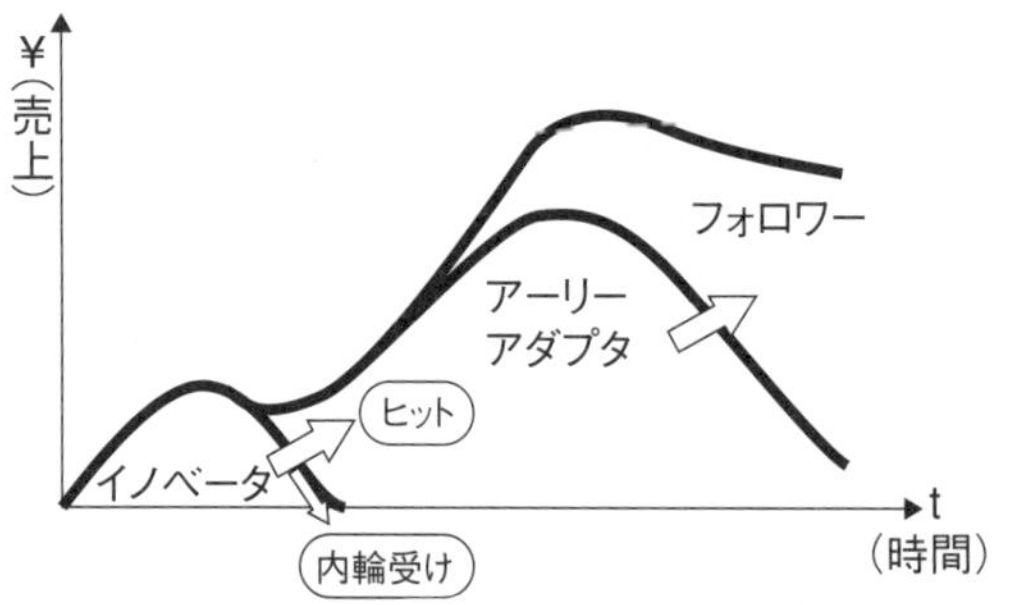

**内輪受け商品（＝ブーム）はイノベータだけに支持されたもの。
アーリーアダプタにまで到達しないとヒット商品にならない。**

ベータに過ぎなかったのである。

こうした状況の中で、イノベータの根強い支持に注目した三菱自動車が、オフロード走行に加えてオンロードの性能などもミックスした「パジェロ」を発売した。

パジェロの売上も、当初は低迷しており、八二〜八四年は月産八百台以下に過ぎなかった。しかし八三年の「パリ〜ダカール・ラリー」でのクラス優勝によって一躍脚光を浴びることになり、八五年には月産千台を超し、以後八六年に約千五百台、八七年に約二千台、そして九一年には月産五千台を突破と、目を見張る伸びを達成したのである。

パジェロの発売当初の不振の原因は、情報がイノベータからアーリーアダプタにうまくシフトしなかったことにある。

そこから飛躍的に売上が伸びていったのは、「パリ〜ダカール・ラリー」のTV放映などをきっかけとして「パジェロ」の優れた利便性がアーリーアダプタやフォロワーにも知られたためだ。むろん、アウトドア志向など、時代の趨勢がパジェロの売れ行きに一役買ったのも確かだろう。しかし、アーリーアダプタが、商品の成功に大きな影響を及ぼしたのは明らかである。

「市場に出すのが早過ぎた」といわれる商品のほとんど、たとえば青山や六本木などの最先端地域や一部のクリエイターの間の内輪受けに終わった商品は、アーリーアダプタの支持を受けない、あるいはイノベータからアーリーアダプタへ情報が伝わらなかったケースだ。そのため圧倒的多数のフォロワーにも情報が伝わらず、商品が普及しなかったのである。

アーリーアダプタは、フォロワーに対する強力なセールスマンの役目を果たす。だからヒット商品を育てるという観点からいえば、アーリーアダプタの目を引きつけることを一番に考えなければならない。

SIMPLE MARKETING

1-2 「ライフスタイル」から生活者をとらえる

前節で説明した「生活者の三タイプ」は、どの時代にも適用できる法則である。

しかし、「生活者」は時代の影響を受けないのか？　ものの考え方は、時代とともに変化しないのか？

もちろん、そんなことはない。生活者の考え方は、時代とともに移り変わる。しかし、いつの時代でも、生活者の中で最初に考え方を変えるのは「イノベータ」である。それを「アーリーアダプタ」と「フォロワー」が追いかけることによって、三者の関係は維持されていく。

日本人の価値観の変遷

では、日本人の考え方はどのように変わってきたのだろうか？

イノベータ理論を側面から理解するためにも、日本人の価値観の変遷を追ってみよう。

日本に「価値観分析」の考え方を他に先駆けて一九七三年に紹介し、これに基づいて最大のデータベースを構築したODS社のODS—LSI（ライフスタイル・インディケーター）によると、戦後、日本人の欲求は五段階に変化したという。

図表４　日本人の価値観の変遷

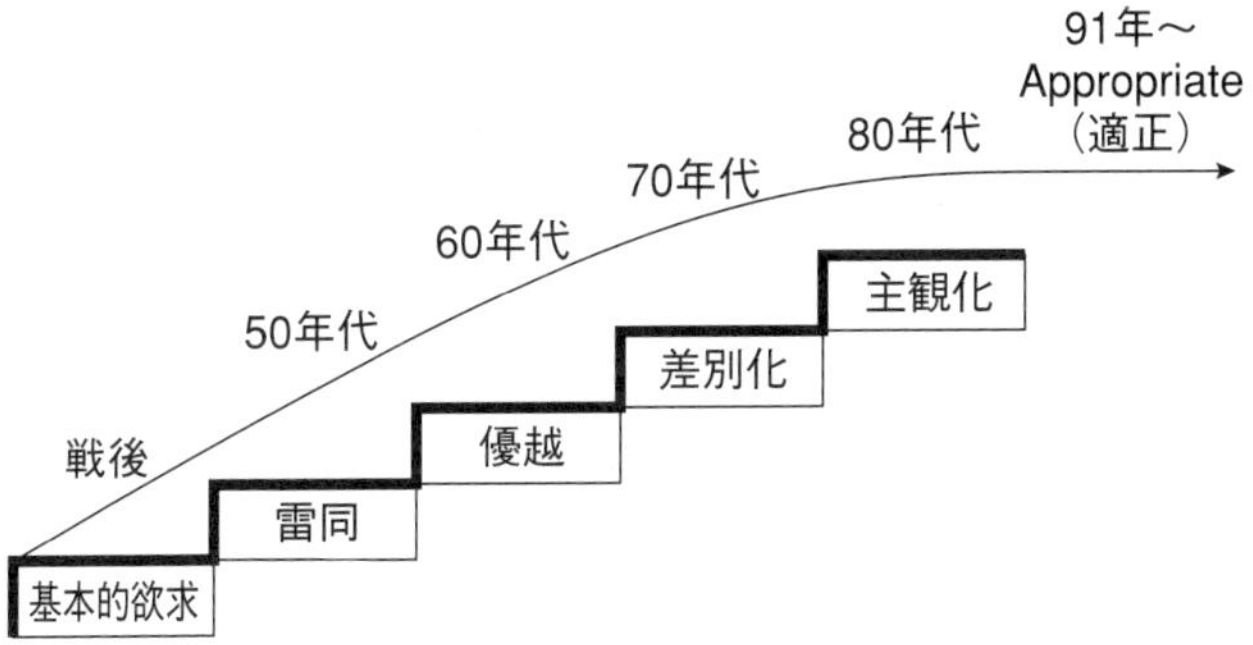

出典:ODS-LSI

〈第一段階〉

　敗戦直後の日本人が持っていた欲求は、食べられればいい、住めればいいという、基本的なニーズだった。すなわち一九四〇年代は、第一段階の「基本的欲求」の時代だった。


〈第二段階〉

　五〇年代の日本は、一〇％程度の経済成長率を遂げた「神武景気」と、その崩壊による「なべ底不況」を経験した。しかし、もはや戦後の黎明期を通過したことは明らかであり、基本的欲求が満たされた人々は、今度は他人の目を気にし始めた。そこで隣人がＴＶを買ったのなら、自分もＴＶを買いたいという付和雷同型の欲求が芽生えた。つまり五〇年代は、第二段階の「雷同の欲求」の時代だった。

〈第三段階〉

六〇年代に、日本は高度成長期を迎えた。実質GDP（国内総生産）成長率は六〇〜六一年に一〇〜一三％、六二〜六三年に八％前後、六四年に一一・四％と急成長し、六五年には構造不況のために低迷したものの、六六〜六九年には五年間連続で二ケタの成長率を記録した。家庭にはベッドやステレオ、ピアノなどがそろい、人々は、他人よりももっといいモノをそろえようと躍起になった。そんな頃合いを見計らうかのように、アメリカの広告業界（マディソン・アベニュー）から比較広告の波が押し寄せ、トヨタカローラの「プラス一〇〇CCの余裕」という広告に、日産サニーが「隣のクルマが、小さく見えます」とお返しして話題になったりもした。また、「大きいことはいいことだ」と主張する「森永エールチョコレート」のCMも、この時代を象徴していたといえよう。つまり六〇年代は、第三段階の「優越の欲求」の時代と定義づけられる。

〈第四段階〉

七〇年代になると、所得が増大し、消費は高い伸びを示した。一億総中流化が進み、レジャーなどのサービス支出が拡大して、人々の好みは多様化した。そのためモノを「つくれば売れる」時代は終わった。人々には、他人と違うモノを手に入れたいという欲求が芽生え、他人の知らない店、商品が求められ始めた。生活者の視点につねに他人の視線が介在した七〇年代は、第四段階の「差別化の欲求」の時代だった。

〈第五段階〉

八〇年代は、七〇年代に芽生えた個人主義的傾向に拍車がかかった。八七年から九〇年までに経済成長率が年平均五・二％に達し、バブル景気にわいたものの、バブル後はリサイクル意識が高まり、社会は成熟期を迎えた。晩婚化、シングル化が進んだことは、他人の思惑など気にしないで、自分らしいモノに囲まれて暮らすことを望む人が増えたことを示している。コミック・マーケットやパソコン通信など、専門的な知識がなければ理解できないマニアックな製品やトレンドが流行した八〇年代は、第五段階の「主観化の欲求」の時代だった。

こうして日本人の価値観は、五段階に変化した。

ちなみにＯＤＳ―ＬＳＩでは、九一年から〈第六段階〉の「Appropriate（適正）の時代」を迎えたとしている。つまり人々の志向が「足元を見つめ直し、自分にふさわしい生活をする」段階に移行したということである。しかし、その結果として、二十〜三十代に「下流意識」が定着しつつあるというのは皮肉というべきだろう。

ヤンケロビッチの「意識のピラミッド」

日本人の価値観は、以上のように変化してきたと説明できるが、これは非常に抽象的で数値化するのが難しく、マーケティングに適用しにくいという欠点がある。

そこで、人間の「意識」を多変量解析という統計の手法で数値化しようと試みたのがアメリカの社会心理学者ヤンケロビッチ博士だ（多変量解析とは何かについては、ここでは書かない）。

ヤンケロビッチ博士は、人間の意識から行動までを、図表5のようなヒエラルキーの中で位置付けている。すなわち、

①ソース（Source）＝基本的意識、性格
②ヴァリュー（Value）＝価値観
③クライテリア（Criteria）＝生活基準
④テイスト（Taste）＝生活の志向、好み、感性
⑤マニフェステーション（Manifestation）＝生活行動

である。つまり、①人にはもって生まれた基本的、根源的意識（ソース）があり、そこから、②漠然とした種々の物事に対する姿勢、価値観（ヴァリュー）が生まれる。こうした潜在意識がベースとなり、③状況に対しての判断基準、価値基準（クライテリア）が生まれる。そしてある判断、選択を必要とする事象に遭遇したときに、優先順位の決定を迫られる。こうして、④「具体的な事象」に対する志向、好み、意見、考え方（テイスト）が

図表5　ヤンケロビッチの価値観ヒエラルキー

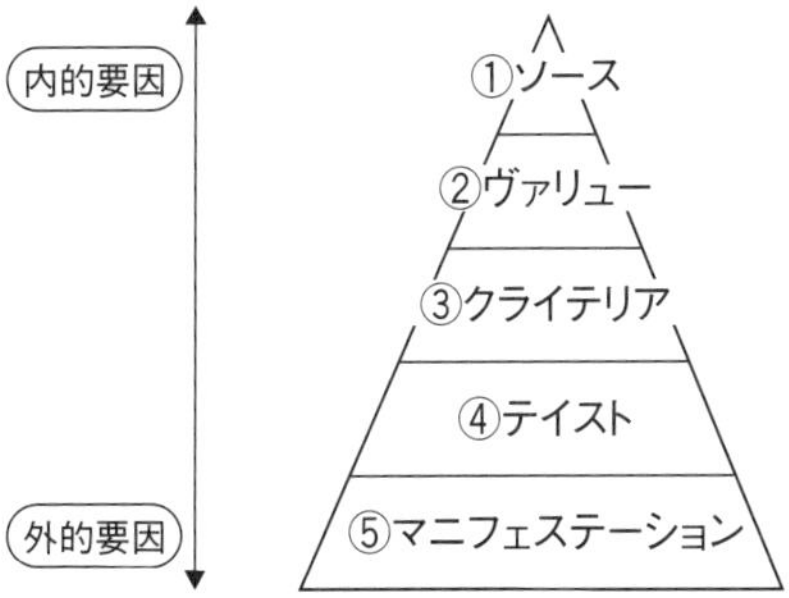

表出する。そして、それらの影響を受けて、⑤実際の行動（マニフェステーション）に結びつくというのである。

では、具体例を出して、図表5のピラミッドを説明してみよう。

人にはもって生まれた先天的資質と、学習や生活環境などで培った後天的な資質があるが、①のソースとは、生まれたときから各人が備えている意識、性格のことである。

②のヴァリューは、社会との接点で持つ生活意識、価値観を指す。後天的なものであるが、先天的な潜在意識に近い、たとえば「社会に溶け込んで生活すべき」「従来の常識は自分が好まなければ従う必要はない」などの、いわば「信条」を指す。

③のクライテリアは、状況に接しての

判断基準、価値基準を指す。わかりやすくいえば「理想とする自分と、それを取り巻く生活環境」のイメージである。たとえば、歴代売上十二位にランキングされるヒット曲である小坂明子の「あなた」においては、「家には暖炉があって、あなたがいて、子犬がいて、私は編み物を編んで」という世界が描かれている。あるいは「知的なエリートビジネスマン」といえば、オフは家族や子供とともに過ごし、アウトドア派で釣りを楽しむ人たちだなどといった、ひところのアメリカン・エキスプレスの広告に登場したような人物像が、薄ぼんやりと見えてくる。こうした基準がクライテリアなのである。クライテリアは、一人に一つしかない場合もあれば、二〜三ある場合もある。

④のテイストは、モノに対する嗜好など、より顕在意識に近い領域を指す。たとえば「あなた」の場合でいえば、「家は木造がよくて、テーブルは木目のシンプルな、丸くて温かいデザインのものがいい」といった、あるいは「知的なエリートビジネスマン」なら「無線通信機能付きサブノートパソコンを持って、クルマはヨーロッパ車で」といった、かなり明確な生活イメージである。

⑤のマニフェステーションは、実際の選択、行動を指す。社会状況の影響をもっとも受けやすい領域である。たとえば、「エグザス」で普段の健康を維持し、「シェ松尾パティスリ」でお茶をした後、愛車「アウディ」に乗って、自宅に戻ってから「ハービーリーフ」のフルーツティをいれながら、「VAIO」でメールをチェックするといった、具体的な商品名や行動のことだ。

ただし、ヤンケロビッチは、人間の意識が図表5の上から下（①から⑤）への流れをたどると説いているが、実際には下から上へ逆行するケースも頻繁に見られる。たとえば若い女性は、雑貨売り場で気に入ったモノを手に取ったときに、その製品を使っている自分や、自分の部屋にその製品が置いてあるさまをすぐに思い浮かべるという。これはマニフェステーションが意識を刺激して、自分のテイストやクライテリアを認識させてしまう好例である。

「ライフスタイル」の落とし穴

さて、五つの層に分けられる人間の意識のうち、ソースは先天的な資質、性格だから、基本的には生涯変わらない。一方、意識の最表層にあるマニフェステーションは、実際の選択、行動であり、五つの意識の中でもっとも社会的影響を受けやすい。ゆえに、時代とともに目まぐるしく変わる。「知的なエリートビジネスマン」の着る服、愛車、飲む酒は、流行の変化や社会の変遷とともに、次々と変化していくのである。

つまり、図表5の三角形のうち、下にいくほど社会的な影響を受けやすくなり、上にいくほどそうした影響を受けにくくなるのだ。

そして、雑誌やTVで頻繁に登場する「ライフスタイル」という言葉は、「テイスト」と「マニフェステーション」を指す場合がほとんどである。そして従来のマーケティングもまた、人の表層意識ばかりに注目してきた。一時期もてはやされたライフスタイル論は、「カーテンの色が変わったから、その人のライフスタイルも変わった」というようにとらえていた。目に見える人間の行動を「ライフスタイル」と安易にくくり、それに基づいたマーケティング活動を行なってきたのである。

しかしこうした理解の仕方では、ライフスタイルの理論をマーケティングに生かす意味はまったくなくなってしまう。「週に何回スーパーを利用するか」とか、「時計を何個持っているか」などのように、現象だけを追いかけることとなんら変わりはないからである。「ライフスタイル」の「スタイル」は「考え方」であり、決して「やり方」といった表層的な意味ではない。ライフスタイルは、本来はヴァリュー（実際にはクライテリアも含む）であるべきなのだ。だが、多くの企業はライフスタイルを「テイスト」と「マニフェステーション」だと見なし、失敗を重ねてきた。

例を一つ挙げてみよう。

スポーティで高級志向の「ハイソ・スポーティカー」が流行し、「ソアラ」が大ヒットしたことがあった。若者の高級志向が高まり、「クラウン」や「セドリック」「シーマ」などの中高年向けのラグジュアリーカーが人気を集めたこともあった。

ところがその次には一変して「プレリュード」などのいわゆる「ナンパ・カー」、そしてRVが大ヒットした。メーカーは、なぜユーザーの好みが急激に変わるのかがわからず、頭をかかえてしまった。

しかし、じつはユーザーの選択基準は変わってはいなかったのだ。それは、「女性にもてたい」であった。「もてたい」というユーザーの「クライテリア」、あるいはもっと内部の「ヴァリュー」「ソース」は十年前とほとんど変わってはいなかった。にもかかわらず人間の表面的な意識である「テイスト」と「マニフェステーション」ばかりを追っていたメーカーは、激しい変化に振り回されて疲弊してしまったのである。

もう一つ例を挙げておこう。八〇年代初めの「いい女」とは、「経済的に自立した大人で女性らしい人」だった。この定義は、今もほとんど変わっていない。ファッションの流行、つまりテイストやマニフェステーションは、八〇年代前半のDCブランドブーム、後半のインポートブーム、そしてワンレン・ボディコンからナチュラル志向と目まぐるしく変わった。しかしその影には、ヴァリューやクライテリアである「いい女」の定義が息づいているのである。逆にいえば、八〇年代から九〇年代にかけてのファッションの流行は、女性が「いい女」像を模索した結果だといえよう。

ヴァリューとクライテリアという意味でのライフスタイル（価値観）は、五年や十年では変わらない。この本来の意味でのライフスタイルがユーザーの選択基準であると理解すると、マーケティングが容易になる。とりわけ中長期的に考えねばならない商品開発がずっと楽になる。ライフスタイルが変わらない限り、その基準の範囲内で、商品の企画をどのように組み合わせるべきかという問題に集中できるからだ。たとえば自動車に関していえば、まずは現代の若者にとって「女性にもてる」クルマとは何か、という問題に絞って考えればいいのである。

「ニーズ」と「ウォンツ」の適正バランスがロングセラーをつくる

さて、人の意識の根幹は変わりにくいから、そこを注視することで商品の基本的発想が得られることはわかった。

では、具体的に商品をどのように肉付けしていったらいいのか？　逆にいえば、生活者の欲望をどのようにとらえていけばいいのか？

人間の欲望は「ニーズ」と「ウォンツ」の二種類に分けられる。

「ニーズ」は商品に対する基本的欲求である。たとえば自動車に対する「ニーズ」は、「走る、曲がる、止まる」である。

これに対して「ウォンツ」は、要するにデザイン性の高さや稀少価値などの商品の基本的機能以外に対する生活者の欲求である。商品に「ウォンツ」が欠けていても、基本機能は満たしていれば、商品として成り立ちはする。しかし、「ニーズ」を満たすだけでは魅力に乏しい商品になってしまうのである。

この「ニーズ」と「ウォンツ」によって、「ブーム」といわれる現象を説明してみよう。図表6を見てほしい。図のように、「ニーズ」のグラフはほとんど起伏がない。つまり、人々の「ニーズ」は、時代を経てもほとんど変化しない。

図表６　ブーム商品とヒット（ロングセラー）商品

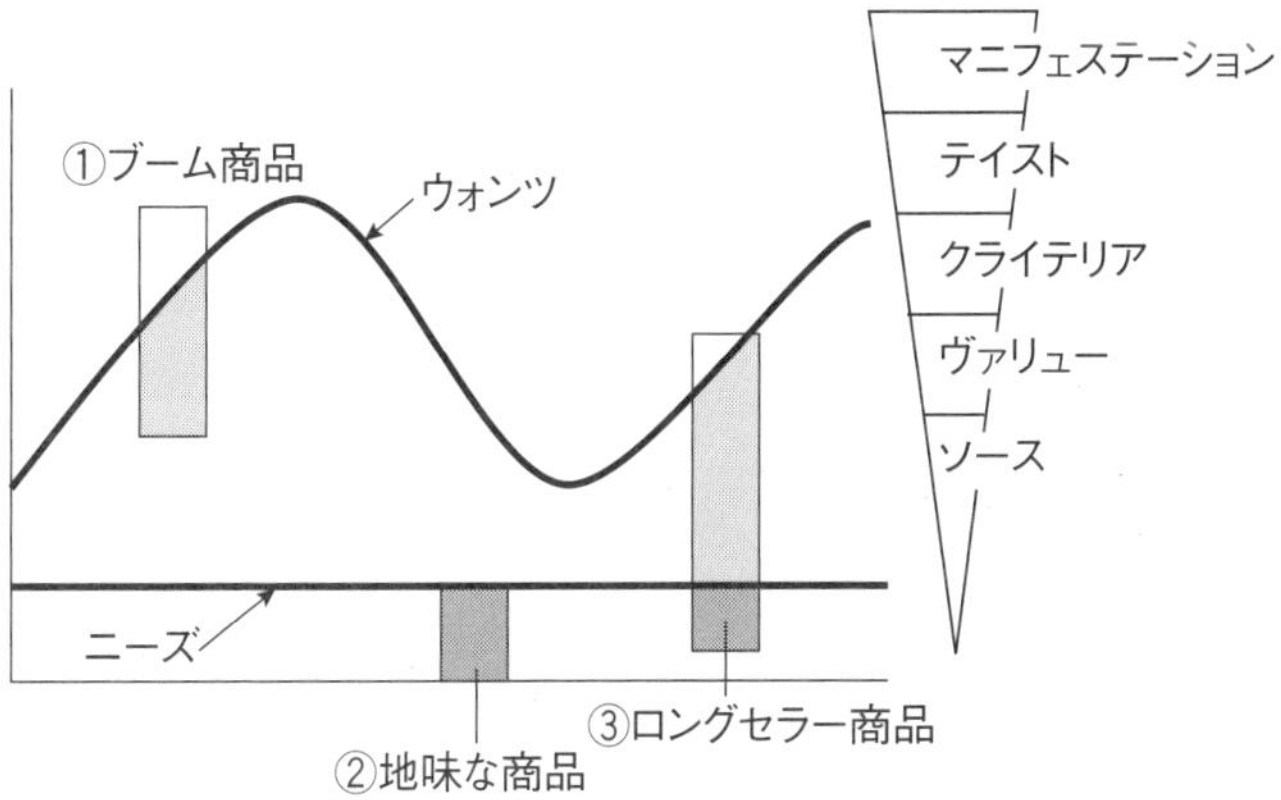

一方、「ウォンツ」のグラフは起伏に富んでいる。つまり「ウォンツ」は時代とともに激しく移り変わる。そして、「ブーム商品」は、「ウォンツ」の部分にはかかっているが、ニーズにまで達していない。

つまり、ブーム商品とは、「ウォンツ」しかとらえていない商品のことなのである。たとえば、味はよくないが、ファッション性の高い飲み物は、まさにブーム商品である。「味のよさ」という飲料の「ニーズ」を満たしていないために、いっときもてはやされてもすぐに廃れてしまう。

また、一見「ニーズ」をとらえているように見えても、じつは「ウォンツ」にしか訴えていない商品もある。「健康志向」がもてはやされて四十年たつが、

「健康的だが味は悪い豆乳」や「健康的だが面倒なジョギング」などは、まさに「ウォンツ」のみの商品だ。詳しくは述べないが、ここ二十年ほどで一挙に注目を集めた「環境問題」も、まさにウォンツ商品である。この問題を「ニーズ」としてとらえている企業は、生活者から手痛いしっぺ返しをくうことになるだろう。

こうしたブーム商品の対極にあるのが、図表6の「地味な商品」のように「ニーズ」は満たしているが「ウォンツ」を満たしていない商品だ。こういった商品は、基本的には面白みがなくて魅力に欠けがちだ。

ただ、基本機能がとび抜けて優れていたり、偶然、時代の要請と基本「ニーズ」が一致した場合には、ヒットすることもある。「地味な商品」のうち、時代の波がその商品の「ニーズ」寄りになって急激に売れ始めた例としては、エバラ食品が仕掛けた「浅漬けの素」が挙げられる。じつはこの商品はエバラ食品のオリジナルではなく、東北地方では同様の商品が売られていた。しかし、バブル崩壊によって人々が家庭にいる時間が長くなったという「ウォンツ現象」が「ニーズ」に肉薄したために、いきなり世の中に躍り出ることができた。仮にバブルのまっただ中に市場に投入したら、あそこまではヒットしなかったはずである。

また、こういった商品は、良心的な企業が細々とつくっているケースが多いが、大企業では「市場性がない」という理由で品ぞろえリストから外されてしまう失敗作である。「浅漬けの素」は例外的に好運な商品だったといえよう。

超ロングラン商品「シャネル」の秘密

さて、ブーム商品と、基本（地味な）商品のメリットを兼ね備えているのが、図表6の③に示されている「ロングセラー商品」である。ロングセラー商品は、図のように「ニーズ」と「ウォンツ」の両方を備えているために、長く愛される。実用性があり、魅力にも富んでいるので、時代を超えてユーザーを引きつけることができるのである。

この「ロングセラー商品」の例としては、「シャネル」が挙げられる。一九一〇年にガブリエル・シャネルがパリのカンボン通りにオープンした「シャネル」は、ジャージーのコートやショルダーバッグ、「シャネルNo.5」など、時代の「ウォンツ」をとらえた商品を連発して、次々とヒットを飛ばした。しかし「シャネル」の成功の要因は、時の流れに迎合したためではない。その成功は、創業者ガブリエルの完璧主義に裏づけられたクオリティの高さ、そして、たとえばバッグの中身が散乱しないように「中ぶた」が付けられている、といった優れた実用性を備えていたことにある。

戦後の長いブランクを経て、七十一歳でファッション界にカムバックしたシャネルは、当初業界から冷たくあしらわれた。すでに新しいデザイナーが次々と出現していたフランスのモード界では、「シャネル」のセオリーはいかにも古臭く見えたからだ。しかしアメリカで再び起きたシャネルブームをきっかけに、以後、順調な業績を上げ続けることになる。

日本では、七八年から「シャネル」の輸入が始まった。八〇年代の空前のDCブランドブームの後でも、「シャネル」は生き残り、その後、好景気で高級志向が進んだことも作用して人気が爆発した。「シャネル」が長く愛され続けるのは、女性の「美」と「服」に対する本質的な「ニーズ」をとらえたうえで、原則的に提携商品を許さない徹底したブランド管理を行ない、「シャネル」のコンセプトを守り抜いているからだ。この頑なともいえる姿勢によって、王者「シャネル」は「ニーズ」と「ウォンツ」の比率をずっと変えずに世界に君臨し続けているのである。

また、「シャネル」に準じるロングラン策で成功を収めた企業として、「コカ・コーラ」も挙げられる。「ニーズ」を満たすと同時に、「ウォンツ」の面ではその時代の等身大の若者を広告に起用して、「さわやか」というキーワードを一貫してうたいあげている。このイメージ戦略が功を奏し、東京企画が行なった「八九〜九一年のCM好感率ランキング」では、好感率一一四・四%とトップを独走した。

さらに、「コカ・コーラ」とよく似た戦略で成功したのが、日本たばこの「マイルドセブン」ファミリーである。七〇年代後半に発売された「マイルドセブン」はタールを抑えた「軽さ」が受けて、七八年以降現在までトップを独走している。もともと軽いたばこであることがセールスポイントなのに、たばこの弊害を訴える時代の要請に応じて、八五年に「マイルドセブン・ライト」、八九年に「マイルドセブン・スーパーライト」、二〇〇三年に「マイルドセブン・ワン」などと、さらにタールを減らしたブランドファミリー戦略を駆使して成功を収めた。「ニーズ」に加えて時代の「ウォンツ」に対応したのである。その結果、単一ブランドとしては世界最高の販売量を誇り、戦後の売上首位の最長不倒記録を塗り替えるトップブランドに成長した。

ただし「シャネル」が「ニーズ」と「ウォンツ」の比率をほとんど変えていないのに対して、「コカ・コーラ」や「マイルドセブン」は時代に応じて戦略的にこの比率を変えている。

たとえて言えば、「シャネル」は遠くの山から見える列車である。列車は確かに動いているが、山からあまりにも遠いので、止まっているように見える。「ニーズ」と「ウォンツ」の比率も少しは変えているのだが、微少であるためにほとんど目立たない。

一方、「コカ・コーラ」や「マイルドセブン」ファミリーは、列車と一緒に動いている自動車のようなもので、並走しているときは、列車も自動車も止まったように見える。しかし「ニーズ」と「ウォンツ」の割合は、確かに動いているのである。

社会状況に合わせている点で、「コカ・コーラ」や「マイルドセブン」は機を見るのに敏だといえる。が、いったん時代を見誤り、生活者が求めていない「ニーズ」と「ウォンツ」の打ち出し方をしてしまうと、大失敗を犯す可能性もある。

事実、この二大ブランドにも、かげりが見えてきている。「コカ・コーラ」は長らく炭酸飲料のトップを独走していたが、その販売量は年々減少している。この不調の原因は非炭酸・微炭酸飲料を求める時代の流れと、生活者の「甘さ離れ」にうまく対応できていないことにある。「コカ・コーラ・ライト」や「ダイエット・コーク」を発売して巻き返しをはかっているものの、「味」という「ニーズ」の面でも、時代に沿った「ウォンツ」の面でも成功しているとはいえない。

「マイルドセブン」にしても、かつての勢いはない。最盛期には市場の四〇%を占めていた「マイルドセブン」ファミリーのシェアも、今や三〇%を切っている。

しかし、不調とはいっても、「ウォンツ」と「ニーズ」のバランスもまともにとれない商品が多い中で、「コカ・コーラ」や「マイルドセブン」の成功に学ぶ点は多い。また同時に、これらの二大ブランドの不振は、このバランスを保ち続けることがいかに難しいかも示唆している。

さて、再び図表6を見てほしい。「ニーズ」と「ウォンツ」のグラフの横にヤンケロビッチの「意識のピラミッド」がさかさまに描かれている。つまり、さかさまのピラミッドの先端部分ほどニーズに近くなり、すそに行くにつれて「ウォンツ」に近くなる。「ソース」や「ヴァリュー」が「ニーズ」に極めて近く、「テイスト」や「マニフェステーション」は「ウォンツ」に近いのである。

つまり「シャネル」や、不調とはいえ大きな実績がある「コカ・コーラ」「マイルドセブン」ファミリーなどのロングラン商品は、人の潜在意識と顕在意識の両方を視野に入れ、うまくバランスをとるという理にかなった戦略をとっているのである。

ライフスタイルで「イノベータ」を見分ける

さて、生活者のとらえ方について、ヤンケロビッチの理論や、「ニーズ」と「ウォンツ」の考え方を交えて説明してきた。ここからは「ライフスタイル」と、その理論を適用するうえで注意すべき点について説明しよう。

すでに説明したとおり、現在の日本社会においてイノベータを見つけるには、ライフスタイルを分析する必要がある。

従来の日本のイノベータは、二十代が圧倒的多数を占めていた。アーリーアダプタになると二十代の比率は若干減り、フォロワーになると三、四十代が断然増えて二十代の比率はめっきり減っていた。ゆえにイノベータを見分けるためには二十代を対象にマーケティング努力をすればよかった。

しかし、最近はそれだけではイノベータを見つけにくくなってきた。戦後世代が増えたために、三、四十代の人間がイノベータに入り込んできたのである。

中高年齢層のイノベータを代表するのが、一節でもふれた「団塊の世代」である。彼らは数において多数を占めるだけでなく、従来のルールや常識を、その圧倒的な数を武器に変えてきた人々である。つまり、もともとイノベータ、あるいはアーリーアダプタ的な集団なのだ。その団塊の世代が、現在は五、六十代になっており、従来の「中年」のイメージを変えてしまった。たとえば、バブル景気にわいたときに高額商品のイノベータになったのは、まさに団塊の世代だった（二十代の若者がいくら先進的であっても、高価な商品は買えない）。パソコンでは今でも若者がイノベータだが、携帯電話やパーソナルワープロのイノベータは団塊の世代だった。

また、従来は若者文化の仕掛け人は学生企画集団などの若者自身であり、大学生を中心とする若者が時代をつくっていったのだが、最近では団塊の世代が、食べ放題の店などのブームの仕掛け人になっている。

さらに年齢だけでイノベータを判断するのが難しくなったもう一つの理由がある。それは情報やモノがあふれたために、日常生活において専門化が進んだことである。

社会心理学者のミルグラムは、情報があふれ、個人では処理できない状況を「過剰負荷環境」と称して、それに対して人間は四つの対応を取ると主張した。そのうちの二つは「刺激に対する対処時間の短縮」および「重要でない刺激は無規する」ことを進めていくことだが、これは「興味があることは深く探索するが、そうでないことには極力手を抜く」という現在の生活者像に一致する。

一説には二十年前の三倍ともいわれる現在の情報流通量を考えれば、ミルグラムのいう「過剰負荷環境」が進んでもなんら不思議はない。

「興味があることは深く追求するが、そうでない刺激は無視する」人間。これを言いかえれば、ある分野ではイノベータだが、別のジャンルでは完全なフォロワーになる傾向が強いということになる。

以上主に二つの理由によって、「二十代＝イノベータ」という図式は崩壊している。マーケティング担当者にとっては幸いなことに、すべての産業で「二十代＝イノベータ」の図式がくつがえるほどには事態は進んでいない。しかし製品によっては、従来よりも二十代のイノベータ比率が減りつつあるのは事実であり、「二十代＝イノベータ」の方程式でイノベータをとらえるのは、非効率的になりつつある。そのためヤンケロビッチの理論などで価値観やライフスタイルを分析する必要が出てきたのである。

この現象を実例を挙げて説明してみよう。

たとえば二十七歳の男性二人がいるとする。一人はAさん、もう一人はBさんだ。

Aさんは二十七歳・独身・年収五百万円。

一方Bさんは二十七歳・独身・年収四百八十万円。

ここまでなら、AさんとBさんはまったく同じタイプの生活者ということになる。ところが二人の条件は、ここからガラッと変わってくる。

Aさんは二十七歳・独身・年収五百万円。ガールフレンドが一人。趣味はクルマ、読書、マリンスポーツ。ウインドサーフィンの大会に出場して優勝したことがある。たばこは「マイルドセブン」。

Bさんは二十七歳・独身・年収四百八十万円。ガールフレンドは八人。趣味はクラブ。グルメである。たばこは「バージニアスリム」。

この説明によって、マリンスポーツに関してはAさんがイノベータであることがわかる。

図表7　デモグラフィックが同じでも価値観がちがうと行動が違う

	Aさん	Bさん
年齢	27歳	27歳
性別	男	男
年収	500万	480万
職業	会社員	会社員

ガールフレンド	1人	8人
	クルマ 読書 マリンスポーツ	クラブ グルメ 音楽鑑賞
クルマ	マークII	BMW330Ciカブリオレ
タバコ	マイルドセブン	バージニアスリム

一方Bさんは、マリンスポーツのフォロワーだ。

しかし、Bさんはフィリップモリスの「バージニアスリム」を吸っており、たばこに関してはイノベータといえる。一方Aさんは国産トップの「マイルドセブン」を吸っており、たばこに関してはフォロワーといえる。

このように、一人の人間が、ある商品ではイノベータでも、ある商品ではフォロワーになるケースが出てくるのである。

マリンスポーツメーカーの雄、ヤマハにとってはAさんは重要なイノベータで、Bさんは単なるフォロワーだ。それならば、年齢という尺度に頼るよりも、直接イノベータを探して、グループ化したほうが早い。ヤンケロビッチ博士の理論に基づいたライフスタイルの分析は、この点でもっとも効率的かつ効果的な手法なのである。

しかし、ヤンケロビッチの理論だけでは解決できない商品もある。

たとえば四十歳・子供一人のCさんはスポーツカーが大好きだった。彼の「テイスト」は、アメリカン・スポーツカーだった。しかし高額なうえに、子供の教育費がかさむために、とても手が出ない。そのため彼の実際の選択＝マニフェステーションは、国産の小型車に落ちついたのである。

つまり、高額商品に関しては、「ヴァリュー」や「クライテリア」「テイスト」とは違った選択＝「マニフェステーション」を行なう場合が多くなる。自分のやりたいと思ったことと、実際の行動がリンクしないのである。

このような矛盾を解消するには、ターゲットによってマーケティングの方法を組み合わせて用いるのが有効である。ライフスタイルの理論に年齢や収入を組み合わせたり、あえてライフスタイルの分析を省略したりして、ターゲットに合った手法で複合的に戦略を組み変える。つまり、ライフスタイル理論は、いくつかの例外を除いて、他のセグメンテーションと組み合わせて用いるのが賢明だ。

ライフスタイル理論はどこまで適用可能か

ヤンケロビッチの説に代表されるライフスタイル理論は有用だが、適用しにくい分野もある。

まず、広告媒体を選ぶときには、ライフスタイルの理論を適用しにくい。

その理由は、TVや雑誌の視聴者や購読者の統計が、ライフスタイル別ではなくて年代別に算出されている場合が多いからである。ゆえにせっかく商品開発や企画の段階で年齢の理論から離れたのに、また年齢に戻らざるを得なくなる。

また、調査サンプルの制限による信憑性の問題もある。雑誌は種類が多いだけに、TVよりはライフスタイルの理論を適用しやすいように見える。そのためライフスタイルを調査する際に、調査票にどんな雑誌を読んでいるのかという項目を設け、広告媒体の接触状況を調べる方法がしばしばとられる。これは、イノベータはフォロワーよりも『アンアン』という雑誌を多く購読しているなどという分析を期待してのことである。

しかし雑誌は種類が多いだけに、一つ一つの調査結果には、生活者の志向が全体の数パーセントしか反映されない。よほど多くのサンプル数がそろわないと、統計上の誤差範囲なのか、それとも本当に結果どおりの差があるのかわからない。

これらの問題があるために、雑誌の広告媒体を選択する際の基準は、「このライフスタイルの人は、こんな趣味があるはず。だからこんな雑誌を読んでいるだろう」という広告担当者の推測だけになってしまう。これでは、せっかくヤンケロビッチの手法によって感覚から脱出したのに、また感覚に戻ることになってしまうわけだ。

結局、イノベータもフォロワーも購読率が高い大部数の雑誌に広告を出したほうが効果的に資本を使えるのである。

さらに、ライフスタイル理論そのものが応用ができない分野として、食品・飲料などの味覚産業が挙げられる。

日本の猫は魚好きというのが相場だが、欧米の猫は肉好きである。たとえばヒュー・ロフティングの『ドリトル先生シリーズ』には、「猫肉屋」と称する職業が登場する。各家庭と契約して、契約した飼い猫だけに、ワゴンに積んだ肉を路上で与えるという職業だ（ただし海産物が豊富なカナダだけは、日本と同様、魚好きの猫が多い）。

そして、魚好きな日本の猫に無理やり肉を与えると、魚好きから肉好きに変化するまでに三世代もかかってしまうのである。人間で三世代といえば、七、八十年に相当する。これほど味覚は保守的なのだから、「こういう価値観の人はこういう味が好き」などとライフスタイルでセグメントする方法が有効なわけがない。

したがって味覚産業において、ライフスタイル理論は、たばこやビールのような基本機能よりも付加価値のほうが重要な嗜好品でないと応用しにくい。

しかもたばこやビールでさえも、ライフスタイル理論が応用できるのは、基本機能の「味」ではなく、「イメージ」という側面だけになってしまう。

以上、広告媒体の選択と味覚産業に関しては、ライフスタイル論はほとんど適用できない。これがライフスタイル論の〈第一の盲点〉である。

ライフスタイル論の盲点

ライフスタイル論の盲点はほかにもある。〈第二の盲点〉は、この理論だけですべてのマーケティング活動ができると、企業が錯覚しがちなことである。

ライフスタイルで生活者をとらえる利点は、データではなくて一般言語で生活者を表現できるために、非常にわかりやすいことにある。場合によってはコラージュを併用し、ターゲットの典型を写真でイメージするので、企業は生活者の全容をとらえた気になりやすいのだ。

しかし、このわかりやすさが、かえって企業の担当者を錯覚させてしまう。ライフスタイル理論で商品開発を行ない、「大ヒット間違いなし」と慢心した末に失敗、というのはよく耳にする話である。

しょせんライフスタイル理論の主な目的は、ターゲット設定と、その次のステップである4P戦略のコンセプト（製品＝Product／価格＝Price／流通＝Place／プロモーション＝Promotion）の基礎資料を提供するだけに過ぎない。それぞれの戦略体系をきちんと把握していない企業がライフスタイル論を適用しても、実践段階で失敗してしまい、せっかくの理論も水の泡になってしまう。

ライフスタイル理論は決して4P戦略の代替品ではないのである。

ライフスタイル理論の〈第三の盲点〉は、この理論によって示された生活者像が、人間

図表8　4P戦略とライフスタイル理論

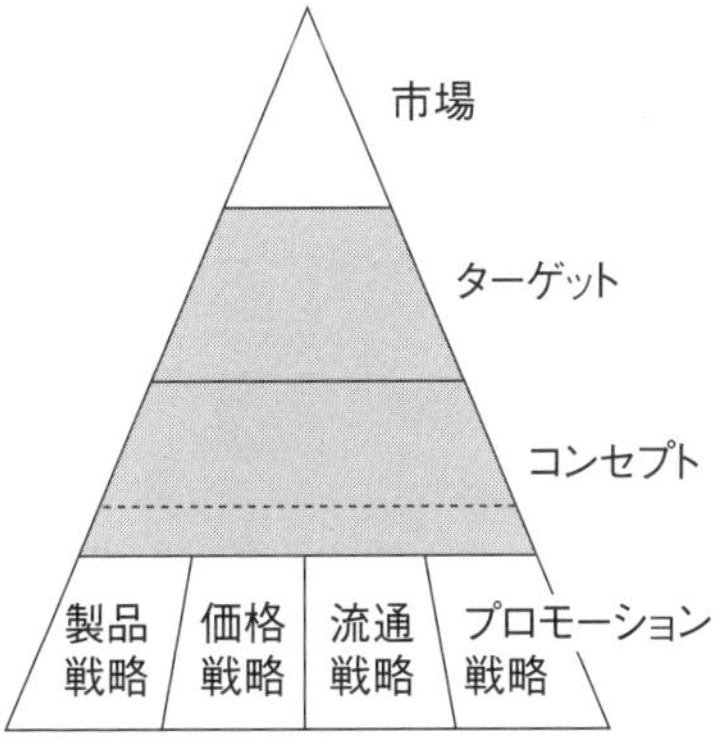

ライフスタイル理論がカバーする範囲は、トータルなマーケティングのごく一部。

のごく一部を表現しているに過ぎないことである。

人間は多面的な存在だ。とりわけ若い人ほど、その傾向が強い。

たとえば二十代のOLが四十代の中年男性と食事をするときには、どのような服を着るのか？

シックでおしゃれなスーツに身を包み、手慣れたフォークさばきで優雅にフランス料理を楽しみ、たばこは吸わない。

一方、同年代の彼氏といるときには、居酒屋でジーンズにタートルネックのセーターをラフに着こなし、シガレットケースに入れたキャスターマイルドを取り出して、大口をあけて笑う。といった具合に、TPOに合わせて見事に自分を演出する。このどちらもが、彼女の本当の姿なのである。

ライフスタイル理論で生活者像をグループ分けすると、ほとんどの人は、「自分はこのグループだ」と思い当たり、納得してしまう。しかしよくよく考えてみると、どこか矛盾するところがあり、「何か変だ」という感覚が残る。この矛盾は、人間が多面的な生物であるがゆえに生じるのである。

ならば、ライフスタイル理論が何の根拠もないあいまいなものかというと、むろん、そうではない。人間は特定の分野やシーンでは、前出のOLのように、確かにライフスタイルの分析どおりの性格をかいま見せる。したがって、ODS―LSIが行なっているように、商品分野ごとに、適宜、各ライフスタイル理論をセレクトして、グループ化すればよいのである。逆にいえば、全商品に共通するグループは存在しないと考えておいたほうがいいだろう。

ライフスタイル理論の〈第四の盲点〉は、調査結果と実際の生活者像にズレが生じることである。

調査のすべてを信用するわけにはいかない。実際に観察調査を行なうならまだしも、調査には回答者の願望や見栄が反映されがちだ。たとえば「自分は流行に敏感なほうである」「モノを他人に勧めるほうである」「家庭は自分の重要な生活基盤である」といった「考え方」に関する質問は、いくら回答者が質問文を綿密に検討したところで、回答に見栄や願望などの要素が混じらざるを得ない。

とりわけ人生経験が浅く、まだ自分のポリシーが定まっていない若年層に、この傾向が強く見られる。さらに、ライフスタイル理論は、アメリカで開発された手法である。とりあえずにせよフィロソフィ（信念）を明確に持つアメリカ人に対して、日本人は「こうあるべき」というポリシーをあまり持っていない。ゆえに回答結果と実態とにズレが生じてきやすいのである。

また、イノベータは、そもそも見栄や願望を混じえがちな人々である。イノベータは上昇志向が強い。だから「自分は多くの人たちと進んで付き合おうとしている」とか「自分はハイテクに敏感だ」などの自尊心をくすぐる質問には進んでマルをつけがちである。イノベータとは「調査票にマルを多くつけたがる人」であるという皮肉もあるほどだ。

調査結果と実際の生活者像が異なるのは、ライフスタイル理論特有の現象ではない。この矛盾は調査（とくに自己式調査票による定量調査）の限界をも示唆している。

このギャップを埋めるためには、ライフスタイル理論で分析すると同時に、生活者が回答した「考え方」を実行に移すかどうかという二つの尺度でグループ分けすればよい。すでにODS社では、この考え方に基づいてマトリックスによる応用を実践している。

以上、ライフスタイル理論の主な盲点を挙げたことで、この理論が両刃の剣であることがおわかりいただけたと思う。上手に使えば、デモグラフィックによるターゲット設定よりも使いやすいし、より事実に近い結果を得られる。しかしライフスタイル理論がきちんと理解されていないと、とんでもない間違いを犯しかねない。正直なところ、現状では、ライフスタイル理論によるターゲット設定は、商品コンセプトや広告表現コンセプトなどの質的側面でとらえるしかないのである。

ただし、最後につけ加えておくと、両刃の剣になるのは何もライフスタイル理論に限ったことではない。企業戦略やマーケティング戦略の理論はすべて、ライフスタイル理論と同じような側面を、程度の差こそあれ持っているのだ。大切なのは、それぞれの理論の特質をうまく生かしながら組み合わせることである。一つの薬ですべての病気を治そうとする医者が信用できないのと同じように、たった一つですべての問題を解決するマーケティング理論などないのである。

だからといって、従来の理論すべてを否定してかかり、自分で一から理論を構築するのも、手間がかかり過ぎる。オールマイティな理論の出現を期待しつつ、個々の理論をうまく利用する術を探索する。現状では、これがもっとも賢明なやり方であろう。

2 市場をとらえる

SIMPLE MARKETING

2-1 「クープマンの目標値」で戦略を立てる

市場を見きわめるコツ

「市場」の把握を誤ると、その後の戦略もすべて狂ってしまう。

その「市場」の環境は現在、複雑化しており、企業の手ではコントロール不能な要因がからみあっている。「市場」の守備範囲が広くなっているために、一経営者のカンや経験だけでは、市場を簡単に見きわめることができなくなっているのである。

また、メーカーの「思い込み」も、市場環境を正確に把握する妨げになっている。長年生活者の動向に目を光らせ、商品が売れる過程もつぶさに観察し続けたメーカーは、市場も正確に把握できているものと錯覚しがちである。しかし、実際には市場を見きわめる時点で、間違いを犯しているケースが多いのである。

企業が失敗しがちな点とは何か？

まず、自分の立場を正確に認識していない。つまり、自社が弱者なのか強者なのかを把握せずに失敗している例が極めて多い。

さらに、市場が成長期にあるか、衰退期にあるかを把握していない企業も多い。成長期に応じた方法論、あるいは衰退期に適した戦略があるのに、それがわからず、やみくもに商品開発や過剰投資をしたあげく、失敗してしまうのである。

また、競合がはっきり見えていないケースもある。そのため的外れの戦略で多額の資金を失ってしまう。

では、市場を見きわめるためには何に注目したらいいのだろうか？

一番の目安となるのがマーケットシェアである。ただ最近では、シェア至上主義の企業戦略に疑問が投げかけられている。市場そのものの規模が小さい場合、その中で圧倒的シェアを誇っても多額の利益は見込めないのである。

では、シェアを過小評価してもいいのか？

確かに、「パーセンテージでは飯は食えない」のである。しかし逆に、「パーセンテージを無視したら水も飲めない」というのが私の持論である。

マーケットシェアは、市場を見るうえで非常に重要な指針だ。シェアは、企業のポジションを把握する基準であるうえに、未来の市場動向を反映している。言いかえれば、シェアに注目することによって、現在および将来にとるべき戦略が見えてくる。

では、シェアには具体的にどんな意味があるのか？

ここではそれを説明してみよう。

図表９　クープマンの目標値

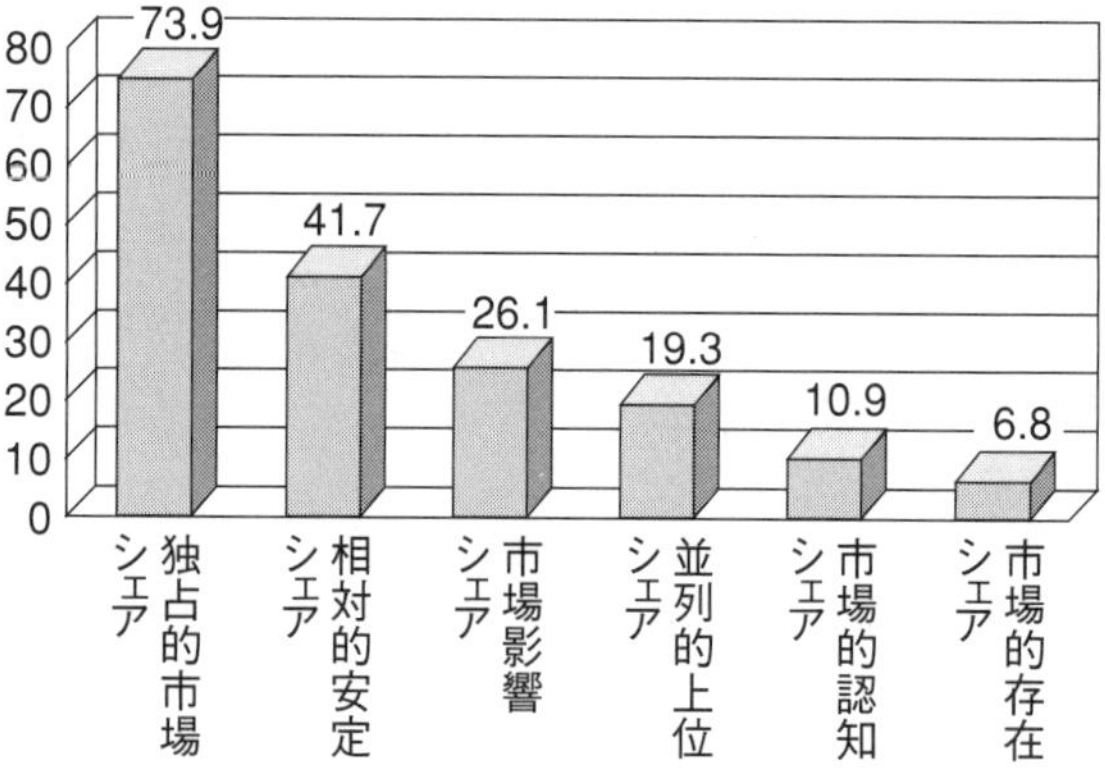

シェアのサインを見逃すな――クープマンの目標値

米国の数学者クープマンは、シェアが発するサインに注目し、シェアと市場推移の関連性を解析した。そしてシェアを見きわめるポイントとして、六つの数字を挙げている。

①七三・九％……独占的市場シェア

要するに独占シェアである。このパーセンテージを取れば、短期的にトップがひっくり返る可能性はほとんどない。トップの二ブランド（社）が合わせて七三・九％以上を占めている場合を「二大寡占」、三ブランド（社）の場合を「三大寡占」と呼ぶ。独占禁止法の問題もあり、一社や一ブランドで独占シェアを占

図表10　相対的安定シェア（発泡酒市場／2004年）

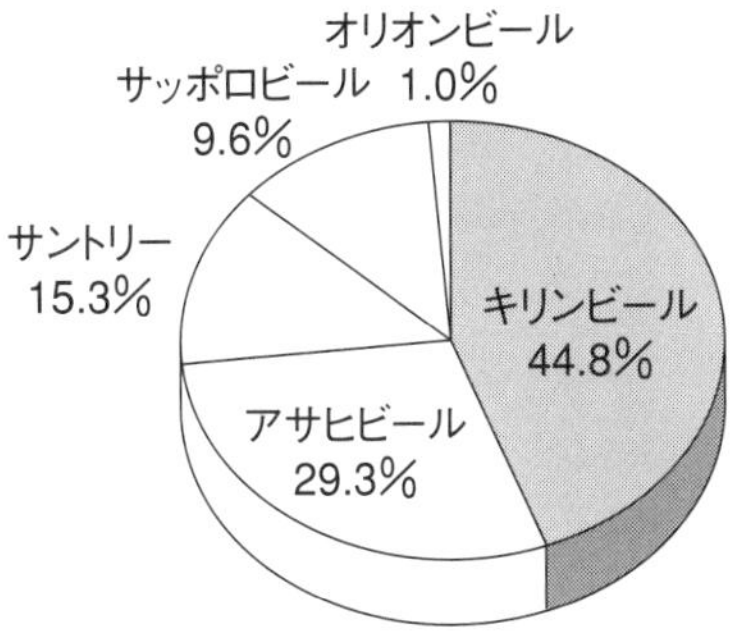

めている企業は少ないものの、次のような実例がある。

ソニー（九一・〇％――家庭用ゲーム機市場）
日本たばこ産業（七二・九％――紙巻きたばこ市場）
松下電器産業（六九・八％――食器洗い乾燥機市場）
サントリー（六七・三％――ウィスキー市場）
日本マクドナルド（六八・四％――ハンバーガーチェーン市場）

②四一・七％……相対的安定シェア

市場で首位のブランド、ないし企業が四一・七％のシェアを占めている場合、トップの地位は安定しており、不測の事態に見舞われない限り、逆転されることはない。

この数字はシェア獲得の最終目標として掲げられることが多い。トップにこの数字を握られると、下位ブランドや企業はシェアを上げにくくなる。またこのような市場では、特別に有利な条件がない限り、新規参入しても成功する確率は極めて少ない。ちなみに私は四一・七%以上を占めるブランドや企業を「ガリバー」と呼んでいる。

このシェアを獲得している企業としては、次の企業が挙げられる。

シャープ（五〇・一%――液晶テレビ市場）
松下電器産業（四二・一%――プラズマテレビ市場）
アサヒビール（四九・一%――ビール市場）
キリンビール（四四・八%――発泡酒市場）
トヨタ自動車（四五・八%――乗用車市場）
日清食品（四〇・七%――即席めん市場）
J＆J（四二・二%――コンタクトレンズ市場）

興味深いのは、アサヒビールがビール市場で一位になったのに、発泡酒市場ではキリンビールに相対的安定シェアを取られてしまっていることだ。アサヒビールが間髪を入れずにキリンビールを叩いていれば、こんなことにはならなかったはずだ。アサヒビールが発

図表11　市場影響シェア（海外旅行市場／2004年）

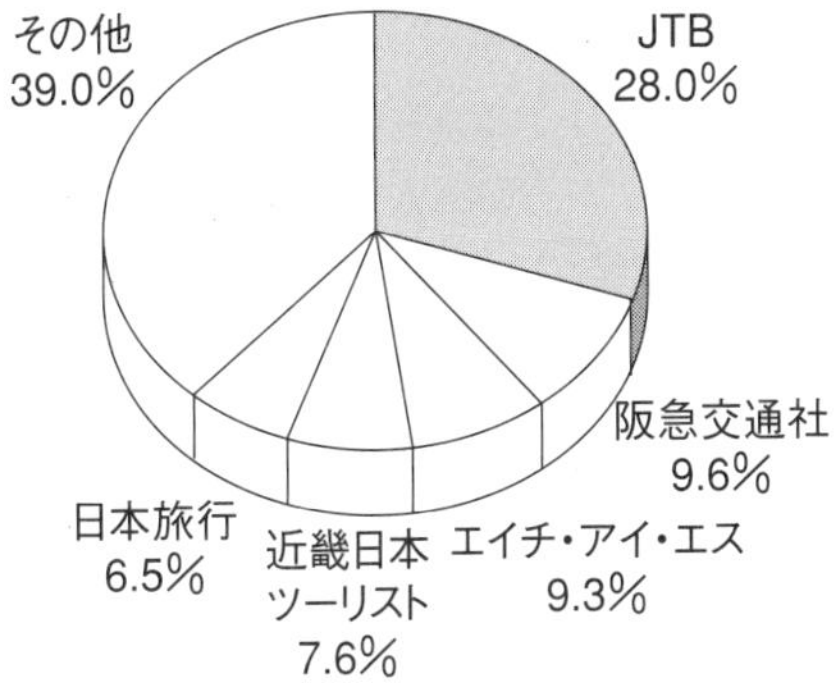

泡酒市場を取り戻すことは、おそらくもうない。

③二六・一%……市場影響シェア

この程度の数字で一位を占めているブランドや企業は多い。しかし、いつ下位に逆転されるかわからない不安定な状態のトップだ。

この数字は同時に、二位であっても市場に影響を与えられる水準値として、相対的安定シェアとともに目標にされることが多い。「市場に影響を与える」とは、ある企業が新商品を投入したり、キャンペーンを行なうなどして動きだすと、競合もそれを無視しきれず、同調、あるいは対抗手段をとらざるを得ない状況を指す。また、不思議なことに、この水準のシェアを取っていて三位以下というケースはない。

（一位の場合）

アップル（三二・二％――携帯音楽プレーヤー市場）

電通（二五・七％――広告市場）

コカ・コーラ（三〇・七％――清涼飲料市場）

JTB（二八・〇％――海外旅行市場）

（二位の場合）

松下電器産業（二六・八％――ビデオカメラ市場）

ヤマハ発動機（二四・四％――二輪車市場）

ライオン（三四・〇％――衣料用合成洗剤市場）

エスビー食品（二八・三％――家庭用即席カレー市場）

④一九・三％……並列的上位シェア

この数字は、一位あるいは二位に複数ブランドや企業がほぼ横並びに拮抗しているときに現われやすい。

この位置にあるブランドや企業は互いに牽制し合って混沌状態を抜け出し、次の目標値

図表12　並列的上位シェア（テニスラケット市場／2004年）

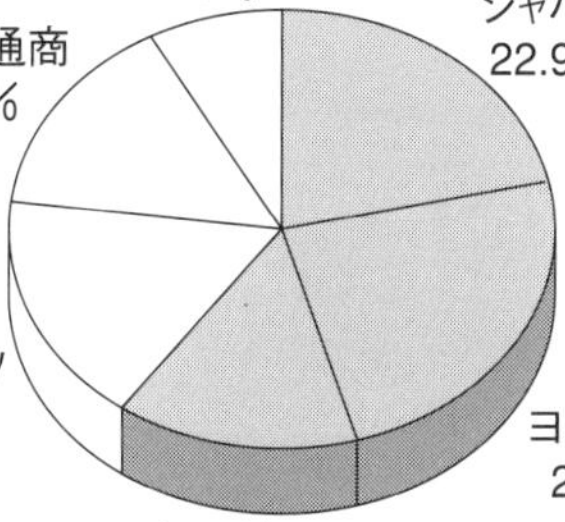

の二六・一％に到達することを目指す。

・記録用DVD
日立マクセル（二〇・〇％）
TDK（一八・〇％）

・テニスラケット
アメアスポーツジャパン（二二・九％）
ヨネックス（二一・七％）
ダイワ精工（一八・一％）

・ブラウン管テレビ
シャープ（一九・八％）
ソニー（一七・八％）
松下電器産業（一七・八％）

⑤一〇・九％……市場的認知シェア
市場においてようやく存在が確認され

図表13　市場的認知シェア（デジタルカメラ市場／2004年）

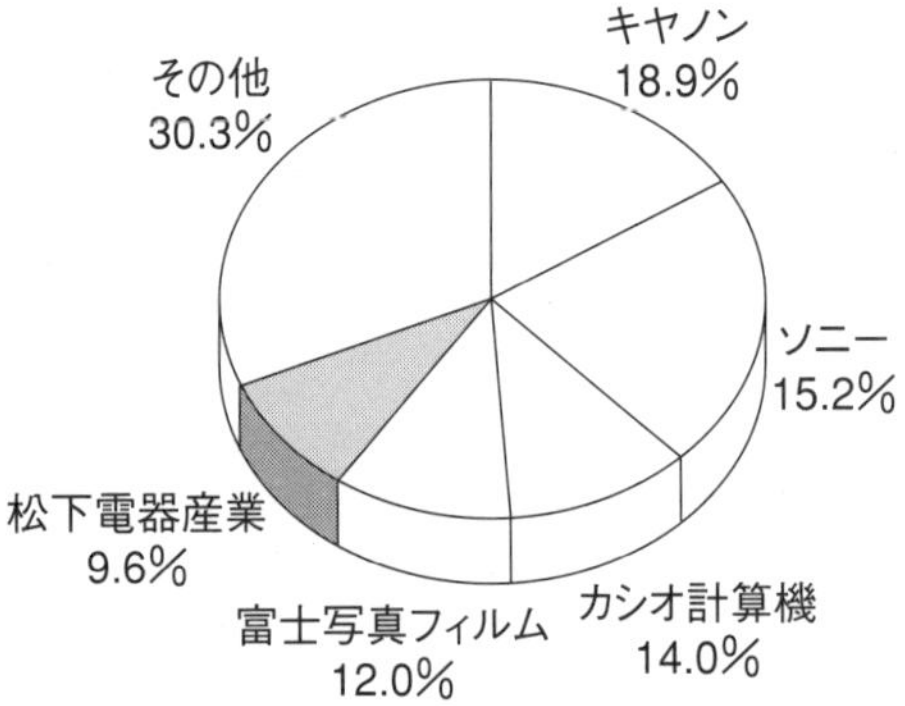

る水準。つまり生活者が「こういうブランド（企業）もある」と思い出してくれるレベルである。これ以下では、生活者の記憶にも残りにくい。

佐藤製薬（一一・〇%――ドリンク剤・ミニドリンク剤市場）
スクウェア・エニックス（一一・七%――家庭用ゲームソフト市場）
江崎グリコ（一一・一%――チョコレート市場）
ソニー（一〇・〇%――記録用DVD市場）
松下電器産業（九・六%――デジタルカメラ市場）

⑥六・八%……市場的存在シェア
市場において、ようやく存在を許され

図表14　市場的存在シェア（ハンバーガーチェーン市場／2004年）

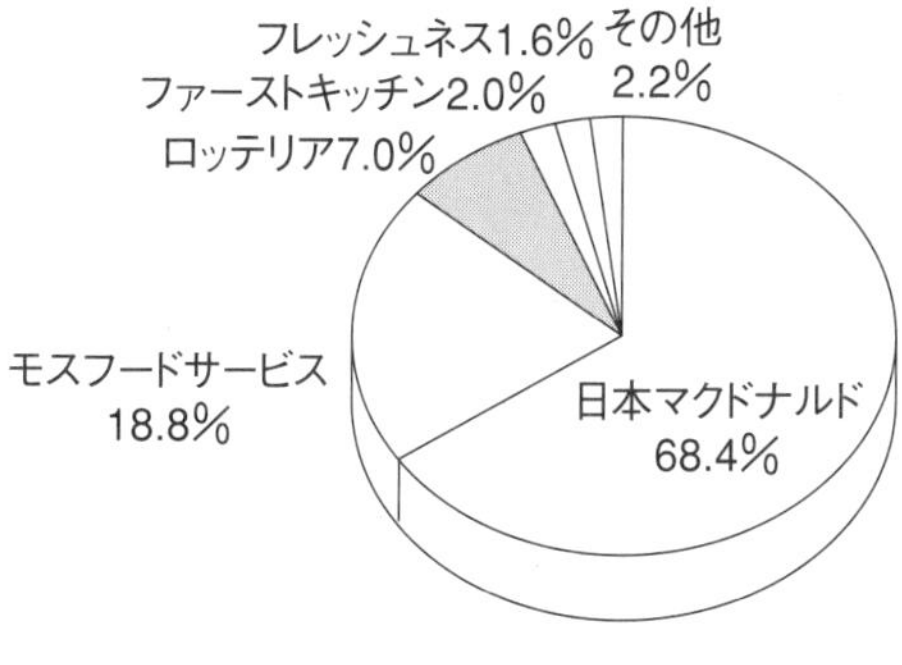

るシェア。これ以下のシェアでは、今後よほどの成長が見込まれない限り、市場から撤退するほうが賢明である。この水準では、生活者が、他人に言われてやっと思い出す程度の知名度しかない。『ランチェスター販売戦略』の著者、田岡氏によると、GE（ゼネラル・エレクトロニクス）は一九六〇年代にSBU（戦略ビジネスユニット＝事業本部制）を採用した際、自社製品のシェアが六・八％以下で競合企業に四〇％以上のシェアを握られている商品については市場から撤退することにしたという。日本市場における市場的存在シェアの実例としては、次のブランドや企業が挙げられる。

アサヒ飲料（六・四％——清涼飲料市場）

エースコック（六・七％――即席めん市場）
花王（八・一％――化粧品市場）
ヒューレットパッカード（六・一％――インクジェットプリンタ市場）
ロッテリア（七・〇％――ハンバーガーチェーン市場）

以上が「クープマンの目標値」だが、『ランチェスター販売戦略』ではさらに、市場的存在シェアを下回る二％台の数値にも注目している。

たとえばスーパーでは原則的に春と秋に商品の見直しをする。売れ筋商品は棚に残し、売れない商品は棚から出して、代わりに売れそうな商品を入れる。これをスクラップ＆ビルドというが、田岡氏はつねに二％の商品を出し入れするのがもっとも効率がよいと主張している。とりわけファーストフード店やコンビニなどのチェーンストアでは、スクラップ＆ビルドの比率が二～三％である場合が多いという。

また、私の経験では、二％程度の人がある行動を起こしたときに、まず、雑誌で取り上げられる傾向があるようだ。たとえば「セックスレスカップル」や「アキバ系おたく」「下流意識」なども、およそ二％の該当者が出現したときに、雑誌などが注目して、トレンドにまつりあげた。

こうして雑誌で取り上げられた事象は、次第に他のメディアに浸透し始める。そして六％を超えるとテレビでも取り上げられるようになる。しかし一〇％を超えると世間でも広く知られるようになるので、次第にメディア離れが見られ始めるのである。

「クープマンの目標値」を知らなくても、長年の経験によって、同じようなセオリーを培っている企業もある。おおむね成功している企業のセオリーは、「クープマンの目標値」と不思議なほど一致している場合が多いのである。しかし、大多数の企業は、マーケティング戦略の具体的な判断指標を持たずに苦労しているようだ。また、シェアに見合わぬ戦略を実行しているために低迷している企業も多い。そんな企業には、ぜひ、この明確な法則を参考にしてほしいと思う。

クープマンの目標値は意外なところでも使える

次に「クープマンの目標値」を適用するうえで気をつけるべき点を説明しよう。

クープマン目標値の基本的な使い方は、ブランドシェアや企業シェアを当てはめて、自社、あるいは自社ブランドの強さを知ることである。

たとえ自社ブランドのシェアが二〇％であっても、二六・一％に達するまでは、一五％のシェアの競合企業や競合ブランドと同じ力しかない。

逆に、二八％のシェアのブランドは、既に二六・一％に達しているので、二一％の競合ブランドとは根本的に力の差がある。

ただし、クープマンの目標値には、調査レポートに上がってくるような「市場シェア」

だけを当てはめるとは限らない。

たとえば、現在、都市ホテル建設ラッシュといわれているが、ここでは客室数をシェアに換算したほうが、強さが浮き彫りにされてくる。もちろん、稼働客数シェアで見ても構わない（ただし、ホテルの場合は地域によって用途も競合も変わってくるので、地域別と価格別の組合せで見る必要が生じる）。外食産業か映画産業なら、客席数シェアや来店客シェアで強さをはかるのもよいだろう。宅配ピザのような宅配市場では地域別（商圏別）の配布チラシ枚数シェア、コンビニやファーストフード店なら店舗数シェアなどなど、様々な指標をシェアとして利用することができる。

さらにクープマンの目標値は、ブランドシェア以外の分野に応用することも可能だ。シェアで計算できるものならばどんなものにでも応用できる。

もっともわかりやすいのが、鉄道会社のような公共交通機関がつくるポスターなどだ。このポスターでは、その一部に広告を掲載して、その製作費が賄われることが多い。

このとき、広告主の立場でクープマンの目標値を応用すると、五分の一（つまり二〇％）のスペースしか用意されていない場合は、一〇・九％は越えているものの、二六・一％にも満たないわけであるから、生活者の注目度はかなり低いと考えてよい。極端にいえば、一〇・九％の面積と同じ効果しかないということになる。広告費は面積で決まるとすれば、2倍も無駄な費用を支払うことになるのだ。

一方で、四一・七％の面積が広告にあてられれば、本来はかなりの注目度が稼げるのだ

図表15　クープマンの目標値が考慮されたチラシ

どこよりも
配達迅速、安い、
注文簡単の
オフィスサプライ
Project Paper
夜間配達！
24時間受付！
電話1本！
ラピッド
オフィス
03-9999-9999

が、現実的に半分近くの面積が広告に回されることはない。

したがって、一般的には1／3の面積が確保できない広告は、しないほうがマシという結論になる。これを広告投下の判断基準とすれば、かなりの無駄を省くことができるだろう。

次の例である。

チラシなどのデザインは、専門のデザイン会社が請け負うことが多いので、素人であるマーケティングスタッフがあまり気にすることはない。しかし、デザイン会社といっても玉石混淆である。きちんと、生活者への伝達力を考えている会社とそうでない会社がある。

ここでクープマンの目標値を使うと、プロでなくても仕事の良し悪しの重要なポイントが押さえられる。

図表16 クープマンの目標値が考慮されていないチラシ

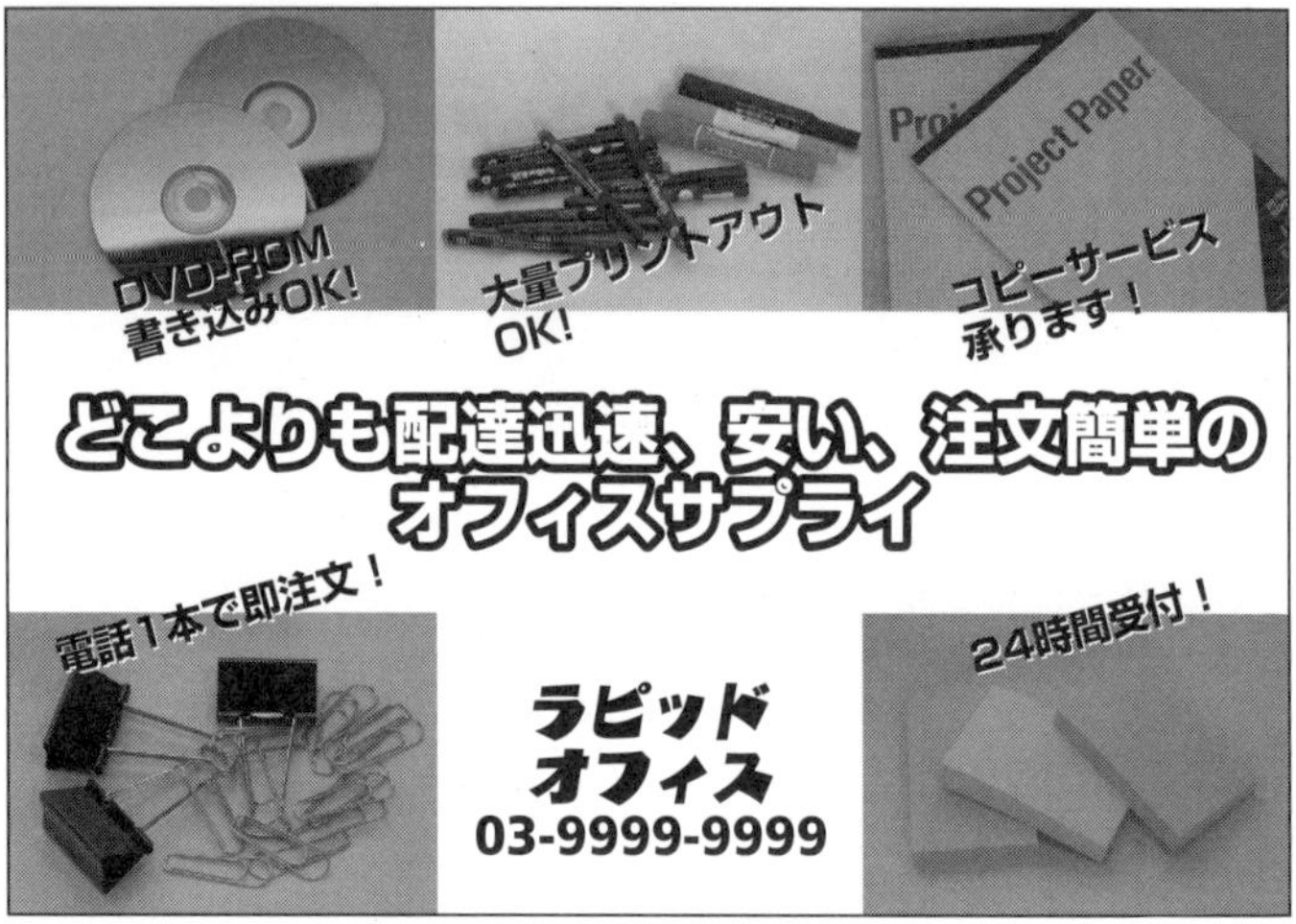
DVD-ROM
書き込みOK!
大量プリントアウト
OK!
コピーサービス
承ります!
どこよりも配達迅速、安い、注文簡単の
オフィスサプライ
電話1本で即注文!
24時間受付!
ラピッド
オフィス
03-9999-9999

図表15のチラシは、クープマンの目標値を考えてデザインされた例である。もっとも言いたいことを四一・七%の面積に収め、次に言いたいことを二六・一%、最後に言いたいことを一〇・九%というように、面積を配分している。

一見、何の変哲もないデザインのように見えるので、悪い例を並べてみた。図表16のデザインでは、すべての要素にほぼ均等に、一〇%～二〇%程度の面積が割り振られている。こういったデザインは特殊なケースを除き、ほぼ確実にゴミ箱行きの運命を辿る。

この考え方を3次元に応用したのが、店頭ディスプレイである。平面デザインと異なり、店頭ディスプレイは社員が実施するケースが圧倒的に多い。彼らの多くは研修などで基本を学んでいるはずだが、実際には、それを忘れてしまっていたり、そもそも研修を受けずに見よう見まねで業務をこなしているケースも少なくない。

図表17の写真はクープマンの目標値を考慮に入れた店頭ディスプレイである。四一・七%の面積を占めている大きなディスプレイ棚があり、その周囲を一〇・九%の面積を占める小物が囲んでいる。こうすると、通りかかった通行人が目に止めやすくなったり、立ち止まった客に何を伝えたいのかが簡単にわかる。

逆に悪い例が図表18である。メインとして伝えたいものがなく、商品がバラバラに、そして均等に並べられている。デザイナーなどがよくいう「動きがない」陳列である。インターネットで「店頭ディスプレイ」といったキーワードで検索すると、八〇%がこんな写真である。それだけ、世の中に良い例が少ないということでもある。

現代人は暇ではない。たった数秒で見込客に伝えなければ、歩みを進めて無視されてしまうのがオチだ。

スーパーでは、客が一つの商品に目を落とす時間はわずか〇・四秒しかない。その瞬間に自分の興味のある商品かどうかを判断し、興味がなければ次の商品に目が移ってしまう、という研究結果もあるほどである。

「扱い商品をすべて見てもらいたいから、均等に配分した店頭ディスプレイをしている」という店長や経営者は多いが、それは客の目に止まった後の話である。そもそもの入り口で拒否あるいは無関心とされては何の意味もない。

図表 17　クープマンの目標値が考慮された店頭ディスプレイ

図表 18　クープマンの目標値が考慮されていない店頭ディスプレイ

店頭ディスプレイは中小企業の商店だけの領域ではない。大企業であっても、小売に関わる企業では大きな問題となる。

百貨店、コンビニ、専門店チェーンはもちろんのこと、カラオケ、ゲームセンターなどのエンターテイメント業界にも応用できる。

スーパーやコンビニではメーカー製や独自開発の陳列ソフトが使用されていることも多いが、こういったソフトでは三尺の陳列棚にどう商品を詰め込むかといったミクロの視点については研究されている。また、動線を考えてどのように食品コーナーや日配品（生鮮品など）コーナーを店内に配置するかといったマクロ的なノウハウも蓄積されている。

しかし、その中間である「入り口に入ったときに、どう客に見てもらいたいか」「エレベータを上がったときに、何が客の目に飛び込んでくるべきか」といったノウハウは意外に少ない。せいぜいが、特売品や推奨販売のマネキンを配置するといった程度である。

さて、これまで、わかりやすいように、面積という単位でシェアを論じていたが、基本は生活者の視野なのだ。つまり、生活者が見ることができる範囲で「二六・一％」などといっている。これを写真に撮って面積を割り出していくのだが、クローズアップで写真を撮るのと、引きで全体を撮るのとでは面積が変わってしまう。

一般的には、一眼レフカメラでいう50ミリのレンズが人間の視野にもっとも近いといわれているので、50ミリで撮るのが最適である。普通のコンパクトカメラは35ミリや28ミリなので、実際よりも広く範囲が写ってしまうので、注意が必要である。

また、同じ50ミリでも一〇センチから接写するのと、一〇メートル離れているのとでは、また面積が変わる。これは、生活者がどこに立つのかを考えたうえで、

「一〇メートル先からは、こう見える」

「商品やディスプレイに近づくと、こう見える」

と計算して考える必要があることも指摘しておきたい。

もう一つ重要なことがある。

同じ視野の中でも、たとえば、赤と緑の補色の配色があると目立ち、注意を引く。また、同じパターンが続くと（たとえば、同じデザインの商品を並べると）、同じく注意を引く。つまり、クープマンの目標値では、本来は面積ではなく、生活者が目に止める印象度を加味してシェアを出さないと正確なシェアが出てこない。

これをするには、人間の視線を追いかけてビデオに記録する機械を使用したり、写真を見せて調査をする必要がある。ここまでの手間と時間、そして費用をかけるのが理想だが、現実ではなかなかそういうこともできない。そのための簡略バージョンが前記の面積によるクープマンの目標値判定なのだ。

クープマンの目標値を使った戦略発想

クープマンの目標値の基本的な使い方は、ブランドシェアや企業シェアを当てはめて、

自社、あるいは自社ブランドの強さを知ることであると書いた。

そして、強さを知ることができれば、様々な戦略的な発想ができる。たとえば、自社ブランドのシェアがクープマンの目標値のそれぞれの基準値を一％でも越せるように努力すれば、市場での地位は安定させることができる。逆に、シェアが目標値を下回るよう競合の下位ブランドを排除すれば、脅威ではなくなるのである。

また、市場の厳しさもクープマンの目標値で計ることができる。

たとえば、図表10にあるように、ガリバーである四一・七％を超える競合ブランドがある場合、市場参入は難しい。とくに、クープマンの目標値を絵に描いたように、四一・七％、二六・一％、そして一〇・九％の競合がそろっている場合は、市場参入はほぼ不可能である。すでに参入している企業であっても、シェア一〇％程度の下位メーカーの場合は、シェアを増加させるのが至難の業であるといっていい。かつてのビール市場で、「シェア一％を取るのはとんでもない快挙」といわれていたのは、そのためである。しかし、一方で、自分の努力不足のために「シェア一％を取るのは、かなり難しい」と、言い訳をする業界も後を絶たない。こんなときもクープマンの目標値を使えば、本当に難しいのか、単なる言い訳なのかが一目瞭然になる。

一方で、トップが二六・一％程度で、他ブランドが一〇％にも満たないような市場では、競合企業の数がいくら多くても、下位メーカーにもチャンスが回ってくる。商品開発力、営業力、流通での差別化など、攻撃するポイントは無数に転がっているのだ。

たとえば、家電業界は、かつて松下の一人勝ちだといわれていた。ナショナルショップなどの流通の強み、一定の品質の製品を大衆価格で売る企業体力、そしてじつはその高い技術力などがその理由とされていた。

しかし、よくよく見ると、松下のシェアはほとんどが二六・一％以下であった。家電業界の競争は、じつは大したものではなかったのだ。

ならば、なぜ松下がトップを走り続けてきたのか。理由は簡単である。「マネシタ産業」と揶揄されるくらいに、競合が新しい技術や新製品を市場に投入すると、間髪を入れず同様の商品を発売したからである。似たような商品なら、価格と流通支配力がものをいう。

しかし、家電量販店が台頭してから、事情は一変した。量販店は専門店のように松下のいうことを聞いてくれるわけはない。勢い、流通支配力が弱くなる。

そこに、差別化のある商品を下位メーカーが出したらどうなるか。「マネシタ」の異名をとる松下が、すぐに同様に商品を市場に投入したとしても、売上を支えてくれていた専門店のチカラは弱くなっている。トップシェアであっても二六・一％しかないので、簡単にひっくり返されることになるのだ。ウォークマンで四〇％のシェアを取り続けたソニー、穴を覗くファインダーの代わりに液晶画面をひっくり返して見られる液晶ビューカム、そして、最近ではハードディスクドライブに音楽を記録できる携帯音楽プレーヤーのiPodが、松下のシェアを凌駕することができたのもそのせいである。

ちなみに、松下はかなり以前から「マネシタ」を返上すべく、独自開発、市場一番乗り戦略に切り替えている。それには、このような背景があったのである。

ランチェスターの射程距離

各業界に一位の企業というのは、一社しかいない。仮に二十社がひしめき合っているとすれば、残り十九社は下位メーカーである。

その下位メーカーがよくやるミスの一つとして、一位の企業に果敢に挑むというものがある。

トップ企業と数%しかシェアが違わないならいざ知らず、そして、また画期的な新商品があるわけでもないのに、真っ向から勝負を挑むのだ。トップ企業の1／3や1／5のシェアしかないのに……。

こうして累々と失敗例のケーススタディが積み重なっていく。

一九八〇年代、ホンダが勢いを増していたころのことだ。彼らはシビック、プレリュードの大ヒットによって、二輪車メーカーから四輪車メーカーへと確固たる地位を確立していった。そのときのシェアは一〇%強。並んで、三菱やマツダが一〇%程度のシェアを持っていたが、勢いは完全にホンダにあったし、クープマンの目標値でいうところの、認知シェアを取っていたので、そこそこの地位は確立していた。

しかし、彼らは何をしたか。

若者向け、大衆価格はそのままに、ワンランク上の価格で大人向けのラインをつくってしまった。これが見事に失敗した。デザイン的にもおとなしく、グレードは高いものの、上位メーカーのトヨタ、日産となんら変わらない車種だったからである。

当時のトヨタは四五％、日産は二七％のシェアを持っていた。典型的なクープマンの目標値の市場だったのだ。そんな市場で、シェア一〇％のホンダは、シェア3倍、4倍の上位企業に戦いを挑んだというわけだ。

じつは、シェア1／3の企業が上位企業に勝負を挑むためには、3倍の努力をすればいいのではない。その二乗比、つまり、3×3＝9倍の力が必要なのだ。

たとえば、広告は日産の9倍（トヨタの16倍）の露出量、営業マンも日産の9倍（トヨタの16倍）の人数、あるいは商品のチカラ（生活者に対する魅力度）も日産の9倍（トヨタの16倍）が必要なのである。

これを「ランチェスターの射程距離」という。

常識で考えて、できる相談ではない。そう。だから、下位メーカーがトップメーカーに勝負を挑むのは、よほどのことがないと成功しないのだ。

逆に、下位メーカーが勝負できるのは、どこまでか。

ランチェスター戦略では、ルート3、つまり1.7倍までなら、射程距離の範囲として、真っ向から勝負を挑むことができるシェアであると説く。逆に、下位企業でも自社の1／1.7のシェアがあれば、自社を射程距離に入れ、直接攻撃で追いついてくる可能性があるということでもある。

では、ホンダはどうすべきだったか。

自社が一〇％のシェアでは二位の日産でも射程距離外である。日産に勝負をかけるには、日産の二七％の1／1.7（0・6）、つまり、一六％までシェアを上げておく必要がある。

その差、六％は自社の1.7倍までのシェアを持つ企業から取っていけばいい。具体的には、当時の三菱、マツダ、富士重工などがそのターゲットである。それらターゲット企業に攻勢をかけて、シェアを少しでも削りとり、実力を蓄えてからでないと、日産には勝てないのだ。

これを「弱いものいじめの戦略」と呼ぶ。マーケティングは実力の世界である。勝たなければ何の意味もない。自分が戦える相手をきちんと見きわめて、戦いを挑む。戦略の基本中の基本なのだ。

しかしここに「クープマンの目標値の壁」がある。一六％程度のシェアを取って日産をランチェスターの射程距離に入れたとしても、ホンダは日産には勝てない。ホンダはなんとしても、自力で二六・一％の壁を通過しないといけない。

しかし、二六・一％のシェアを持つ企業が二社あるだけで五二・二％。残り四七・八％のうちトップのトヨタが四一・七％だとすると、六・一％のシェアを他社と奪い合う格好になる。

事実上、そこまでの市場の変化はホンダ一社では不可能である。つまり、クープマンの目標値の壁はそれだけ大きいのだ。

それでは、どうするか。

ホンダは二六・一％に限りなく近いシェアを目指し続けるしかない。そして、何らかの失策で日産が二六・一％を下回るのを、虎視眈々と待つのだ。

ホンダのシェアが一〇・九％のままなら、日産が二六・一％を下回っても射程距離外なので、日産に再び二六・一％に再生する時間を与えてしまう。しかし、ここで一六％を取っていれば、一気に日産とシェアをひっくり返す施策を打つことができるのだ。

しかし、手を打つべきときに手をこまねいているうちに、相手に復活のチャンスを与えてしまった例は枚挙にいとまがない。

アサヒビールがスーパードライでトップをとった、ビール業界がまさに好例である。

スーパードライで勢いをつけたアサヒビールは、シェアにおいてキリンに迫った。キリンは、焦ったあまり、ラガーのターゲットを若者と中年という「どっちつかず」にして、ブランドイメージを失った。

頼みの綱の一番搾りも、「じっくりと味わう」というコンセプトではビール業界の一画を担うことしかできない。ビールはその商品の特性から、「アルコールが低く、酔いすぎない」ために、一人より他人と飲むのに適している商品である。一番搾りにしても、エビスビールにしても、「ワイン的な」コンセプトの商品では、ビール業界では一位になれる需要がないのだ。

主力商品（ラガー）は迷走するわ、二番手（一番搾り）は思ったように伸びてくれないわ。現場のセールスマンの志気も落ちる一方である。アサヒは、このときにキリン（弱いもの）を更に失速させるため（いじめ）、本来ならアサヒラガーを出すべきだった。アサヒラガーは売れる必要はない。キリンラガーのシェアを少しでも弱められればいいし、それよりも何よりも現場の志気をもっと低めるためだけでよかった。

アサヒはさらに、発泡酒でも失策する。キリンにチャンスを与えないためには、あらゆる分野でキリンの動きを封じなければならなかった。しかし、「アサヒはビールにこだわります。まがいもの（発泡酒）は出しません」と動かなかった。これがキリンに「淡麗生」の成功というチャンスを与えてしまった。

そして今では、前掲の図表10で見たようにキリンは発泡酒市場のガリバーになってしまった。

関係者に言わせると、様々な事情があったのだろう。しかし、生活者は待ってくれない。市場は動く。そして、競合は必死である。

「チャンスを与えずに、一気呵成に」はスーパードライの成功のときに、アサヒが取った見事な行動のハズだった。それが、キリンに迫り、一位になった途端に、守りに入ってしまった。守るべき時はまだまだ先の話だったというのに。

誰ともなく、「ビール業界はマーケティングに長けている業界だ」という。

しかし、彼らは大量の広告を出稿して話題をつくることはできても、マーケティング戦略という観点からはまだまだどこの企業も右往左往している。それが私の見方である。

SIMPLE MARKETING

2-2 市場を細分化して考える

〈視点1〉生活者の目で切る——企業本位で市場を設けても生活者はつかめない

一〇・九%や二六・一%など、シェアの目標値がどんな意味を持つかはわかった。しかしそれだけのシェアを誇る大型商品など、めったにあるものではない。そこで、クープマンの目標値を実際に適用するための工夫が必要になる。

クープマンの目標値を実際に適用するためには、総量で見るのではなく、市場を細分化したうえで目標値を当てはめるという方法が有効だ。

たとえば、たばこの全消費量は年間二千九百二十六億本、約三兆円にのぼる。この巨大な市場を、メーカーはメンソールシガレット市場、高級品市場、あるいはファッションシガレット市場などと区分けしている。

市場全体でのシェアとメンソール市場でのシェアは、同じ数値であってもまったく違った意味を持ってくるわけである。

しかし、企業が自分本位に区分けした市場が、まったく意味を持たないケースも多い。

たとえば企業が、「昔からこう区分けしているから」という理由だけで、Aというたばこを低タール・低ニコチン市場に分類したとする。ところが生活者側は同じたばこをファッションシガレットとしてとらえていたとしたらどうだろう？「市場の切り方」に誤りがあるために「クープマンの目標値」も無効となり、この市場分析に基づいた戦略も失敗してしまうのである。

企業側が市場を勝手に定めてはならない理由を、別の側面から説明しよう。

市場をシェアや地域で分ける方法は、いわばハードウェア的な市場区分である。しかし最近では、ソフトウェア的な分け方が主流になりつつある。清涼飲料市場を例にとろう。

現在、清涼飲料市場は三兆六千八百八十九億円に達したといわれている。この市場の企業は炭酸もの、果汁ものなどに分けていたが、近年、それ以外の飲料の伸びがすさまじくなった。主に茶類飲料やコーヒー、紅茶、スポーツ飲料、乳性飲料、機能性飲料、ミネラルウォーターなどだが、これらはひとくくりに「新分野飲料」と呼ばれている。二〇〇四年には二兆五千五百八十四億円に達し、清涼飲料市場のじつに六九・四％にもなっている。

しかし、ひとくちに新分野飲料といっても千差万別である。しかも従来のように炭酸もの、果汁もの、茶類ものというように市場を規格別に分類するやり方では、消費者に対応できなくなってきた。

生活者は、「お茶を飲みたい」とか「炭酸飲料が飲みたい」などのハードウェア的な理由で、飲み物を欲しがるわけではないからだ。それよりも、「のどが渇いた」とか「リラックスしたい」から、飲み物が欲しいと思う。

つまり、まず「のどが渇いた」「リラックスしたい」などのソフトウェア的な発想が頭に浮かび、その欲求を満たすために最適なハードウェア（飲み物の種類）を思い描き、選択するのである。

従来は飲料水のハードの種類も限られており、固定化していた。そのため、ハードとソフトの関係は、比較的一致していた。「のどが渇いた」と思えば、生活者は企業が提供するハード（飲み物の種類）の範囲内で飲みたいモノを選択した。したがって、企業がハードを定義すれば、生活者が自動的にソフトに翻訳してくれた。

しかし飲料水の種類が多くなると、そうはいかなくなった。つまり生活者が定めたソフトの定義と、企業がつくったハードが一致しなくなったのである。

では、現在、生活者は飲料市場をどのように分けているか？

まず「身体にいい市場」が挙げられる。

八八年、ヘルシー志向に注目した大塚製薬が「ファイブミニ」を発売。ノーカロリーでダイエットにピッタリで、しかも腸内の不要物を排出する食物繊維入りというコンセプトが若い女性に受けて大ヒットし、その後「オリゴＣＣ」「鉄骨飲料」などの後続商品も次々とヒットした。

九一年には、厚生省がこれらの飲料水を「特定保健用食品」と定めて制度化することを決めるなど、この市場は一大マーケットに躍進したのである。

こういった機能性飲料は一時期影をひそめ、「カゴメ・キャロット１００」「野菜生活」

などの一〇〇％野菜飲料や果汁飲料は、ベータカロチンやビタミン類などの成分がゆえに、機能性飲料から市場を奪うことで、「身体にいい市場として」生活者に受容された。そして、再び復活したのがＤＡＫＡＲＡやアミノ式などのアミノ酸飲料ブームである。続いてカテキンを多量に含む花王ヘルシア。もちろん、ヨーグルト飲料なども、ここに含めるべきである。

一方で「体に悪くない市場」というものもある。レモンウォーターやミネラルウォーターなどを含む水の市場で、ことにミネラルウォーターは九一年に、八九年比一四一・六％という急激な伸びを示した。九六年に異物混入などの問題もあったものの、その勢いは基本的に衰えていない。

また、「適度に甘い市場」もある。「カルピスウォーター」「ＣＣレモン」「ビックル」などがあり、とくに「カルピスウォーター」は九一年の大ヒット商品になった。

その一方で「甘くない市場」の人気も上がった。ウーロン茶やお茶などが該当するが、中でもノンシュガーのストレートティである「ジャワティストレート」の登場は画期的だった。

「ジャワティストレート」は、和食にも洋食にも、どんな食事にも合うことがセールスポイントだが、広告では紅茶であることをまったく明言していない。つまり、大塚ベバレジは最初から無糖の市場をターゲットにしており、紅茶市場は度外視していたのだ。生活者も、「ジャワティストレート」を紅茶だと思っていないし、ましてや「午後の紅茶」とどちらがいいかなどとは考えもしない。

逆にいえば、「ジャワティストレート」が紅茶市場でどれだけシェアを占めているかを調査しても、何の意味もないのである。

生茶などのヒットに続き、最近では伊右衛門が緑茶飲料を大きく飛躍させたが、これらのヒットは先の「体にいい」カテゴリーとはまったく異なる分野のヒットである。

「市場細分化」の作業は、生活者の目を無視して「ハードウェア＝規格」だけにこだわっていてはできないことがわかっていただけたと思う。今後はますます企業本位の市場の切り方が無意味になり、生活者の懐にいかに深く入りこんで時代とシフトした戦略をとるかが、企業の明暗を分けるカギになるのは間違いない。

〈視点2〉シェアで切る——マーケットは六・八％から

企業が勝手に定義した市場には、大きな落とし穴がある。そして、だからこそ、市場を定義するためには生活者の目が絶対に必要であるわけだが、いくら市場を生活者の目で区切っても、その市場がそれなりの規模でなければ、クープマンの目標値を適用しても無意味になってしまう。では、生活者の目よりももっと大事な指標があるのか？　そうではない。正確には、生活者の目をきちんと追っていくと、自然とある一定規模の市場に落ちつくのだ。

一般的に、独立した市場と見なされるためには、百万人のユーザーが必要だといわれている。これだけのユーザーがいれば、広告や流通などの企業活動が、千億や二千億円市場と変わらないくらい円滑に行なえるようになる。また、単なるブームに終わらず、市場が一定期間、存在し続けることができるのである。

では、商品が百万人のユーザーをつかむと具体的にどうなるか？　たとえばシステム手帳なら、ユーザーが百万人を超えた段階ではじめて、リフィルなどを扱う文具店が目立って増え、システム手帳を使用しても、周りから奇異な目で見られなくなる。また、自由化された携帯電話も、契約台数が百万台を超えた九二年の後半ころから街で使用する人々を見かけるようになった。

以上のように、ユーザー百万人というのは、独立市場を定義する一つの目安である。

さて、市場を定義するもう一つの指標がシェアだ。ただし、シェアを指標として使う際には注意が必要である。

企業が犯しがちな間違いは、ごく小規模なのに無理やり市場を設定して、その中でシェアが上がった、下がったなどと一喜一憂することだ。とりわけ担当者の業務範囲が細分化されている大企業がこの手の間違いを犯しやすい。むろん、市場を見誤る担当者の気持ちもわからないわけではない。

まじめな担当者ほど自分の仕事に情熱を注いでいる。自分の仕事の対象の規模が十億円であろうが千億円であろうが、一〇〇パーセントのエネルギーを傾けることに変わりはないし、十億円の市場であろうが百億円市場であろうが、自分がやらねばならない仕事量にそう大差はない。売上予測にしろ、プロモーション企画や商品改良にしろ、十億円市場と百億円市場の仕事量の差は、せいぜい2～3倍の開きがあればいいほうで、10倍の差などない。だから自分が担当している製品の市場を一つの独立した市場と見なしてしまうのも無理はない。

しかしこの点に、まさに落とし穴がある。

生活者は、十億円市場などを一つの市場とはとらえていない。十億円市場などは、せいぜい「もっと大きい市場の一部」としか見ていないのだ。生活者の言葉で表現すれば「Aの商品は、Bと似たようなモノでしょう?」となる。

先ほどのたばこの例を挙げると、メーカーがいくらミラ・ショーンやイブ・サンローランなどのブランドもののたばこを「ブランドもの市場」と定義したところで、その市場の規模が小さければ、「バージニアスリムやパーラメントなどの『おしゃれなたばこ』と似たようなイメージのたばこでしょう」ということになる。下手をすると、スリッパやタオルなどを含んだ「ブランドグッズ」の一部と見なされてしまうおそれもある。

こうした場合には「ブランドもの市場」でミラ・ショーンのシェアが何%と計算してクープマンの目標値を当てはめてみても、そもそも「ブランドもの市場」そのものが存在していないのだから、まったく意味がない。

このケースでは、他のファッション的なたばこを含めた売上を一〇〇%と設定して比較してみなければ、正確な判断はできないのである。

〈視点3〉地域で切る

さて、最後にハードウェア的な市場の切り方のうち有効なものを挙げておこう。

「地域」で市場を切る際に、都道府県で切るのは意味がない。たとえば神奈川県と静岡県の境目で明確な違いがあるわけではないからだ。これに対して有効なのが、商圏で切る方法である。

人口二十万人程度の都市から複数の県にまたがるものまでサイズはさまざまだが、商圏の基本は「住民の行動範囲」である。つまり、その面積の中で動いているだけで、十分暮らしていける範囲のことである。

さて、それぞれの商圏には固有の志向がある。そうした志向は、必ずしも全国的な傾向と一致するわけではない。ゆえに商品Bが全国シェア四〇％を占めていても、ある商圏では商品Aのほうが売れている場合もあり得るのである。

そして、ある特定の商圏内でも四〇％以上のシェアを握っているなら、ひっくり返される危険性は非常に低いといえる。

したがって全国シェアが六・八％に満たなくても、利益が確保できるのであれば撤退する必要はないのである。

　ちなみにシェアと商圏の関連性について、前出の『ランチェスター販売戦略』では、興味深い事実を指摘している。昭和五十六年、ビール業界のシェア二位はサッポロビールで、三位がアサヒビールだった。田岡氏は、サッポロビールが好調にシェアを伸ばしている理由は、北海道で相対的安定シェアに近い四〇%のシェアを握っているからだと分析している。この例からいっても、商圏で安定したシェアを握ることがいかに重要であるかがわかるだろう。

SIMPLE MARKETING

2-3 売上を占う「プロダクト・ライフサイクル」

プロダクト・ライフサイクルで商品の寿命を見きわめる

最後に、そこに参入している企業からではなく、商品そのものの視点から市場を見てみよう。

市場に登場した新商品が生活者に受け入れられれば、やがて売上が伸びてくる。そしてピークを迎えた後に、次第に売上が落ちて、ついにはマーケットから姿を消してしまう。この商品盛衰の流れを「プロダクト・ライフサイクル」という。プロダクト・ライフサイクルは、次の四段階に分割することができる。

【導入期】

商品の出始めの時期が「導入期」である。まだこの時点では、生活者は商品についてほとんど知らない。この段階では生産量も少なく、コストも高くついて、企業にとってワリが悪い。また、広告費や販促費がかさむが、市場を開拓し、商品の知名度を極力上げるよう尽力する必要もある。なお、商品の規格＝性能で勝負すべきである。

図表19　プロダクト・ライフサイクル

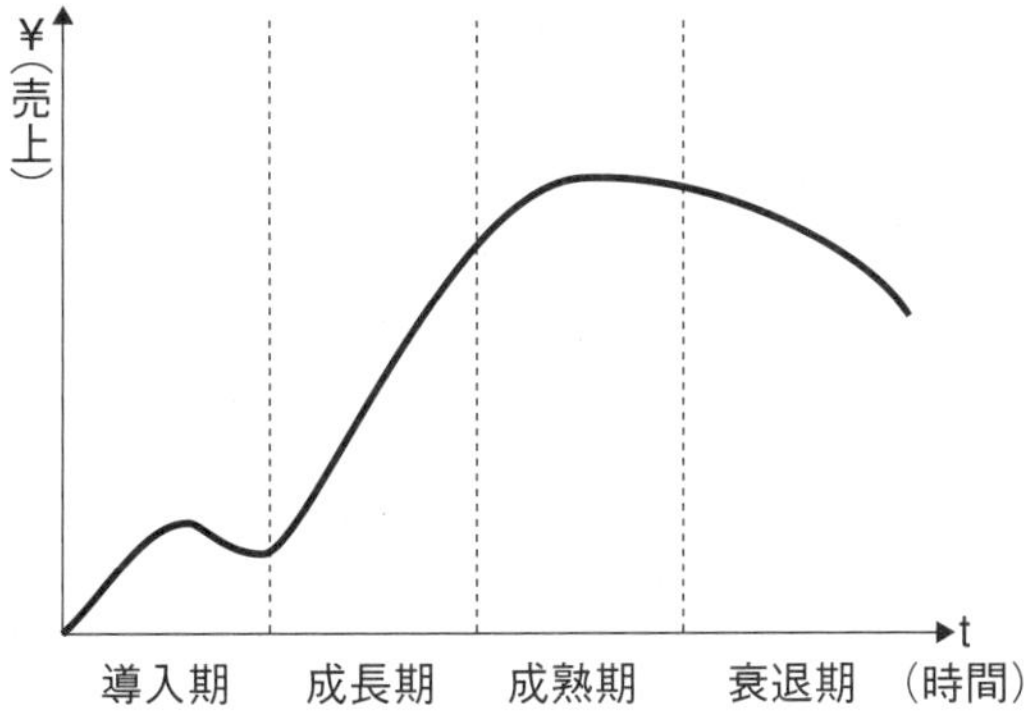

【成長期】

この時期には需要が急激に伸び始める。そして競合商品が出現する。また生産効率が増して、コストは低くなり、成長期の前・中期には、もっとも利益が上がる。競合商品はまだ少ないので価格競争もなく、価格の混乱はない。導入期と同じく成長期の前期までは、商品の規格で勝負すべきである。

成長期の後期になると、需要の伸びが鈍化するわりには新規参入が増えて、競合商品が多くなる。そして商品のクオリティや機能にほとんど差がなくなる。さらに価格競争が始まる。この時期には、規格を超えたベネフィットをアピールすると効果的である。

【成熟期】

この時期には需要の伸びが止まり始め、売上はほぼ横ばいになる。競合商品もあふれ、生産が需要を上回り、市場は飽和状態になる。利益はピークを超えて落ち出し、価格競争が激化して、値崩れする。商品はほとんどすべてのタイプの生活者に普及し、知名度も限界に近くなる。

【衰退期】

需要が低下して売上も減少する。広告費は切り詰められ、利益よりも在庫管理費や金利のほうが高くつく。そしてついに、商品は市場から撤退する。

商品の寿命は、業種やブランド、あるいは商品の実力によって千差万別である。一年や二年で市場から姿を消す短命の商品もあれば、「オロナミンC」や「カルピス」のように息の長い商品もある。

そのため、商品のライフサイクルを見きわめるのは、非常に難しい。一年で導入期を終える商品がある一方で、なかなか導入期を脱せない商品もある。とりわけ企業は、商品の上昇カーブが止まって下降し始めた際の判断に迷っているようだ。下降が一時的なものなのか、衰退期にさしかかったために下がったのかを判断しにくいわけだ。衰退期であれば、いくら投資しても成長は見込めない。しかし「カルピスウォーター」のように一時的に成長が止まっても、また息を吹き返す例もあるので、投資をやめることがかえってマイナスに働く場合もある。

しかし、プロダクト・ライフサイクルを見きわめるポイントもある。

一般的に普及率が七割を超えたら成長期は終わりと考えていい。たとえばＣＤラジカセや一〇〇％果汁などは、すでに成長期を終えていると見ていいだろう。

では、パソコンはどうだろう？　パソコンの世帯普及率は九二年までの十年間ずっと一〇％前後と、頭打ちだといわれていたのはご存じだろうか。メーカーの中でも、これ以上家庭用にパソコンは普及しないのではないか、と悲観的なところが多かったのだ。

それが、九四年からのインターネットブーム、九五年からのウィンドウズ95ブーム、そして九八年からの女性を中心とした電子メールブームで完全にブレークしたのは周知のことだ。結果、世帯普及率は二〇〇五年で約七七・五％と年間出荷台数も一千二百八十五万台になった。

九二年の一二％の世帯普及率で成熟市場だと嘆いていたのがどこ吹く風。九八年では、年間五〇％の伸び率で今後も推移するだろうなどと、これまた極端な楽観論をぶつメーカーまで出現する始末だった。普及率に関して、きっちりした定見を持たないと、その都度、極端で感覚的な見込みで企業全体を動かすことになってしまう。

パソコンの場合、普及率を単体で見てはいけない。

九八年以前と以降では、組み合わせる商品が異なるのである。

まず、九八年以前では、当時の普及率三七％のワープロがカギを握る。

当時、パソコン普及率が五〇％を越えていたアメリカには、ワープロ専用機が存在しなかった。ワープロ需要はすべてパソコンがカバーしていたのだ。しかし、このころの日本のパソコン業界は、パソコン単体の普及率をアメリカと比較していた。しかし、パソコン、ワープロという機械の塊を比較しても何の意味もない。生活者にとっては「文章を作成する機械」があるだけである。そして、それがたまたま「ほかの機能もある」パソコンと「安くて使いやすい」ワープロに分化していたのだ。事実、当時のパソコンの利用目的のトップはワープロで、約九三％を占めていた。当然、パソコンをほとんどワープロ専用機としてしか使っていない例も多かったのだ。

だから、市場規模や普及率はワープロとパソコンの両方を加算したもので見る必要があった。そうすると、九八年までは、パソコン一七％とワープロ三七％の合計五四％が実際の普及率となり、アメリカと大きな差がない、ということがわかる。

パソコンの普及にはワープロを視野に入れた対策が必要であることを、すでに私はあるメーカーに九二年に進言している。また、九四年に執筆した本書のオリジナル版でも同様の指摘をしていた。このときはまだ、インターネットがブームの兆しを見せたものの、パソコンの爆発的な売れ行きは始まっておらず、ウィンドウズ95ブームもまだまだ先の話だった。これらの予測はプロダクト・ライフサイクルの基本を理解していれば、そう難しいことではないのだ。

さて、ここまでは爆発的なブームを起こした電子メール以前の話である。九八年後半からパソコンと組み合わせるべき対象がワープロではなくなってきた。代わりに、電子メールがパソコンの組み合わせ対象となったのである。

九八年までは「文章を作成する機械」としてワープロと比較されていたパソコンが、今度は「電子メールができる機械」として、ポケットボードや携帯電話と比較されることになった。つまり、パソコンは次のような理由で買われることになったのだ。

「パソコンはちょっと高いけどワープロや表計算『も』できるからお得かな」

こういった比較ができるようになったのには二つ理由がある。

一つはメーカーがパソコンをインターネットや電子メールの機械として売ったからだ。大ヒットしたiMacも「3ステップで簡単にインターネットに繋げられる」広告を盛んに流していた。もちろん他メーカーも同様である。

そして、もう一つはパソコンの低価格化である。ソーテックが火をつけた十万円以下のパソコンの登場は、「電子メールに使うなら（しか使わないなら）これくらいでないと出せない」金額だったというわけである。もっとも、AV機器は伝統的に十万円と五万円を切ると一気に普及する性質を持った商品ではある。

ワープロと異なり、相手が複数なのでややこしいが、すでに九八年以降には、電子メール（やショートメール）を中心としたコミュニケーション機器とパソコン（三九％）を合わせるとほぼ七〇％の普及率に達してしまう。つまり、成熟期の手前まで差し掛かっていたのである。

実際、iMacがデザインの良さで売れたことは記憶に新しいが、デザインが購入の選択肢として生活者に重要視されるのは成長期後期からの特徴なのだ。これで符丁は合うことになる。

ここまで理解できると、次の一手を探さなければならないことがわかる。

ここで思い出すのは、かつてのＡＶ機器の「多機能競争」とその終焉だ。九八年以降のパソコンと八〇年代のあのときとが大変よく似ているのである。

当時のＡＶ機器はさまざまな機能がついたボタンがところ狭しと配置されていた。そして、生活者は「いつか使うかもしれない」と、ワンランク上の商品を買っていた。ところが、実際に家庭で使うのは再生・録画そして予約機能ぐらいのもの。ミュートやら画質調整などの機能はまったく用がない。それどころか、そのせいでどのボタンがどの機能を動かすものかもわからなくなってしまう。使い勝手が極端に悪くなったのだ。

その後しばらくして買い換え時期が訪れたときに何が起こったか。ボタンが三つしかない、ソニーの「娯楽ビデオ」が大ヒットしたのである。

ＡＶ機器のときは多機能とシンプル機能の両機種でメーカーや商品に違いはない。多機能でもその商品はあくまでもビデオだし、シンプル操作の商品でもビデオであることには変わりはない。

しかし、パソコンは事情が違う。

パソコンから通信以外の機能をすべて取り除いたら、単なる大きな場所を取るだけのメールしか使えない携帯電話になってしまうのだ。

かくして、パソコンのパソコンとしての形はオフィスでの法人需要程度しかなくなってしまった。

さて、携帯電話の普及率が九一％に達してしまった現在、パソコンはどうなったか。「電子メールを送る機械」から進化し、「エンターテイメントを楽しむ機械」として、今度は別な商品を相手にし始めたのである。

エンターテイメントといっても、単にホームページだけを指すものではない。テレビが受信できるパソコンに人気が集まり、ＤＶＤ再生機としてパソコンの購入を考えたりするという意味だ。iPodもパソコンがないと曲を収納することができない。つまり、パソコンの相手は、携帯メールから、テレビ、ビデオデッキ、そしてステレオコンポや携帯音楽プレーヤーにシフトしたのである。

もちろん、ネットがらみのエンターテイメントもある。光回線などのブロードバンドが発達した今では、ビデオや音楽をネットを通じて見たり聞いたりすることもできる。そして、昔からあるように、個人や企業のホームページも遠慮なく見られる。また、日記サイトから発達したブログ・ブームも広義の「エンターテイメント」である。

さらに、双方向のエンターテイメントも当然注目を浴びる。掲示板だけでなく、最近ではSNS（ソーシャル・ネットワーキング・サービス）も注目を集めている。

本筋から外れるが、ちょっと説明しておこう。SNSとは、言葉ではわかりにくいが、簡単にいえば、「閉じられたネット社会」だ。

ネットはもともと「誰でも公平にアクセスできる」のが特徴だったはずだ。しかし、それは、別な言い方をすれば、犯罪やトラブルに巻き込まれることも意味する。ブログで日記を運営すると、誰にでも見てもらえる反面、匿名で誹謗中傷のコメントやメールが届くこともある。ネットで写真のホームページを運営している女性がカメラマンから撮影依頼を受けたが、現場でレイプされてしまったという実例もある。

一方、SNSは外見は「無料会員制のホームページ、ブログ、掲示板サービス」である。しかし、最大手の「mixi」を例にとれば、入会するのは無料でも、すでに会員になっている人からの招待状がないと入会できない仕組みになっている。つまり「身元が確か」な人間しか入会できない。

そして、重要なことはmixiに入ると、ニックネームがすべてについて回るということなのである。日記にコメントを書く際も、コミュニティと呼ばれる趣味の掲示板に書き込みをする際も、そのニックネームが自動的に書き込まれる。普通のネットが匿名で書きたい放題、罵詈雑言を書き込むことが可能なのに対して、mixiでは、半固定のニックネームなので、それが抑制されることになる。

また、会員同士がマイミクシィと呼ばれる友人関係を結ぶことができる。すると、日記を友人にしか公開しないように設定できるし、友人の友人までに設定することも可能である。ネットでありながら、「原則公開」のネットとはまったく逆の方向なのだ。

そして、会員の紹介ページには、その友人のリストがあるので、誰がどのような人と仲がいいのかが一目瞭然だし、五万種類もあるコミュニティと呼ばれる趣味の掲示板（入会登録制）のリストも表示される。そうなると、他人の自宅の本棚を見るようなものである。その人がどんな趣味を持ち、どんな人と価値観が一緒なのかがわかれば、自分が敬遠すべき人物なのか、お近づきになりたい人物なのかが推測できるようになっている。

今までもこういったSNSはいくつかあったが、二〇〇三年の後半に誕生したmixiに人気が集まってからほぼ一人勝ちで、SNSといえばmixiを指すようになった。私が会員になった二〇〇四年十月にはたった二十万人の会員人数だったが、ほぼ一年後の二〇〇五年十二月には百二十五万人に急成長した。後述するように、百万人を超えると一つの市場になるが、mixiはすでに一つの社会を形づくっている。

このmixiにも問題がないわけではない。最大の問題は、規模が大きくなりすぎたことである。二十万人の会員程度のころは本当に「身元が確か」な人間の集まりだったが、ここまで大きくなると、危ない輩も増えてくる。先に紹介したレイプ常習素人カメラマンが、名前を変えてmixiでモデル（獲物？）を探しているといった噂も飛び交うほどである。

話が脱線した。

パソコンは「エンターテイメントの道具としての進化をした」という話だった。mixiはその代表的なエンターテイメントなのである。

心理的普及率で真の状態を見きわめる

別な例を見てみよう。

家庭用ファックスの普及率が二〇〇四年度で五〇％だという。これだけを見ると、かなり家庭に普及しているようだ。プロダクト・ライフサイクル論でいっても、第四段階の普及水準である四一・七％を軽く超えているからだ。しかし、ちょっと待ってほしい。じつは家庭用ファックスの保有者のうち、実際に複数回の使用経験があるのは五〇％に満たない。これはいったい何を意味しているのだろう。

家庭用ファックスといっても、専用機はかなり少ない。そのほとんどが留守電などとの兼用機だ。そして、その価格も、高級な留守番電話機とほとんど変わらない。購入者のほとんどがファックス機能が必要なために買っているのではなく、「使うときがあるだろう」と見込みで買っているのである。そして、電子メールの普及におされてか、ファックス機能は結局ほとんど使用されない。この状態で、家庭用ファックスの普及率からプロダクト・ライフサイクルを論じるのは極めて危険である。実質的な普及率は五〇％ではなく、その半分の二五％と理解すべきであり、そして、現在のファックス市場はまだ、第三段階の二六・一％をようやく超えたかという段階だと見るべきなのだ。

同様のことは、おサイフケータイと呼ばれる、ＮＴＴドコモの決済機能付きの携帯電話にもいえる。おサイフケータイの所有率は二〇〇四年初頭で七・二％。第一段階の普及率の六・八％を超えた。立派なものである。

しかし、おサイフケータイのサイフ機能を使ったことがある人は、所有者のうち一五％しかいないのだ。全体では一・一％。普及率以前の数字である。もっとも、おサイフケータイは「使ってみたい」とする人が五五％もいるので、今後、普及することにはなるだろう。しかし、一・一％の普及率のときのマーケティングと七・二％のときの戦略では、まったくやり方が違う。このことを肝に銘じておかないと、「プロダクト・ライフサイクルなんて、使えないじゃないか！」と、天にツバをはいてしまうのである。

このように、複合的な機能を持つ製品の場合、その機能での使用率や使用意向率がわからないと、正確な普及率はわからない。そういう意味では、ハード普及率と心理的普及率を分割する必要がある。

メーカーは、ハード普及率の中からその機能を抜き出して、使用意向を刺激する施策を行なう必要があるわけである。そうでなければ、プロダクト・ライフサイクル論の普及率にしたがった正確な施策が実施できなくなるばかりでなく、それらに投資したものが、かえって売上の足を引っ張る可能性すら出てきてしまう。

この考え方は、じつはとくに新しいものではない。アメリカでは一九六〇年代にベーキングパウダーで、日本でも米酢の健康飲料利用などで、一つの商品の使用目的を変化させて別な商品として売る、という手法が成功しているが、こちらは、心理的普及率の考え方から生まれたものなのである。

成長期の終わりのサインを見きわめる

成長期の終わりになると、その市場はさまざまなサインを発し始める。

第一に、差別化商品がヒットする。

成長期の後期には商品の基本機能に差がなくなるので、生活者は差別化されたモノに惹かれるようになるのだ。自動車でいえば「走る、曲がる、止まる」以外の、デザインや安全対策を強調した商品が求められ、また売り出される。つまり、女性の少ない学部では女性はみな一様にもてるが、女性が多い学部では美人に人気が集中するといった「少数人数比の効果」や、他人と同じだと安心する一方、自分だけのものが欲しくなる、心理学でいう「ユニークネス欲求」といった人間心理の力学が作用するようになるのである。

第二に、価格競争が始まる。

たとえば市場が成熟したと見られる一〇〇％果汁市場では、ダイエーが低価格のプライベートブランド「ＳＡＶＩＮＧ」を出してヒットした。さらにダイエーは、ＶＴＲテープなどの成長期が変わった商品をピックアップして、「ＳＡＶＩＮＧ」ブランドに加えている。低価格にすべき商品を見きわめた戦略である。

つけ加えると、成長期の真ん中で不用意に価格を低下させると、かえって失敗に終わる場合が多い。この時期の生活者は最初の購入として、ゆくゆくは使うだろうという期待を持って多機能な商品を好む。ある意味では生活者は夢を買っているのである。

たとえば、以前は複雑な機能のビデオデッキが売れ、安いビデオの売れ行きはよくなかった。が、ビデオ市場が成熟した今では、再生専用の低価格タイプや基本機能しか備えていない、単純で操作しやすいビデオのほうがよく売れている。

第三に、新規参入と淘汰が盛んになる。

たとえばかつて、成長期の終わりに差しかかったペットフード業界に、多くの他業種企業が進出したことがある。アサヒビール、ライオン、ホクレン、ホーネンコーポレーション、東鳩、ユニチャームと新規参入は後を絶たなかったが、一年もしないうちに、みなバタバタと撤退していった。新規参入が失敗に終わった原因は、プロダクト・ライフサイクルが読みとれなかったからである。これらの企業がペットフード市場に魅力を感じたときには、すでにペットフード市場は成長期の半ばから終わりにさしかかっていた。それから一～二年かけて参入の準備をしたので、実際に市場に乗り出したときには、すでに成長期の終わりから成熟期、衰退期になっていたのだ。つまり、新規参入するタイミングを誤ったのである。

以上の市場に現われる特徴と、先に述べた「普及率七割」という数値で大筋だけでも成

図表20 プロダクト・ライフサイクル

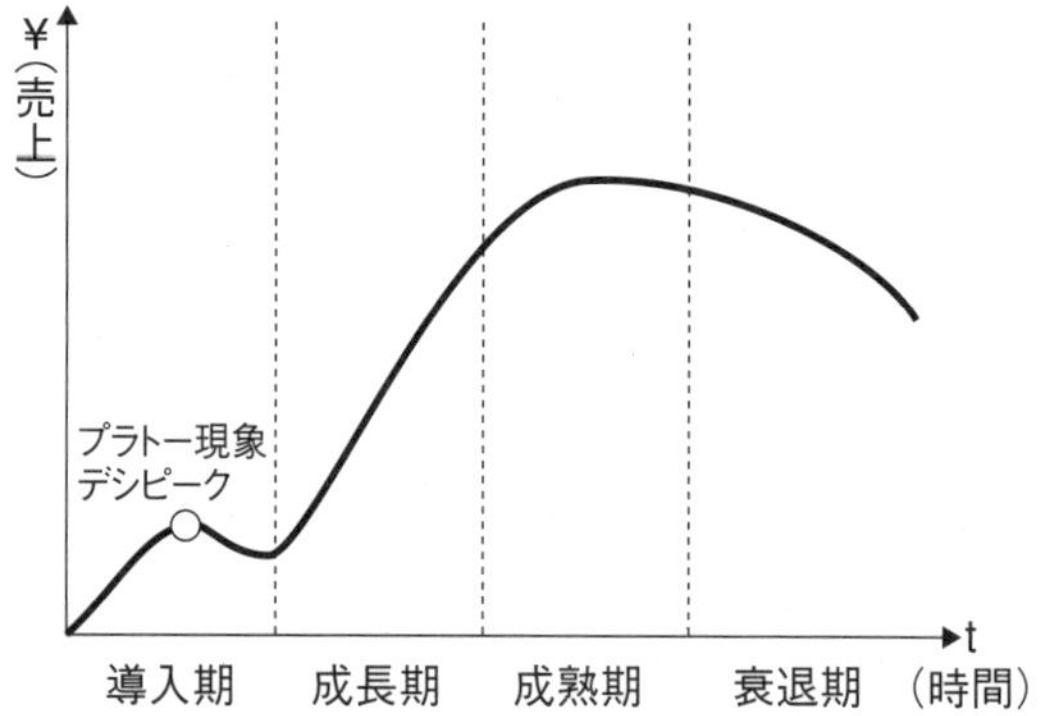

長期の終わりを見きわめることによって、ムダな投資を避けることができるはずである。

プロダクト・ライフサイクルはイノベータ次第

プロダクト・ライフサイクルは、一章で説明したイノベーター、アーリーアダプタ、フォロワーとも深く関係している。

図表20を見てほしい。

製品の普及率を示す折れ線グラフに、導入期の第一のピークがある。普及率一○%程度の地点である。これを『ランチェスター販売戦略』では、プラトー現象、あるいはデシピークと呼んでいる。「デシ」とは十分の一という意味、つまり、デシピークとはピーク時の一○%という

図表21　イノベータとプロダクト・ライフサイクル

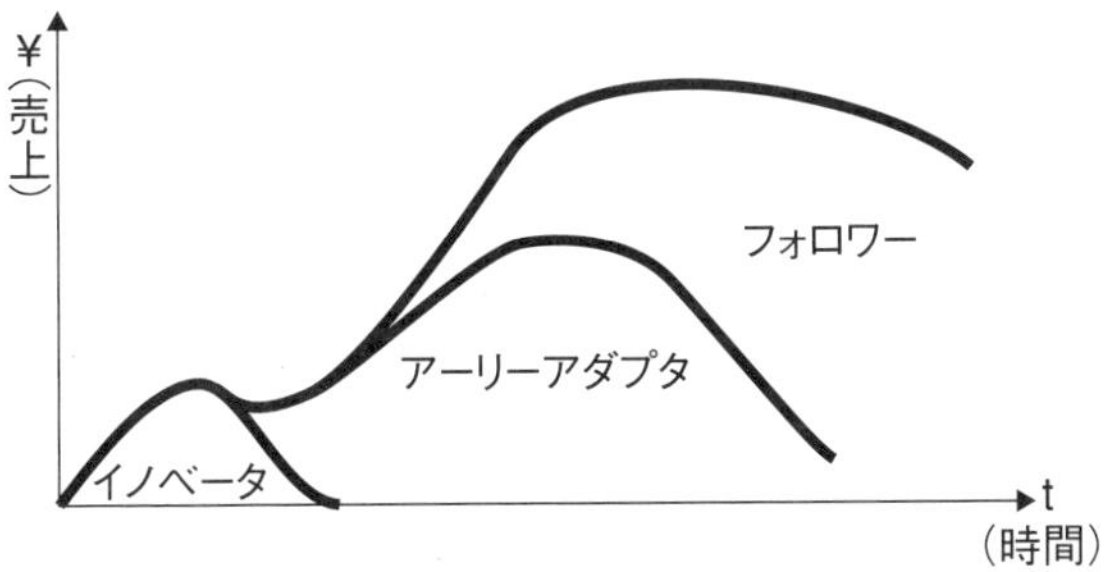

ことだ。

　では、なぜこの時期に、製品の普及率が第一のピークを迎えるのか？

　商品が出始めた初期の段階で購入するのはイノベータだ。そして導入期の間に、イノベータの購入がピークを迎える。イノベータは人口の一〇％程度なので、製品の普及率も一〇％に達するのである。

　もう一度図表20を見てほしい。第一のピークを迎えた後、普及率は一時的に落ち込んでいる。田岡氏は、この現象が企業の出荷実績のためだと説明している。つまりプラトー現象は流通拡大のための在庫の現われであり、配荷が一巡すると、店の実売分だけしか出荷に結びつかなくなるために、一時的に売上が落ちるというのである。

　しかし、私はこの現象を、別の視点か

ら解釈できると思う。

導入期の後期から成長期にさしかかると、イノベータの「商品離れ」が起こり始める。その理由は第一に、彼らはもともとおっちょこちょいで、熱しやすく冷めやすいから、また第二に、イノベータはいいモノを素早く見分ける力があるので、ある商品が気に入ってもほかにもっとよい商品があれば迷わずそれを支持するからである。つまり「商品離れ」とは、ほかのもっと魅力的な商品に移行することなのである。第三に、すでにその存在がアーリーアダプタやフォロワーにも知られるようになった商品など、イノベータには魅力がないからである。誰もが知っている商品にしがみつくことなど、イノベータのプライドが許さないのである。

たいていの商品は、こうした過程を経て次第に売れ行きを伸ばし、やがてイノベータやアーリーアダプタが離れて衰退していく。その過程が先のプラトー現象として現われるというのが私の解釈である。

しかし、中には売上をジワジワと伸ばす「長寿商品」や、いわゆる「定番」と呼ばれる商品もある。

たとえばジーンズは七一年のヒット商品だった。ところが流行はいっこうに廃れず、九一年には前年比約七％増とやや低迷したが、再び一〇％前後の高い伸びを記録し、二〇〇三年には七千八百九十万枚、二千五百億円という巨大市場に成長し、超ロングラン商品になっているのである。

なぜ、これらの商品は売上を伸ばし続けるのか？　時代に磨耗されない優れた特性、商品価値があるために、イノベータが離れていかないからだ。あるいはイノベータやアーリーアダプタが一度は商品を離れても、再び戻ってくるのである。

プロダクト・ライフサイクルの側面からみても、ヒット商品をつくる一番のポイントは、イノベータを確保することだということがわかるだろう。イノベータに相手にされない商品は、まず成功は難しい。だが、ヒット商品を育てる際に重要なのは、前章でも書いたが、「アーリーアダプタ」をつかまえることなのである。商品を売るためのもっとも効率のいい方法は、イノベータからアーリーアダプタ、そしてフォロワーへ、情報をうまくシフトさせること、つまり、スキミング戦略なのである（スキミング戦略については四章で詳述する）。

3 商品を評価する

SIMPLE MARKETING

3-1 プロダクトコーン理論

どのようにすれば商品が売れるようになるのか、というのがこの本のテーマだが、ここでは、マーケティングにおいて「主役」となる「商品」に絞って述べてみたい。

コンサルタントが商品について考えるとき、最初に、その商品や企業が「どのような位置付けにあるか」を認識する。商品や企業の健康状態を診断し、状態がよくないときには、病の原因がどこにあるのかを探る。

この第一のステップが確実なら、「どう治療すればよいか」は、七割まで自動的に導き出される。医者が患者を診断する際に、病名がわかれば治療の方針が決定するのと同じである。

この章では、すでに市場に存在する商品や、これから開発する商品をどのように評価したらよいかという、「商品の評価の基準」を紹介したい。これらの基準によって商品を再検討すれば、ウィークポイントをあぶりだし、商品のリストラをはかり、売上を伸ばすことができる。

また、この基準によって競合商品を評価することも可能だ。「商品評価の基準」で競合する商品の正体を知れば、おのずと敵のウィークポイントが見えてくる。そしてムダのないシビアな戦略が組み立てられるのである。

ひとりよがりだった企業の商品定義

企業がマーケティング活動を行なう場合、まず商品の「性格」を定義する必要がある。商品の定義の方法は、試行錯誤を重ねながら時代とともに変遷してきた。まずは、どのように移り変わってきたのか、そして現在、商品はどのように定義されているかを説明しよう。

マーケティングという概念が日本に導入されたのは、昭利三十年代初期である。当時は、企業といえば大半が第二次産業だった。この時代の商品の定義は、おもに製造部門のためのものだった。すなわち「サイズは○○センチ」「重さ○○キロ」といった具合である。こうした定義は「規格」と呼ばれている。つまり規格とは、企業側の商品の定義である。

当時は技術レベルも現在とは比較にならぬほど未熟で、企業も小所帯だった。そのため社員が各自の努力で商品知識をストックすることができた。しかも、市場や生活者からの発想があまり必要ない時代だったため、「規格」だけの表現でも、企業活動は可能だったのである。

ところが一九六〇年代になると、日本は高度成長期を迎えた。GDP（国内総生産）成長率は二ケタの伸びを記録し、七〇年代になると消費が増大した。そして、市場や生活者からの発想を無視しては、モノが売れない時代がやって来た。さらに企業形態は広告部門、販売部門、営業部門、商品開発部門などに分化・専門化し、大規模になった。そのため製造技術をはじめとするハードウェアの知識で定義された商品規格では、業務が円滑に進まなくなった。極端にいえば、たとえばパソコンの世界では、ネットワーク環境が云々などといわれても、普通のコピーライターでは手に負えず、業務効率が低下してしまうという弊害が出始めた。つまり、専門知識を持った、専任のコピーライターが必要になり、当然その分、コストがかかるようになったのである。

そこでアメリカの代理店によって開発された「コンセプト」という概念が採用された。「コンセプト」は「規格」と異なり、基本的に技術用語を使用しない。生活者が使用するわかりやすい言葉で商品を定義しようというのが、「コンセプト」の特徴だった。

ものぐさになった生活者

「コンセプト」が浸透してからしばらくは、生活者は「コンセプト」を手がかりに、商品の購入を決定していた。「これは○○という商品です」という企業からのメッセージを受けると、生活者は「それなら、この商品は自分にとっては△△なんだ」と翻訳したうえで、商品を買うか買わないかを決めていた。

ところが七〇年代後半から、企業はこぞって市場を細分化して、新製品を乱発した。しかし、そうそう新製品をつくれるはずもなく、パッケージやネーミングを変えただけの安易なリニューアル商品が横行した。生活者は「新製品」という言葉に踊らされてモノを購入したものの、そのたびに失望するばかりだった。そこで生活者は「買わない」という非常手段に訴え始めた。

生活者はなぜモノを買わなくなったのか？

第一に、いちいち面倒な翻訳作業をしなければならないような商品は、相手にする必要はないと開き直ったからである。

第二に、興味のない分野についてはできるだけエネルギーを省いて、労力を興味のある分野についての情報収集にかけようと思ったからである。

生活者はますます賢くしたたかになっていったのだ。

こうして「コンセプト」は限界をさらけだした。

では、なぜコンセプトは行きづまったのか？

「コンセプト」とは、元来、モノづくりに携わるスタッフが、共通の言語で理解できるよう開発された言葉である。その言葉が生活者にもわかりやすかったので、広く普及したのである。つまり、そもそも誕生した経緯からして、基本的に生活者の存在は考慮されていなかった。にもかかわらず、コンセプトに、ターゲットや目標など、あらゆるマーケティング要素を詰めこむことが流行ってしまった。よく見かけるのは、次のような記述である。

「商品Aは、都会を自由に闊歩する若年女性のためのリラクゼーション・アイテムである」

「商品Bは、味とコクを求める生活者のためのチーズである」

「商品Cは、業界トップの売上を目指す、新しいタイプのデザートである」

こうした記述では、製品コンセプト（＝生い立ち）とターゲットが混乱されてしまっている。商品Bにいたっては、ターゲットの設定すら、まともにできていない。チーズに「味とコク」を求める層は確かに存在するだろうが、それはどんな人々なのかまったく描かれていない。本来ターゲット設定とは、開発やマーケティングおよびセールス業務に携わるスタッフ、さらに製品や広告を通してメッセージを伝えるべき生活者に対して、「この商品はこういう人たちのためにつくったモノです」と知らせるために行なう作業のはずである。ターゲットの記述を見て、広告部門はつくるべきCMの素材を考える。また製造部門はスペックや設計の細部を検討する。そして生活者は「自分のためにつくられた商品か否か」を判断する。

A、B、Cのような、ターゲット設定ともコンセプト設計ともいえない中途半端な規格では、本来の役割がまったく機能しなくなる。そしてそれは即、各部門がターゲットをバラバラに解釈して、チグハグなマーケティング戦略を行なうことを意味する。

今までのところをまとめてみよう。

マーケティングやセールスの専門家を、技術者にしか通用しない専門用語、あるいは数値の塊のような製品の定義から解放したという点では、コンセプトの功績は大である。しかしその生い立ちゆえに、生活者の視点が抜けてしまった。

これに対して、生活者は面倒な翻訳作業を拒否し、自分に興味のない分野は無視することにした。

さらにコンセプトは、あまりにもわかりやすい言葉づかいゆえに、マーケティングの他の要素を安易に盛り込まれてしまった。そのため、商品の中核ともいうべき定義がぼやけてしまい、本来の目的にかなわないものに退化させられてしまった。

これがコンセプトの現状である。

これから説明する「プロダクトコーン理論」は、あくまでも商品戦略がベースになっている。プロダクトコーンによって定義されたそれぞれの要素が、本当に生活者に受容されるものであることがわかれば、商品の改良の方向もすぐに見えてくる。当然、「競合商品が何であるか」「それらが動きを見せたときにどんな手を打つべきか」という戦略レベルの思考も明確になるのである。

さらにもっとも重要なことは、商品レベルで主張したいことを規格に凝縮して切り離すことにより、「生活者がその商品を買う深い動機」を探ることに集中できるという点だ。これに成功すれば、コンセプトという一つの要素に、ごった煮的に少しずつマーケティング・エッセンスを放り込んで、商品概念が完成したような気になる愚を犯さずにすむのである。

商品の性質をはっきりさせるプロダクトコーン

先ほど、生活者が商品のコンセプトを翻訳することに疲れ、モノを買わなくなったと説明した。

それでは、コンセプトを追うのに疲れた生活者はどうしたか？

「商品が何かはわかった。だからそれが私にとってどんな得になるか教えて！」と、企業に翻訳作業の肩代わりを求めたのである。

そこで普及の兆しを見せ始めたのがベネフィットである。ではベネフィットとは何か？ ベネフィットとは、生活者が得するコト、モノである。

たとえば高性能のパソコンがあったとする。商品名は「iMac DV」。この商品の特徴は「PowerPC750 400MHzプロセッサを搭載した十四万八千円のオールインワン・タイプ。Firewire とＵＳＢを搭載し、AirMacも使える。もちろん、10BASE-T Ethernetを標準で装備。ＤＶＤ―ＲＯＭを標準搭載」だが、こう言ったところで一般の人には何のことだかさっぱりわからない。

では、生活者はこのパソコンをなぜ欲しがるのか？ 生活者は単なる鉄の塊が欲しくてパソコンを買うのではない。インターネットや電子メールのための機械が欲しいだけなのだ。ただ、携帯電話よりも使いやすくて、「ワープロや表計算機能もおまけについてくる」から買うのである。

電子メールをするのはなぜか。大ヒット番組「ＷＩＴＨ　ＬＯＶＥ」の世界が見せてくれたように、「素敵な出会いがあるかも知れないから」だ。あるいは、主婦にとっては、「自分は妻でも母親でもなく、ひとりの女性だと認識できる」からだ。

そして、iMacはＤＶＤが鑑賞できてビデオ編集も可能。それにもまして、デザインがパソコンらしくない。つまり、事務機器ではなく、家庭の部屋に置いても違和感がない。だから、買うのである。

これがベネフィット（得するコト、モノ）だ。いわば生活者は恋愛のきっかけを買っている、あるいは夢を買っているのである。

しかし、ベネフィット単独では、商品の性質を決めることはできない。商品には、ハードを定義する部分も必要だ。また、イメージも規定しておかなければならない。さもないと、実際の商品開発やコミュニケーション戦略を行なう過程で、スタッフの意思統一ができないからである。また、つくり手の意思がバラバラだと、生活者も商品をどのように理解したらいいのかわからない。その結果「買いたい」という気持ちが起こらない。

要するに、ベネフィットや規格を盛りこんだ総合的な商品定義が必要になるわけだ。この概念がプロダクトコーンである。

では、プロダクトコーンはどんな定義で構成されるのか？　図表22を見てほしい。

図表22　プロダクトコーン

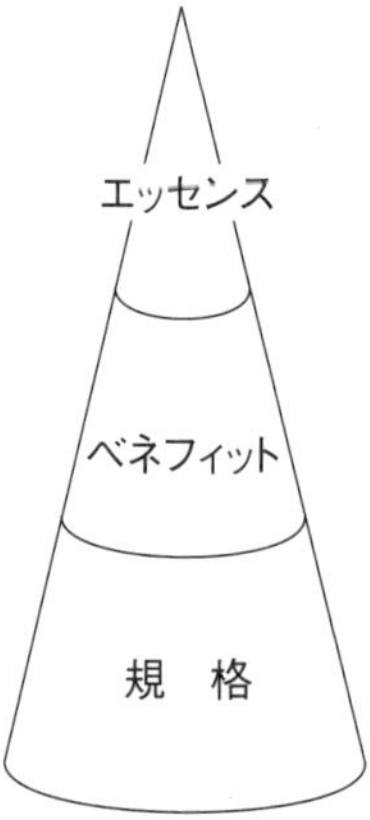

規格＝企業側の商品定義
ベネフィット＝生活者の得するコト、モノ
エッセンス＝商品が持つ性格（擬人化）

以上の三つでプロダクトコーンは構成されている。これを、人間を例にとって説明してみよう。

たとえばAさんという人がいたとする。Aさんは東大出身で、身長一八〇センチ、品のある整った容姿でちょっとやせ型。外務省に勤めている二十九歳で、成城学園の閑静な住宅街の一軒家に住んでいる。

いま挙げたAさんの特徴はすべて「規格」だが、このままでは、Aさんの人となりは、おぼろげにしかわからない。こうした特徴だけではAさんはいかにもステレオタイプで面白みのない人間になってしまう。そこでAさんの「エッセンス」が登場する。

Aさんは優しい。何事にも気配りを忘れず、バランスのとれた性格だ。ちょっとクールで理性的で賢い。Aさんは女性に手が早い。

これが、Aさんのエッセンスである。

では、Aさんの「ベネフィット」は何か？

Aさんと一緒にいれば、人に自慢できて自分の上昇志向を充たしてくれるかもしれない。知らないことをいろいろ教えてもらえるかもしれない。また結婚すれば、Aさんの自宅に住めるので、家賃が浮いてお金がたまるかもしれない。これらはすべて、Aさんの「ベネフィット」だ。こうした多面的な説明によって、Aさんの人格が浮き彫りになり、人々の記憶に残りやすくなる。

モノの特長を述べる際にも、まず、機能や商品の定義を説明する。次に、その商品を買うと何が得かを説明する。最後に商品のイメージを擬人化して述べてやると、極めて人の記憶に残りやすいのである。Aさんの例では、日本人の本音と建前を考慮して、あえて「ベネフィット」を最後に紹介したが、これはあくまで例外である。

プロダクトコーンは、人の記憶にとどまりやすいもっとも効率のいいシステムである。記憶の効率がよければ、ムダな広告は必要なく、経費の削減になるわけである。

プロダクトコーンの実例

具体例を挙げて説明しよう。

（例1）花王ヘルシア緑茶

我々の生活に、知らず知らずに馴染んだものの一つに、缶入り（ペットボトル入り）緑茶がある。日本で数千年の歴史を誇る緑茶であるだけに、売るのはそう簡単ではない。コーヒーが缶に入り、紅茶が入った。だから、次は「日本茶」だ、というわけにはいかない。理由の一つは、「有料」である点だ。

日本では、お茶だけを有料で提供する文化は、一部の甘味喫茶以外ではありえなかった。いや、大半は、まんじゅうやだんごとのセットであり、お茶単品でお金を取る文化はほぼ皆無といってよい。現在の寿司屋を代表とする和食飲食店では、冷たいウーロン茶は有料だが、「あがり（や暖かいお茶）」は無料である。そこが、喫茶店や紅茶専門店が存在する「舶来」飲料との大きな違いである。

缶に入れて、スーパーやコンビニに置いて売れるのか。キリン午後の紅茶がヒットしたからといって、緑茶はヒットするどころか、お金を出す人がいるのか。伊藤園の「お～い、お茶」はこうした中、ヒットとなった。

日本の緑茶文化は変わったのである……と言いたいところだが、緑茶飲料にはまだまだ課題があった。

　確かに、ヒット商品は出たのだが、中高年がついていかない。緑茶飲料の調査をすると必ず出現するのが、若年層の普及率に比べて、中高年層の普及率が低い。いや、それは大きな問題ではないともいえる。

　文化はそもそも若い世代から先に普及し、中高年には後から普及する。そしてその若者自身が中高年になれば、必然的に若者文化が旧来の文化と混じり合って、新しい文化に変化する。だから、緑茶飲料が中高年に普及しないのは、取り立てて騒ぐものではない。

　じつは、中高年は緑茶飲料だけを目の敵にして買わないわけではない。彼らは、缶入りの飲料そのものを買っていないのだ。お茶そのものの普及率は高い。よく飲んでいる。しかし、缶は買ってない。マズイからではない。温度が低いからなのだ。

　若いエネルギーが有り余っている身体では、外部からの刺激にも強い。つまり、激辛や冷たいものを摂ってもエネルギーが消耗することはない。しかし、年をとり、総体的なエネルギーが減少すると、外部の刺激も弱くないとバランスがとれない。つまり、同じ辛いものを食べても、若いときに食べる辛さの度合いよりも弱くして、ようやく、当時と同じ刺激を受けるというわけだ。

　ましてや冷たいものは、身体からエネルギーを奪い取る。若いときには何もなかったのに、年をとってから冷たいアイスクリームやかき氷を食べると、軽い倦怠感を訴える人が多くなるのはそのせいである。

今ではお茶のペットボトルを仕事机に置いて、生ぬるくして飲むことが当たり前の風景だが、これらは、その中間である二十～三十代のＯＬが始めた習慣である。発散エネルギーが中間の彼女たちならではの飲み方といえる。

もちろん、これは年齢だけの問題ではない。社会的な側面もある。たとえば、小学生が摂取するエネルギー量は、三十年前と比べて七〇％になっている。つまり、それだけマイルドなものでなければ、刺激が強すぎるというわけである。

昭和三十年代当時のたばこの売れ筋はタール18ミリだったのに、現在では6～8ミリのたばこが売れ筋になっていることも同じように説明できる。健康ブームのせいだけではなく、現代人にとって、タール値18ミリのたばこでは、そもそもがキツイのである。

二つ目の問題点は、文化的なものである。

単に、お金を出したくないということではない。古来から伝わるお茶というものには、余計なものを入れたくないという意識がある。これも、調査をすると必ず二〇％程度の生活者が「お茶はお茶として楽しみたい」という価値観を持っていることがわかる。

したがって、彼らは「カテキン」など、お茶本来が持つ栄養素には寛容だが、お茶に異質のものを入れるのは好まない。桜茶や昆布茶など、日本には昔から「異質なものを混ぜる」お茶は存在していたが、「本道ではない」お茶が決してヒットせず、主流にもならないのは、そのせいである。ちなみに、この層には中高年が多いものの十～二十代の若者も入っている。

さて、本題だ。

「冷たいものは、飲めない」

「余計なものは入れたくない」

この二つの隘路がありながら、大ヒットしたのが花王ヘルシア緑茶である。二〇〇三年四月に発売された花王ヘルシア緑茶はまたたく間にヒット。日経POSの八月のコンビニの売上で、トップだった伊藤園の「お～い、お茶」の2・7倍でぶっちぎりの一位を獲得したのだ。

コンビニで発売される新製品は年間で一〇〇〇種類以上。その中で成功するのは一、二本といわれるから、どれだけの快挙かは理解できる。

花王ヘルシア緑茶は、言わずと知れた「厚生労働省の特定保健用食品の認可」を緑茶飲料として初めて受けた商品である。急須で入れたお茶の約2倍のカテキンを含み、それが体脂肪低減に効果的というのが最大の特徴である。「体脂肪が気になる方へ」というキャッチフレーズはまさにこれを表現している。

花王ヘルシア緑茶のコンビニでの売上は、発売直後四月から六月までに、十五才未満の女性と三十才未満の男性で八七％、五十才未満の男性で七二％の伸びを示したが、他の緑茶飲料の売上は変わらなかった。花王ヘルシア緑茶が今まで緑茶飲料を飲んでいなかった客層を掘り起こしたことは明確である。

この花王ヘルシア緑茶のプロダクトコーンをつくると図表23のようになる。

図表23　花王ヘルシア緑茶のプロダクトコーン

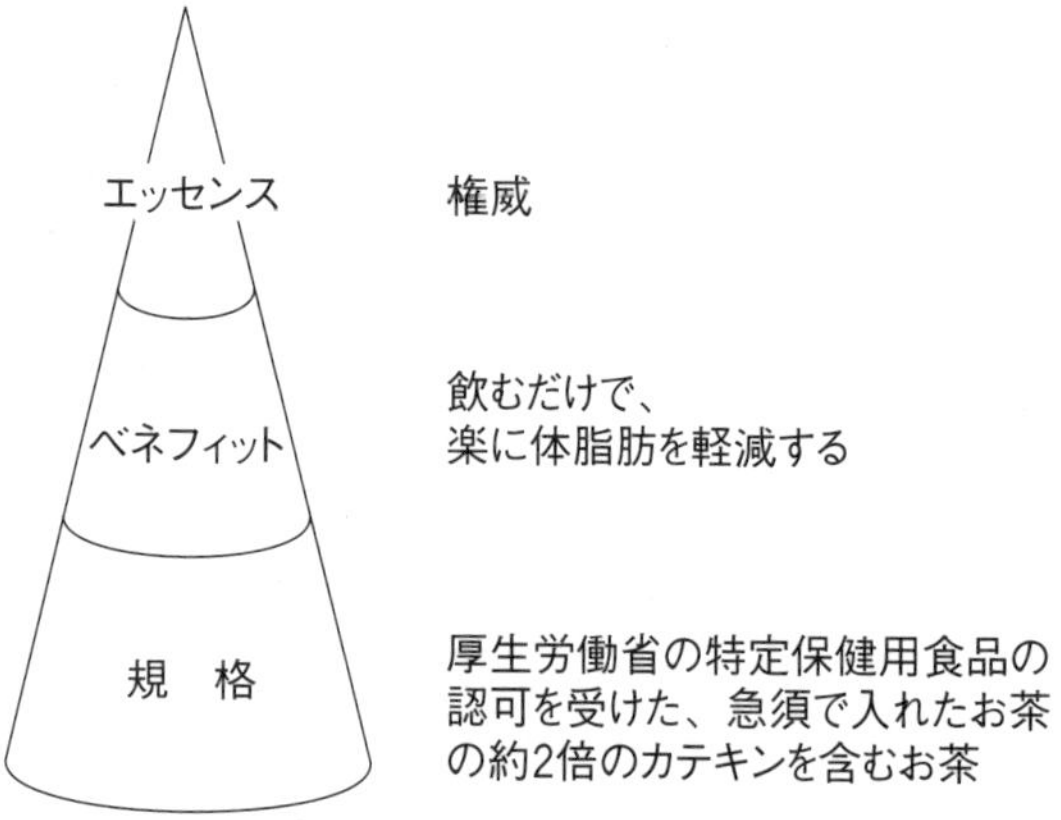
エッセンス
権威
ベネフィット
飲むだけで、
楽に体脂肪を軽減する
規　格
厚生労働省の特定保健用食品の
認可を受けた、急須で入れたお茶
の約2倍のカテキンを含むお茶

規格は「厚生労働省の特定保健用食品の認可を受けた、急須で入れたお茶の約2倍のカテキンを含むお茶」。

ベネフィットは「飲むだけで楽に、体脂肪を低減する」だ。

そして、エッセンスは「権威」である。

エッセンスを「権威」としたのは、花王ヘルシア緑茶が特定保健用食品の認可を受けていなかったら、これほどまでにヒットしなかっただろうからである。「お上のお墨付き」は薬品業界では当たり前で、何の差別化にもならないが、日本で初めてという緑茶飲料では十二分に差別優位性を持っていた。

（例2）ＨＤＤビデオレコーダ

二〇〇〇年八月にソニーが、追って松

下が初めて市場に投入してから、またたく間のうちに普及したのが、ＨＤＤビデオレコーダである。ビデオテープの代わりに、パソコンと同じハードディスク・ドライブ（ＨＤＤ）が内蔵されており、そこにＴＶ番組を録画する。ビデオテープやＤＶＤも使える複合機も増えたが、ＨＤＤビデオレコーダの基本は、録画データをハードディスクに記録することにある。

当時「ビデオテープだろうがハードディスクだろうが、はたまたＤＶＤだろうが、たいした違いはない」「買い足すことで無限に記録できるビデオテープやＤＶＤと較べて、ハードディスクは使い勝手が悪い」と指摘するマニアもいたが、その傍目でどんどん売上を伸ばしていった。

ちなみに、ハードディスクの前はビデオテープではなかった。じつは、松下やソニーからは、ＤＶＤ－ＲＡＭやＤＶＤ－ＲＷといった光ディスクや、Ｄ－ＶＨＳ（デジタル記録のビデオテープ）搭載のビデオレコーダがすでに発売されており、ハードディスクは「伏兵」として考えられていたのである。したがって、歴史的には「ＤＶＤ内蔵のＨＤＤビデオレコーダ」ではなく、「ＨＤＤ内蔵のＤＶＤ（またはＤ－ＶＨＳ）ビデオレコーダ」と、順番が異なる。

ＨＤＤビデオレコーダの最大のメリットは、「テープを入れ替える必要がない」である。入れ替える必要がなければ、入れ忘れによる「録画忘れ」が避けられる。

また、「テープの残り時間を確認する必要」もなくなる。つまり、その手間と時間がなくなる。予約録画機能が発達し、数週間後の録画予約ができる機種が多くなった昨今、このメリットは意外に大きい。テープがないのだから、当然のことながら「テープを保管するスペースもいらない」し「テープを整理する手間も時間も不要」である。「これ一台だけあればいい」のである。

先行したＤＶＤやＤ―ＶＨＳが今ひとつ売上が不振だったのは、このせいである。ＤＶＤもＤ―ＶＨＳも「入れ替え」作業が必要だった。ＨＤＤにはそれがいらない。

とはいえ、いくら大容量といっても、ハードディスクの容量には限りがある。したがって、それらのメリットを追求するには、ハードディスクの容量を大きくする必要がある。

その結果、当初は30ＧＢといったパソコンのハードディスク程度の容量だったものが、現在ではパソコンで一般的に使われる最大容量の２５０ＧＢを越え、５００ＧＢの製品も普及しつつあり、近々、２テラバイト（ＧＢの一〇〇〇倍、つまり２０００ＧＢ。ビデオテープ一七〇〇本分、じつに三千四百時間の録画）のハードディスクを搭載した製品まで予定されている始末である。

とはいえマニアにとっては５００ＧＢでも足りない。保存したくなるような映画などは高い画質で録画したい。しかし、それではＨＤＤの容量では数本しか入らない。

当初、マニアがＨＤＤビデオレコーダに否定的だったのは、そのせいもある。そこで復活したカタチで脚光を浴びたのが、ビデオテープやＤＶＤにＨＤＤに記録した動画をダビングできる複合機である。

常々、私が主張しているように、マニアは必ずしもイノベータと同一人物ではないことが、この例でも証明された。ＨＤＤビデオレコーダはマニアから普及したのではなく、「一般人のイノベータ」から普及したのである。

その一般人のニーズとは「映画などを保存する」ニーズではない。一般的なビデオの使用目的は、「長期保存」ではなく「一時保存」なのだ。つまり、録画された番組を後で見てしまえば消滅してもいい。そんな使い方が八割以上も占めていたのである。

別な言い方をすれば「放映の時間には自宅にいられないから保存する」「放映時間には別なことをしていたい（寝ていたい、別な番組を観ていたい、飲みに行きたい、残業していたい）」、つまり「時間差をつくり出す」ニーズなのである。それならば、ハードディスクに一時的に保存するだけで事足りる。そして、ハードディスクが一杯になれば消してしまえばいい。

もっとも「長期保存」も「放映された時間を切り取り、あとで観る」という意味では「時間コントロールニーズ」である。ただし、長期保存にはそれに加えて「繰り返し（て観る）」ニーズが加わる。

すると、エッセンスは「便利な」である。

じつはＨＤＤレコーダは、当初はゆっくりと普及したにすぎない。もちろん、このままでも、ゆくゆくはＨＤＤレコーダが今のように売れただろう。しかし、爆発的に普及したのは、二〇〇三年十一月にソニーが市場に投入した「スゴ録」がきっかけである。それまで、発売時期はほぼ同じだった松下に水をあけられていたシェアを一気にひっくり返したのだ。

その理由は「おまかせ・まる録機能」と呼ばれる自動録画である。CMで表現されていたように、「田村正和」といったキーワードを入力しておくと、その言葉に該当する番組をすべて録画してくれるという機能である。また、ハードディスクが一杯にならないように、一定期間で自動で消してくれる。

これはまさにハードディスク搭載のビデオレコーダならではの機能である。ビデオテープやDVDでは、数番組を録画したら、すぐに一杯になって使い物にならないからだ。

そこで、プロダクトコーンをもう一つつくってみる。

スゴ録の規格は「入力したキーワードに該当した番組をすべて自動で録画してくれる、DVD搭載のHDDレコーダ」。

ベネフィットは「好みの番組を、手間なしで録画することができる」。

エッセンスは「かしこい」である。

ところでHDDビデオレコーダでは当初、パソコン用のハードディスクが流用されていたが、これが規模のメリットにつながり、ハードディスクの価格の低下とパソコンでの大容量ハードディスクの利用を促すことになった。初期のデジカメでも、当初はデジカメ用のCCDなどは存在しなかったので、縦横比がカメラとは異なり、解像度も低いビデオカメラ用のCCDが流用されていた。しかし、デジカメが普及したために、より高性能のデジカメ専用のＣＣＤが開発された。その構図に似ている。

（例３）デンタルコットン

マーケティングの勝利をまざまざと見せつけられたのが、デンタルコットンという犬用健康玩具である。

テレビなどでの露出もないし、ペットオーナー以外の読者にはなじみがないと思われるので、若干の説明をしよう。

製品としては、単なる木綿の縄だ。それ以外に何の工夫もない。だから、犬の食いつきを上げるような添加物や香料もなく、特別な素材を使っているわけでもない。とにかく、徹底してシンプルな「縄」なのだ。

したがって、規格をまともに表現すれば「木綿の縄」となってしまう。いくら、規格だけではモノが売れないといっても、これでは身もふたもない。

では、これをどう使うか？

犬がおもちゃとして遊びながらかんでいるうちに、歯のすき間に木綿の繊維が入り込み、自然に歯磨きができる、というものなのだ。したがって、規格は「歯磨きのいらない、木綿素材の犬用歯ブラシ」となる。

これが、一本千円もするのに大ヒットした。発売当初は、量販店のバイヤーから「こんな何のヘンテツもない縄なんて、田舎にいけばタダでごろごろしている。千円もの値付けをして、売れるわけがない」と悪評だらけだったという。

ところが、デンタルコットンは大方の予想を裏切った。

メーカーは売上を公表していないが、ペット用品の世界ではメガヒットとなった。数千万円の売上の商品が大半を占めるペット用品市場で、推定十億円を叩き出したのだ。

今や、犬猫用歯磨き（特殊な素材の歯ブラシを使用する）や歯茎を鍛えるための天然ゴムをデンタルシリーズとしてラインナップした結果、ペットショップや郊外のホームセンターのペット用品コーナーで、メーカー独自のコーナー展開ができるほどに成長したのである。類似品も登場したが、素材がシンプルなだけに、先行メーカーの強みや流通対応力がモノをいう。「歯の健康」市場で推定九〇％のシェアを取っているといわれる。

このデンタルシリーズがこれだけ市場に受け入れられたのには、当然、生活者のニーズと従来のメーカーの対応の弱さがあった。

日本のペットは犬八百万頭、ネコ六百万頭の千四百万頭といわれている。とくに、犬の場合、ペットフード市場の急激な普及により、年々柔らかい食事がメインになってしまっている。

ところが、犬の歯やあごは映画やＴＶで見るように、元来、獲物の骨や肉を砕き、かみちぎる力を持っている。ペットとして人間に飼われるようになっても、その構造はまったく変わらない。試しに犬用のガムをかんでみたらいい。人間には文字どおり「歯が立たない」牛の筋などを乾燥させて固めたガムを、犬は遊びながら、ものの見事にかみ切って食べてしまう。それが、いきなりコーンビーフのような柔らかい缶ドックフードや、せんべいのようなカリカリしたドライフードだけで育てるようになった。歯やあごの力がなまるのは当たり前だ。

じつは、それだけではない。歯の病気になると、内臓疾患などの病気を誘発しやすいのだ。かくして、犬の九〇％は何らかの歯の健康を損なっている。

一方、ペットの歯の健康に関する商品はというと、指にはめて歯を磨く「歯ブラシ」、前出の犬用ガムしかない、という状態である。したがって、意識の高いペットオーナーは、骨を肉屋から調達するか、子供用歯ブラシで無理やりペットの口をこじあけ、歯を磨くくらいしか方法がなかったのである。

そこで、デンタルコットンである。売れないほうがおかしい。

ただ、どんな方法でもこの商品が売れたかというと、それは疑問だ。量販店バイヤーが指摘したとおり、単なる綿の縄を千円で売ろうというのだから。

そこで、メーカーの工夫が、パッケージ上のコピーにある。

「遊びながら、歯もきれい、息もきれい」

つまり、規格では何のヘンテツもないコットン縄を、ベネフィットを明確にすることによって、商品として成立させてしまったのだ。

ちなみに、東京ペットというメーカーは、日本では珍しい、ベネフィット訴求型のマーケティングを得意とする会社である。デンタルコットンをはじめとして、一世を風びしたペット用の合成樹脂製ブラシ、巻き取り式リード（首縄）など、ユニークな商品を規格ではなくベネフィットを中心として商品に仕立て上げている。

（例4）レストラン・トップ

最後に高層ビルの五十階にある架空の店、オシャレな「レストラン・トップ」を検討しよう。

「レストラン・トップ」の規格は「五十階建てのビルの最上階にあり、一流のシェフと一流の素材、美しい夜景が楽しめる」ことだ。

ベネフィットは「ねらった女性をおとせる」ことだ。

エッセンスは「誘惑」である。

規格→ベネフィット→エッセンスの流れを意識する

通常、プロダクトコーンの訴求要素は、規格→ベネフィット→エッセンスと移行する。商品・広告開発に際しては、その商品の市場や成長、競合状況などによって、プロダクトコーンの何をメインにすればいいかが決まる。

では、全体的に今までは何を訴求した商品が成功していたのか？　わかりやすい例として広告を見てみよう。

従来は、ベネフィットを訴求すると効果的な市場が多かった。

ベネフィット戦略が成功した例として大塚製薬の「カロリーメイト」が挙げられる。一九八二年発売の「カロリーメイト」は、当初「バランス栄養食」という規格を訴求して、コンスタントに年間百三十億円前後の売上をはじきだしていた。規格を訴求する戦略は十年間続けられたが、一九九二年、広告コピーを「朝カロリーメイト、昼カロリーメイト、夜は友人と会食。新しいダイエットの提案です」という趣旨に改めた。つまり、規格からベネフィットの訴求へと移行したのである。この戦略が当たり、現在、売上を二百億円超まで伸ばしている。

しかし、大半の企業は、規格からいきなりエッセンスに移行しがちだ。その結果、女性モデルがイメージキャラクターと称して、ニッコリ笑っただけの広告ができあがる。私が「ベネフィットが重要だ」と主張するのは、こうして感性マーケティングの罠にはまっているケースがじつに多いからである。加えて、イメージ（エッセンス）中心の戦略を実施している業界では、じつはベネフィットをメインにするよりも規格を核に戻したほうが効果的なのである。その理由を実例を挙げて説明しよう。

たとえばビール業界では、「どういうわけかキリンです」という昭和四十五年のキリンビールの広告に代表されるような、イメージによるコミュニケーション戦略の時代が長期間続いていた（容器戦争時代を除いて）。

この流れを壊したのが、アサヒビールである。アサヒビールは、昭和六十一年の「コク

図表24　キリンVSアサヒ

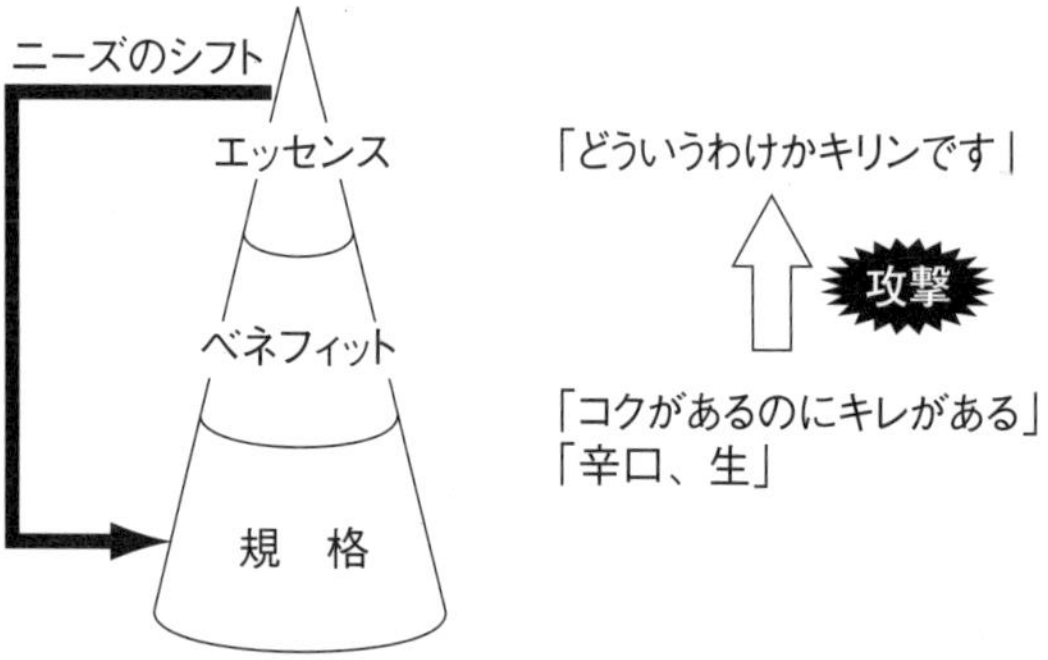

イメージ中心だったビール業界において規格で攻める。
生活者の目が規格にシフトしていたからこそできた戦略。

があるのにキレがある」と、翌年の「辛口、生」のコピーを発表して、ビール業界の広告サイクルを断ち切った(図表24)。この広告がジャンプボードとなり、当時サントリーと最下位を争っていたアサヒビールは一躍大舞台に躍り出て、今やキリンを抜いてトップメーカーへと成長した。

アサヒビールの勝因は何か？　イメージ広告が主流だった八〇年代において、いきなり規格を訴求したことである。

エッセンス（イメージ）は、慣習に似ている。ビールに関していえば、かつては「なぜキリンなのか」と聞く人もいないし、「なぜキリンなのか」を説明できる人もいなかった。しかし、ビールといえば「どういうわけかキリン」という常識がまかり通っていた。しかしこの流れに「規格」という名の「事実」を引っさげて、アサヒビールが登場し、躍進したのである。「事実」が「慣習」を打ち破ったのだ。

さらにビールと同じような現象が、たばこの世界でも起こり始めている。

従来のたばこの広告は、エッセンスを訴求したイメージ的なものが多かった。九〇～九一年後半までの「ラーク」のコピーは「これが世界のフレーバー、ラーク」だった。また「キャビン」のコピーは八九年に「キャビン・スピリット」、九二年に「赤いキャビン・ボックス新発売」「感じるレッド。鮮烈デビュー」と、「感性マーケティング」を代表するような広告だった。

しかし最近のたばこのCMは、規格訴求タイプが成功している。たとえば「平均的なたばこよりタールを三三％カット」してデビューした「メリット」が成功したし、より最近の例でもタール１mg、ニコチン0.1mgという禁煙パイポのような「ネクスト」が、「一番軽くて、驚きのうまさ」というコピーで同水準の軽さの先行ブランド「フロンティア」に真っ向から攻撃を仕掛け、ついには売上で「フロンティア」と肩を並べてしまった。

少々詳しく説明してみよう。

上位ブランドだけに許される「イメージ・コミュニケーション」

次ページの図表25～27を見てほしい。

図表25は、一般的な購入モデルである。生活者は商品の存在を知り（知名「その特長を知ったうえで（理解）、好意を持ち、試し買いをする（トライアル）。そして気に入れば、継続して商品を買うことになる（レギュラー）。

さて、図表26は、ブランドが確立した後のモデルである。後述するが、ブランドには「時間コストを短縮させる」という機能があり、継続的にあるブランドを買っている生活者は、表層意識で「理解」～「購入意向」のプロセスを一つ一つ踏まない。したがって商品が売られているのを見ると、いきなり購入行動に走るのである。

つまり、マーケットシェアを十分に獲得した商品は、図の生活者の購入の流れを強くしてやれば、それが即、信頼感につながるのである。

イメージ（エッセンス）をメインにしたコミュニケーションは、まさにこのエンドレス・ループを促進するための手段なのである。

だが、新規ブランドが同様に永遠のサイクルをつくろうと思っても、競合に巨大ブランドがいるのだから、なかなかうまくいかない。こうした状況で新規ブランドが犯しやすい間違いは、違うイメージを生活者に訴えることである。だが、しょせんこの方法ではすでに優位に立っている先駆者を凌駕することはできない。新規参入ブランドは、切り口を本来の姿、つまり規格訴求に戻すべきである。これが図表27である。

トップブランドは、往々にして製品改良を怠っている。後発ブランドのほうが品質が上ならば、「理解」の段階でそれを明確に生活者に伝えてやれば、トップブランドの優位に

図表25　一般的な購入モデル

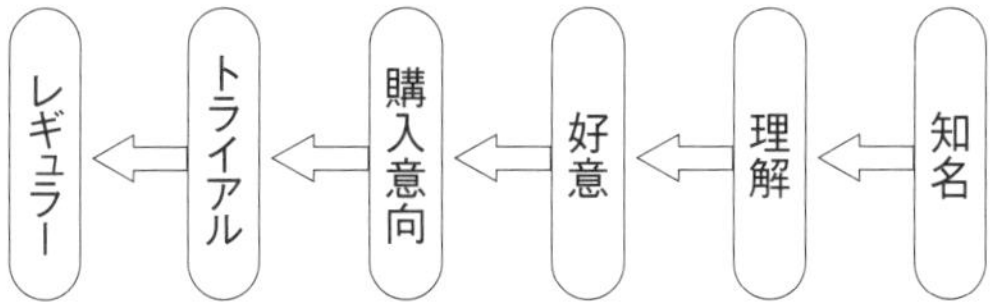

図表26　イメージ訴求（レギュラーユーザー）の購入モデル

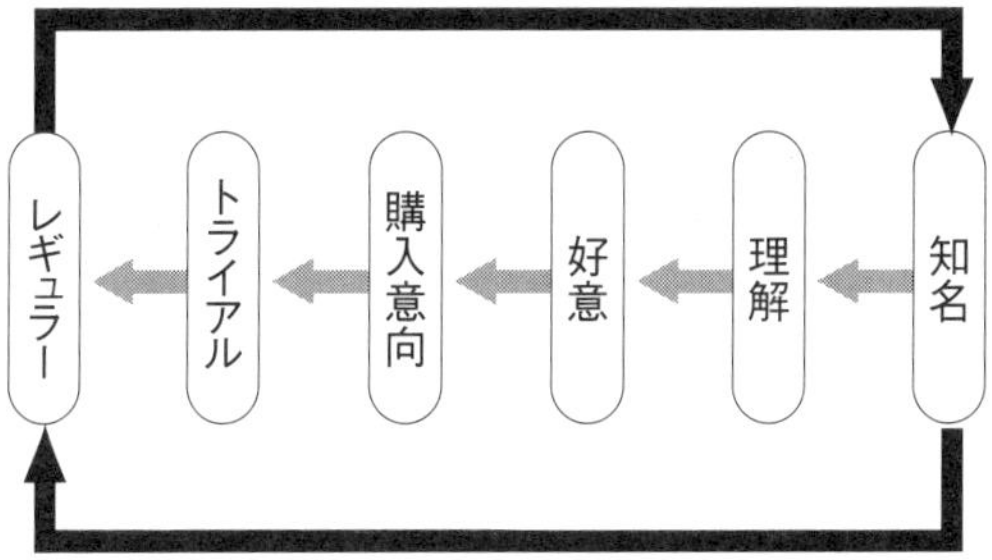

図表27　イメージ訴求（レギュラーユーザー）と規格訴求の購入モデル

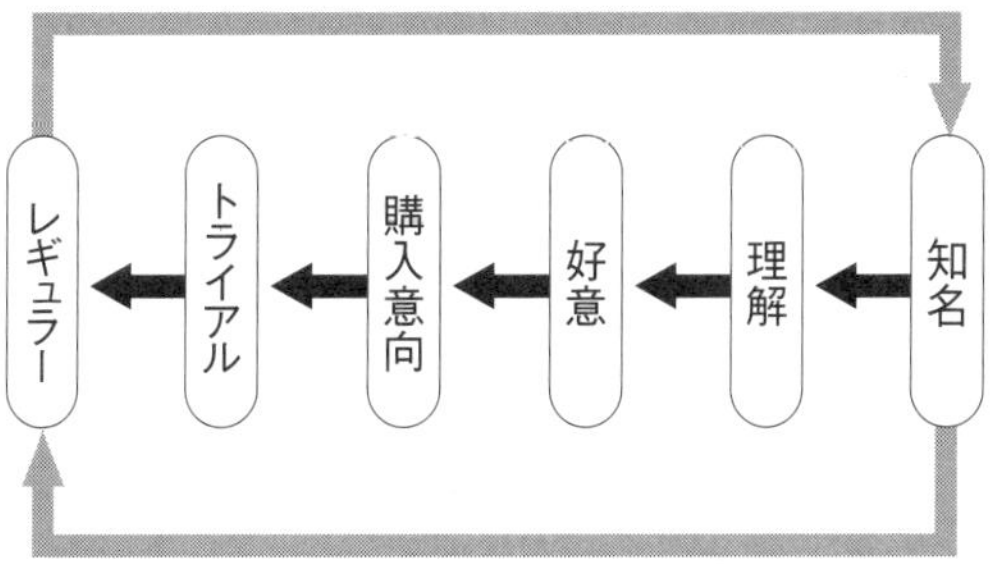

立てるのである。

にもかかわらず日本では、第二位、三位のブランドが上位ブランドに対抗するときにも、イメージ・コミュニケーションを行なっているケースが非常に多い。逆にいえば、新規ブランドが二位や三位のブランドを攻撃する際にも、規格を訴求すれば、極めて有効なのである。二〜三位ブランドを出し抜くのは、トップブランドを崩すよりも数倍楽だから、新規ブランドにとってまさにこの点に上位ブランドの牙城を崩す芽がある。

この他にも、世の中にまったく存在していなかった新技術を応用した商品は「規格」を優先的に訴求すべきだ。これは、今までの説明ですぐにおわかりいただけるだろう。

さらに規格自体が目まぐるしく変化するモノ、とりわけ規格の変更によってベネフィットまで変わってしまうような新技術革新型商品なども、同様に規格を中心に訴求すべきである。

生活者から見たプロダクトコーンの実例（乾電池）

プロダクトコーンの例を別な角度から紹介しよう。

以前筆者がデジカメを買ったときのことだ。このデジカメ、電源として乾電池も使えるスグレ物なのだが、乾電池がすぐになくなってしまう。

これではあまりにも非経済的である。お買い得パックのアルカリ電池を買っても、年間の電池代が一万円近くになってしまう。

これはまずい、とアルカリ乾電池用の充電器を買いに走ったのだが、メーカー欠品。第一、この商品、電池の売上が落ちるためか、通常の家電量販店では扱っていない。近くではソフマップというパソコンショップでしか扱っていなかったのである。

そうはいっても、入荷を待っていたのではいつになるかわからない。しかたなく、充電専用の電池を検討したのだが、電池に関しての予備知識などまったくない。わずかに、充電専用といえばニッカド（カドニカ）、ニッケル水素、リチウム電池という種類があって、単三形はニッカドとニッケル水素しかない、ということくらいしかわからない。

周囲には、電池に関する知識のある友人もいない。

こういうときはまず店頭に走るのが私の常である。商品陳列を眺めていると、「七〇〇ミリアンペア」とか、「大容量一〇〇〇ミリアンペア」などの文字がパッケージを飾っている。まず、ここで、戸惑ってしまった。確かに容量が多いほうが長時間持ちそうである。とすれば、迷わず一〇〇〇ミリアンペアの電池にしたいところだが、どれだけ長時間使用できるのかはまったくわからない。アルカリ乾電池をやめて、経済的になったはいいが二、三日ごとに充電しなければならないのでは、本末転倒である。商品パッケージには何も書いてない。

次に困ったのは、「一・二ボルト」という表示である。アルカリ乾電池には「一・五ボルト」と書いてあるから数値は低めだ。小学生時代のかなり薄まっている記憶によると、たしかこれは電池の流れの強さである。下手をするとトラックの車体に五五〇ccのエンジンを積んで走ろうとするようなもので、デジカメが作動しない、というおそれさえある。

　こういうときは普通、店員やメーカーに問い合わせるのだろうが、私はどうも店員やメーカーというのは信用しない悪い癖がある。パソコン本体や周辺機器を買いに行って、店員にウソをつかれたり、友人がだまされたり、ということが頻繁に起こるからである。彼らはとにかく適当にしか対応してくれない。とくにパソコン関係で店員にものを聞かなければならないときには、「俺は上級者だぞ」という意思表示をしないと、とんでもないモノを買わされるハメになる。

　一方、メーカーの場合は、「安全で当たり前の答え」しかしないので、こういうときにはまったく頼りにならない。「取扱説明書にあるように、アルカリ乾電池をお使いくださ い」としか言わないのである。ただ、メーカーに電話すると、ときどき技術者が電話に出ることもある。こういう場合はシメタものである。けっこう本音で答えてくれるのだ。「一〇〇〇ミリアンペアでも使えますよ。でも、電池寿命は半分くらいになってしまいますけど」というような情報が得られることが往々にしてあるのだ。広報や企画部門の人間からは絶対にこういう情報は聞けない。一般消費者の怖さ（？・）をよく知っているから、ということと、形どおりの勉強しかしていない、ということなのだろう。

スペックは判断基準がないと「無用の長物」

さて、それでも、判断基準がまったくないのでは困る。よほど、お買い得アルカリ乾電池にしようかと思っていたところ、ある家電量販店の若い店員に「アンペアとか一・二ボルトとか、どう違うの？」と聞いてみた。もとより、たいした答えは期待していなかった。これも、ベテラン店員は信用できないが、若い奴だとときどき本音が聞ける、という私なりの経験と、たまたまそのときにゆっくりできる時間があったというのが重なったためである。

予想どおり、彼は「わからないので、聞いてくる」と先輩社員に聞きに行った。はたして、戻ってきた彼は「一・二ボルトだと使えない機械もあります」という、当たり前の回答しか持ってこなかった。ところが、その後、続けて「ＰＨＳのときもメーカーはアルカリ乾電池を使えって言ったんですが、実際に充電専用の乾電池でも使えたんですよ。メーカーって、何を基準にアルカリだの何だのって言うんでしょうね。私も疑問です」と、ふともらしたのだ。

それで、心は決まった。

ニッケル水素の充電専用の単三電池を使用することにしたのだ。アルカリより数日長く、約十日間使用できる。それで、年間のコストは二十分の一以下である。

プロダクトコーンへ当てはめると

私の経験をプロダクトコーンに当てはめてみよう。

一．私は電池に関して素人である。

二．私の関心は充電専用電池がわたしのデジカメでも満足に使用できるかどうか、だけである（ベネフィット）。その発端は、アルカリ乾電池より経済的であろう、と考えたからだ（ベネフィット）。どこのメーカーがつくっていようが（エッセンス）、材質に何を使おうが（規格）どうでもいい。

三．ただし、「長時間使える」といっても、「従来の」ニッカド電池やマンガン電池と比べられても意味がない。やむなく、「そもそも論」（＝一〇〇〇ミリアンペアや一・二ボルト）を調べ、それが、使用できるのか（規格のベネフィット翻訳）、アルカリ乾電池の何倍あるいは何分の一の使用時間なのか（規格のベネフィット翻訳）、を知ろうとした。

四．なぜなら、店員やメーカーの問い合わせ対応は信用しておらず、自分あるいは自分のリスクで判断しようとしたからである（前述した革新人間「イノベータ」の特質）。

五．しかし、もしはじめからパッケージに「アルカリ乾電池の何％」の使用時間やデジカメの取扱説明書に「ニッケル水素、ニッカド電池でも使えます」と書いてあったら、「そもそも論」にすら興味がなかった（ベネフィットのみでの判断）。

さて、これは、じつは極めて象徴的なケースである。

本来、私という生活者は電池に関していえばアーリーアダプタ（周囲の人間に自慢したがる先端の人間）なのだ。しかし、メーカーなどからの情報がないために、傍から見ると極めてイノベータ的な動きをしている。もし、ここで、普通の質問設計で構成されている調査に回答すれば、私はイノベータとして区分され、「こういう人間にはもっと技術的な情報が必要」などといった調査報告書が提出されることだろう。

オーディオ・テープやパソコンなどの業界は、長い間こういった対応をしてきた。テープの裏面には音質特性を表わすグラフが印刷してあり、「いい音……」などというコピーが踊っていたのである。また、初心者向けのパソコン雑誌といっても、「メモリは256MB必要。できれば、もっと増設してもよい」としか書いていない。これでは、パソコンの知識や経験のない生活者にとって、何の基準も提供していないことになる。「256MB以上あったら、どうなるの？」という基準値がまったく示されていないからだ。電池のケースで「一〇〇〇ミリアンペア」だから（七〇〇ミリアンペアより）持ちが長い、といっているのと大差ないのだ。

こういった市場では、生活者の判断基準の構造をつかみ、キチンと対応すればモノは売れる。実際、CD向けのテープだというだけでTDKのCD・ingが売れ、インターネットが楽しめますというだけで、IBMのAptivaがヒットしたこともある。

これは何もデジタル家電に限らない。ヘアスプレーや家庭用洗剤などの市場でも、生活者の判断基準の構造をしっかり把握すれば、潜在的なアーリーアダプタやイノベータを見つけることができるだろう。そしてその金の鉱脈を掘り当てたときには、大ヒットという見返りが得られるはずだ。

修正モデル――「機能的ベネフィット」と「心理的ベネフィット」

以上がプロダクトコーンの基礎である。理論は極力シンプルでなければならないが、実際に適用するとなると例外が出てきて、そうもいかない場合もある。とくに規格が新しすぎたり、規格が従来の常識とは異なるために、生活者が十分に理解できない場合、規格をストレートに訴求しても受け入れられない場合が出てくる。そのため、若干の補足が必要となる。

そこで私はプロダクトコーン理論に新たに「機能的ベネフィット」と「心理的ベネフィット」を補足している。その修正モデルが図表28である。

「機能的ベネフィット」とは「自然の素材を使っているから肌が荒れない」洗剤などのように、規格から直接的にもたらされるベネフィットである。したがって「どんな商品であるか」という描写が客観的・直接的に生活者に伝わるという利点がある。しかし、似たような技術レベルからは似たような機能的ベネフィットしか生まれない。つまり差別化しにくいというのも事実である。また規格だけの提示よりは説明の手間が省けるが、生活者にとっては「その機能が、どんなふうに自分の心理を満足させてくれるのか」という翻訳作業が必要になる。そのため規格がきちんと理解されていなかったりすると、購入意向が起こるまでの思考の流れが中断されて「わかりづらい」商品になってしまう危険性がある。

たとえば「(DOHCのツインターボだから)加速がつきます」というのは、クルマを知らない人には役に立たない情報(機能的ベネフィット)である。

そこで登場するのが「心理的ベネフィット」である。

たとえば、「(加速がつくから、スピード感が味わえて)嫌なことは忘れてスッキリする」となると、ずいぶん説得力も増すのである。

前述した「カロリーメイト」の「新しいダイエットの提案」や、「レストラン・トップ」の「ねらった女性をおとせる」というベネフィットは、いずれも「心理的ベネフィット」である。その商品を買うこと、使うことによって、自分の気持ちが最終的にどのように変化するか。生活者はその気持ちにお金を支払っている。決して、ビタミンやミネラルの詰まったブロックや、火の通った肉や魚だけを買っているわけではないのである。

図表28 プロダクトコーン修正モデル

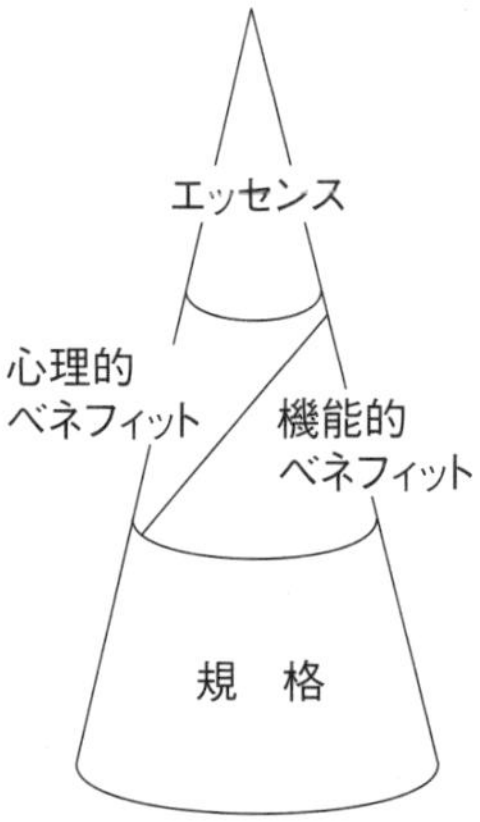

「心理的ベネフィット」は「機能的ベネフィット」よりも、生活者の心の奥底に訴えられる可能性が高い。しかし一方で、一部の生活者にしか受容されない可能性が高いという欠点がある。

たとえば「レストラン・トップ」の「ねらった女性をおとせる」というベネフィットは、一部の男性客にしか共感を得られない。また「カロリーメイト」にしても、若い女性以外の新規ユーザーを逃してしまうこともあり得るだろう。「ベネフィット」という概念が、古くからマーケティングの世界で認められているにもかかわらず、日本企業がなかなか適用しようとしない理由の一つは、まさにこの点である。

つねに主流の道を歩きたがり、ユニークで基盤のしっかりした企業体でなく、

図表29　プロダクト・ライフサイクルとプロダクトコーン

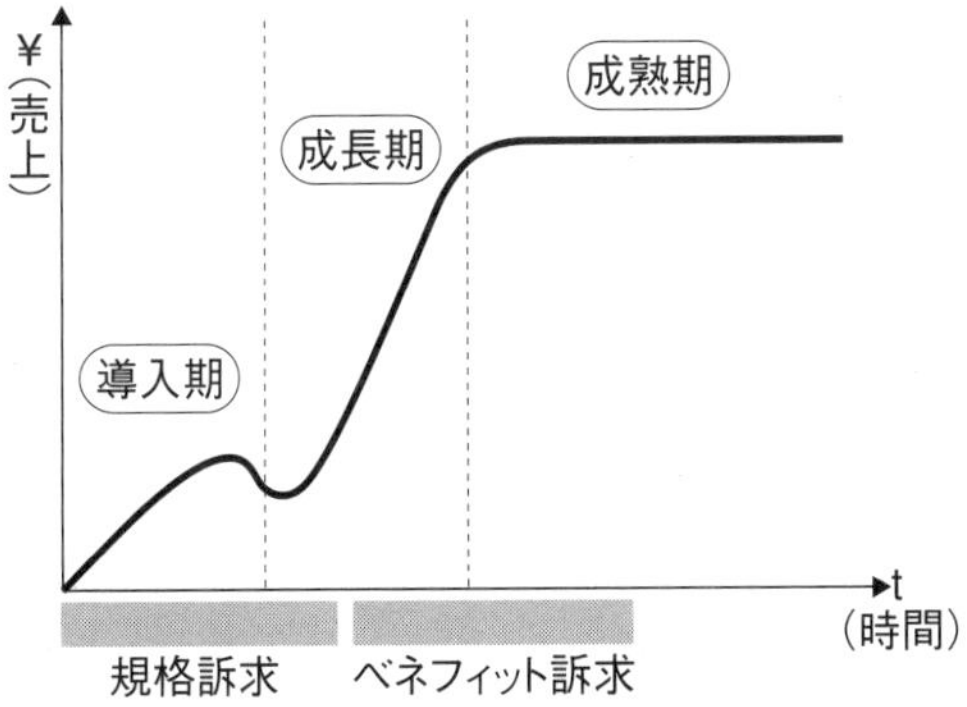

どっちつかずの「ミニ大企業」になりがちな日本の企業にとって、「市場を狭めてしまう」危険性の高い「ベネフィット」という論理は、受け入れにくいものなのである。

しかし、「ベネフィット」の欠点を逆手にとれば、差別性を持たせやすく、それだけインパクトが強くなるということは、肝に命じておくべきだろう。

では、（機能的・心理的）ベネフィットは、いつ、いかなる場合に訴求すればいいのか？

新技術を応用した商品や新規産業の場合、「規格」を優先的に訴求して商品の説明をし、生活者が安心して商品を買えるような基盤をつくる。そして産業が成長期にさしかかり、技術に格差がなくなった時点でベネフィットを訴求するのだ

（図表29）。

たとえば普及価格で、機能が簡単な商品は、「ベネフィット」を訴求すればいいだろう。「（この携帯電話には何千人分の電話番号が入るから）一生買い換える必要はありません」とか、「（このプリンタは印字が速いので）仕事が早く終わり、子供と遊ぶ時間が増えます」などと訴求すればいい。ベネフィットが普及した時点でエッセンスを訴求すれば効果的だ。

こうして商品も時代も、規格↓ベネフィット↓エッセンス↓規格のサイクルを延々と廻り続けるのである。

革新人間には規格を訴求する

この節のしめくくりとして、プロダクトコーンが生活者とどのように関係してくるのかを説明しよう。

心理学に「態度類似性」という概念がある。これは「類は友を呼ぶ」というように、意見、興味、価値観、能力などが似た者同士が結びつくことである。

たとえば大学の学生寮に入った学生を調査すると、入居後一週間の時期では部屋が隣合っている者同士が親しくなるなど、「物理的近接性」の影響が強く出る。しかし十四週間後の調査では、趣味や価値観が同じ者が友人として選ばれる傾向が強くなる。人間は、自分と同じような価値観、考え方の人間を好む。つまり自分の結論と他人の結論が同じだと

図表30　生活者のイノベータ度とプロダクトコーン

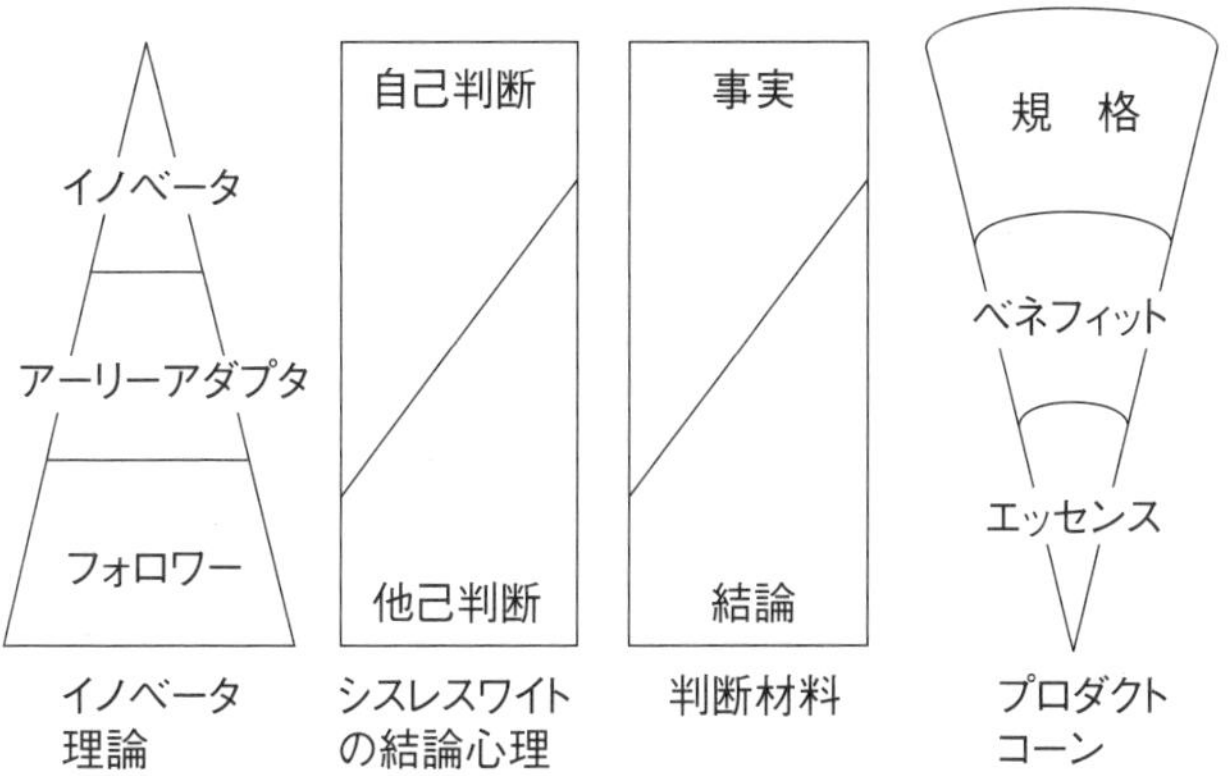

安心するのである。

一方、心理学者のシスレスワイトは、教育水準の高い人間ほど自己判断したがり、教育水準が低い人間ほど他己判断に頼りがちだと説いている。

教育水準が高い人間は自分で出した結論を好むが、教育水準の低い人間は結論を先に言ってもらい、それを聞いて安心したがる傾向にあるというのである。

さて、シスレスワイトは「教育水準が高い人間＝学歴が高い人間」と考えていたが、これをマーケティング的に翻訳すると、「教育水準の高い人間」とは、「その商品に詳しい、あるいは関心の高い生活者」であるといえよう。つまり、一章で説明したイノベータ（革新人間）のことである。これに対して、「ある商品に関して教育水準が低い」「他己判断に頼る」人間はフォロワー（人口の大多数を占める保守的な人間）にあたる。

図表30を見てほしい。三タイプに分けられた生活者のピラミッドと、プロダクトコーンの図が並んでいる。しかしプロダクトコーンの図は逆になっている。プロダクトコーンと生活者の関係は、この図のとおりである。

イノベータ（革新人間）には規格を説明してやればいいのである。イノベータは規格を見て、その商品がいいか悪いか、自分で判断できるからだ。企業側が親切に、商品にどんなメリットがあるのか翻訳してやる必要はない。

一方、フォロワー（人口の大多数を占める保守的な人々）にはエッセンスを訴求すれば効果的だ。

フォロワーは、規格だけで商品を判断しようとはしない。企業が規格からベネフィットを翻訳する。そしてさらにベネフィットからエッセンスを導き、商品にどんなイメージがあるかを伝えてやる。そこではじめてフォロワーは納得して、商品を購入するからである。先に述べた態度類似性は、フォロワーの心理である。

情報は通常、イノベータからアーリーアダプタ（周囲の人間に自慢したがる「ウケねらい」の人々）、そしてフォロワーへと伝達される。これに合わせて、商品広告の流れも規格→ベネフィット→エッセンスと流れていく。プロダクトコーンのサイクルと一章で説明した生活者の三タイプは表裏一体であり、この流れをいかにつかむかが、ヒット商品をつくり、育てるためのキーポイントの一つなのである。

プロダクトコーンは両刃使い

最後にプロダクトコーンに関するいくつかの補足をしたい。プロダクトコーン理論を説明するとよく尋ねられるのが、この理論は製品戦略なのか、コミュニケーション戦略の範疇に入るのかという質問である。この質問には、「プロダクトコーン理論はあくまでも製品戦略をベースとしているが、コミュニケーション戦略にも応用できる」と答えたい。従来の概念でも、広告コンセプトは製品コンセプトとイコール、あるいは製品コンセプトをベースにつくるというのが基本理念だ。しかし広告代理店の一部プロデューサーが、自分のやりたいプランを通すために、「感性に合わない」というだけの理由で、広告コンセプトと製品コンセプトは異なるべきだと主張してきた。そのため実務レベルにおいても、「両コンセプトは別物」という誤解を生むことになってしまった。

彼らは、「これじゃ、売れる広告はつくれない」「広告と製品コンセプトは違うもの」という乱暴極まりない理由で、勝手にコンセプトをいじりたがる。こういうケースに出くわすと「この商品のターゲットは、おまえではない」と毒づきたくもなる。

商品はもともと製品コンセプトをベースにつくられているのだから、それを無視してしまっては、よい広告がつくれるはずもない。商品と広告がチグハグな印象を与えるケースが多いのは、じつに残念なことである。

ただ、代理店プロデューサーの名誉のためにつけ加えると、製品コンセプト自体に問題があるケースも確かに多い。広告のベースになる製品コンセプトが差別性も優位性もないものであれば、代理店のプロデューサーが「広告でカバーして何とか売らなければ」と考えるのも無理はない。

なお、このプロダクトコーン理論と類似した理論がある。あえて固有名詞は挙げないが、たとえば、ベネフィットなどを決める際に消費者調査を実施し、この調査で得られたキーワードを組み立て直す方法（ラダリング・メソッドと呼ばれる）には、かなり無理があると考えている。

ラダリング・メソッドは、「なぜ」を繰り返して対象者の意識下にある概念を引き出そうとする。

たとえば、「あなたはなぜビールを飲むのですか」↓「すっきりしたいから」↓「なぜすっきりしたいのですか」↓「仕事でストレスがたまるから」↓「なぜ仕事でストレスがたまると考えているのですか」……というように、長いときには三十分間も延々と「なぜ」が繰り返される。相手は十分間で嫌になり、怒りはじめたり、うそをついたりするようになり、とてもではないが正確な素材（情報）は期待できないのである。

にもかかわらず、報告書ではあたかも流暢に対象者が回答したかのような図式にまとめられてしまう。これは、調査の恐ろしい一面であり、クライアントが調査の現場に出向いて行くことでしか対処できない問題点である。

ディベート好きなアメリカ人ならともなく、このラダリング・メソッドや、グループインタビュー分野でのグループダイナミックス理論は、今のところ、日本人の心理構造を無視した「エセ・アメリカ流マーケティング」だといわざるをえない。

SIMPLE MARKETING

3-2 商品の「記号」と「意味」の一致（ブランド）

ブランドの強さは「記号」と「意味」の一致で決まる

さて、新製品を出したら、まず何をしなければならないか？

第一に知名度を上げなければならない。「誰も知らない商品」は、存在しないも同じだ。第二に製品の記号と意味をリンクさせなければならない。なぜなら商品を評価するもっとも重要な基準は、「記号性と意味性の双方向一致がなされているか」だからである。

それでは「記号」と「意味」とは何なのか？

モノは目に見える形態と、目に見えない意味から成り立っている。スイスの言語学者であるフェルディナンド・デ・ソシュールは、目に見える形態を「シニフィアン（signifiant）」、目に見えない意味を「シニフィエ（signifie）」と呼んだ。「シニフィアン」が「記号」であり、「シニフィエ」が「意味」である。

さらにフッサール以後の学者たちは、シニフィエが表層的な意味と深層的な意味から成り立つという説を主張した。彼らはシニフィエの表層的な意味を「デノテーション（denotation）」、深層的な意味を「コノテーション（connotation）」と名付けた。

たとえば「薔薇」は、デノテーション的には「ピンクや白、赤い色の美しい花を咲かせる」「トゲがある植物」などと規定できる。一方、小説や戯曲などでは、文化的な意味を持つ記号として使われる。「愛」「気品」などのシンボリックな意味を持つ存在に転換し、コノテーション的な意味を持つ場合があるのである。つまり、記号は表層的な意味と深層的意味を持っているのだが、コノテーションにしろデノテーションにしろ、この「意味」と「記号」が一対になっていなければ、結果として日常生活にも支障をきたすことがある。

図表31を見てほしい。○の中に60という数字が描いてある「記号」は、時速六十キロ以上で走るなということを「意味」する。ゆえにドライバーはこの「記号」を見て、減速する。

交通標識は「記号」から「意味」が伝わるケースだが、逆に「意味」から「記号」へ伝わる場合もある。たとえばAさんには、「トイレに行きたい」という動機（意味）があったとしよう。そこでAさんは用を足せる場所を探す。すると図表31下のような「記号」が見つかり、Aさんはトイレを認識する。そしてトイレに入って、目的を達成する。

ここでたとえば○の中に60という数字が描いてある「記号」に三つの意味があったらどうなるだろう？　ドライバーは三つの選択肢の中から、状況に応じて一つの判断を下さねばならない。しかし自動車はそれなりのスピードで走っているので、この判断に手間どると、事故を起こしかねない。

また、それとは逆に、三つの別の標識が同じ意味を持っていたなら、ドライバーは三つのすべての標識を覚えねばならない。しかも運転中、その標識の「意味」を思い出すのに時間がかかる。一つの標識を見た場合、まず他の二点の標識を思い浮かべ、それではじめて、すべての標識の「意味」を連想するためである。これでは事故発生率が上昇してしまうだろう。

こうした例からもわかるように、「記号」と「意味」の表裏一体の結びつきを直接的に、密接にすればするほど、その「記号」は、発信する側にとっても受ける側にとっても便利、かつ強力なものになるのである。

「記号」と「意味」は心理学的につながる関係

つけ加えおくと、「記号」と「意味」の関連は、心理学的にも人間がもっとも記憶しやすいのである。人間がある事を見聞きしたとき、大半は記憶にとどまらないが、一部は記憶として残り、脳細胞に刻みこまれる。ところが人間の表層意識にはキャパシティに限界があり、そのままではすべてのものを収容できない。そこで脳は、さまざまな事に「ラベル」をつけて表層意識に整理しておく。そしてラベルの「内容」を深層意識に収納する。そして、脳が外部から刺激を受けたときに、それに該当するラベルから中身を取り出し、表層意識にコピーするのである。

たとえばB子さんが、サティの曲を聴くと、昔、失恋したことを思い出すとする。この

図表31　記号と意味の関係

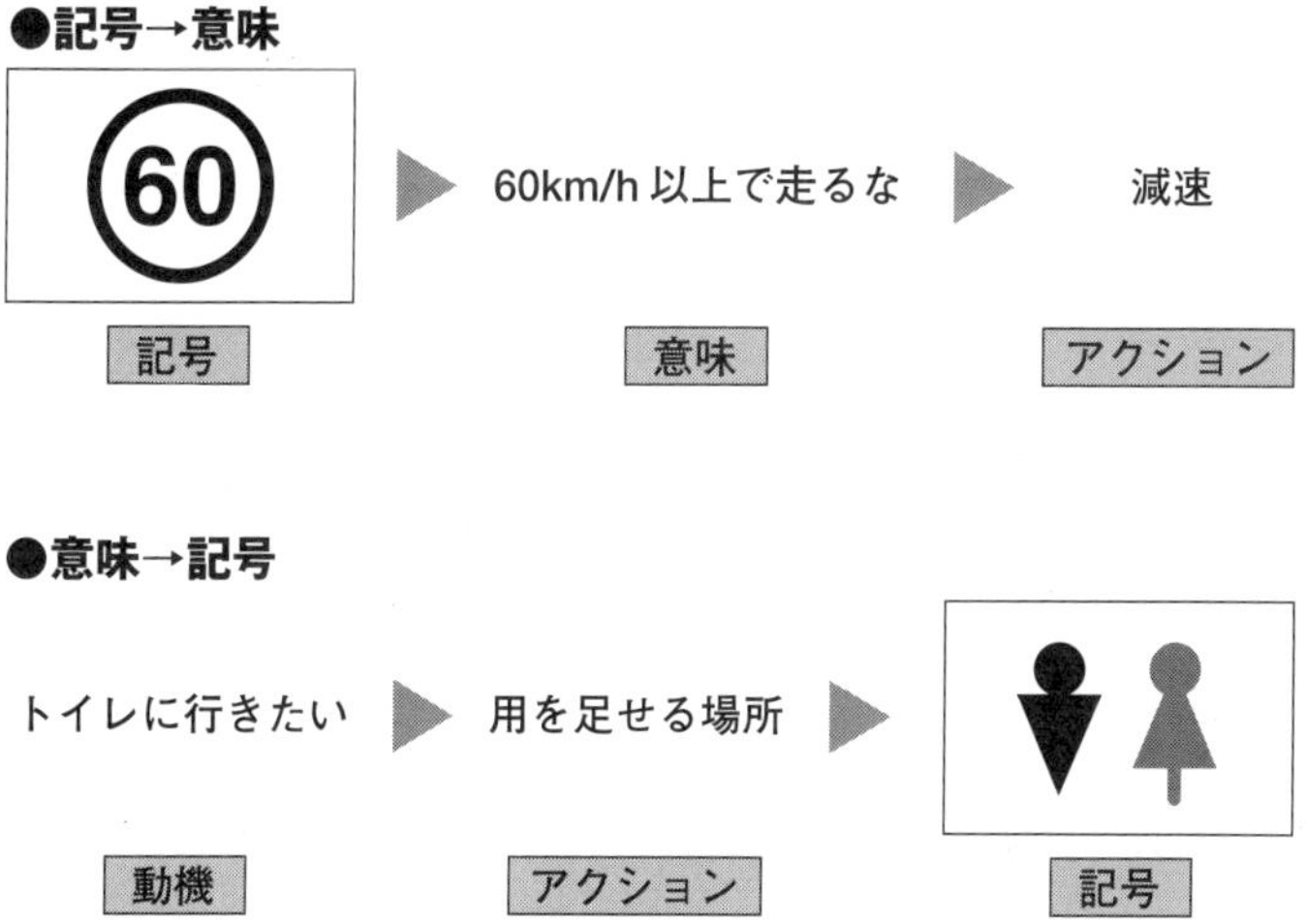

場合、「失恋したこと」は「内容、意味」だ。そして「サティ」は、失恋を連想させる「ラベル」である。失恋というつらい体験は、ふだんは深層意識にしまいこまれているのだが、喫茶店でサティを聴くと、ふと昔の失恋を思い出してしまう。それはラベルであるサティの曲が、深層意識に収納されていた「失恋したこと＝内容、意味」を引きだすからなのである。

「記号」と「意味」の関連を、私は「記号性と意味性の双方向一致」と呼んでいる。なぜわざわざ「双方向」と定義しているのか？　先ほども説明したが、「記号」と「意味」の流れは一方向だけではない。「記号」から「意味」が伝わるケースもあるし、逆に「意味」から「記号」に行きつくケースもあるからである。

話を戻すと、マーケティングでは記号性を「ブランド」、意味性を「ブランドが持つ定義」と定めている。この場合の「定義」とは、あるブランドを買うことによって約束される特定の意味世界のことである。そしてブランドの力の強弱を「ブランド名と、そのブランド名から連想される定義がどれだけリンクしているか」によって測定する。きちんと「双方向一致」がなされていれば、それは優れたブランドだということになる。

それでは次に「ブランド」について考えてみよう。

時間の短縮とコスト削減がブランドのメリット

そもそも、なぜ、ブランドができたのか？

ブランドができた理由は、ヨーロッパとアメリカでは若干異なるといわれている。まず、アメリカのブランドの歴史を、簡単に振りかえってみたい。

一九世紀初頭、開拓時代のアメリカでは、モノの供給のシステムが不安定だった。まず、値段が一定ではなかった。いちおうの正価はあったが、店は客によって値段を変えていた。黒人か白人か、あるいは知り合いかよそ者か、さらに老人か子供かによって売値はまちまちだった。

さらに供給が不安定だった。大量生産や生産管理という考え方がなかったために、工場によって生産量が異なっていた。また、店の仕入れもその場まかせだった。たとえば売上が変わらないのに、一月にはA工場からキャンディを四箱仕入れ、二月にはB工場から一箱仕入れるといったこともよくあった。時期によって、同じメーカーでも品質が異なり、仕入れ先も変わることが多かったのである。

やがて開拓時代の粗雑なやり方は衰退していき、何を買っても価格は十セントという「十セントストア」が台頭した。ところが価格を十セントに統一するためには、飴にしても砂糖にしても、あらかじめ袋に入れて、量を一定にしなければならない。そこでパッケージが始まり、こうして店は「量り売り」の時代から脱却した。

誰が買っても同じ値で購入できる十セントストアは、たちまち大流行となった。そのため店が乱立し、競争が始まった。各店は、他の十セントストアとの差別化をはかり、固定客をつくろうと躍起になった。では、具体的には何をしたか？　まず、自分の店の商品は品質がいいと訴求しようと考え、パッケージに店の名前を入れることを思いついた。商品の品質を保つためには、仕入れ先も絞らねばならない。生産技術が著しく異なる複数の工場から商品を仕入れると、商品のクオリティを保つことができないからである。そこで工場も一本に絞り始めた。

こうしてパッケージにストアネームが表示され、ストアブランドができた。これがブランドの始まりである。

アメリカのブランドは「誰が買っても一定の品質が得られる」ことから始まった。ブランドは、いわば「保証」である。そのブランドのついたチョコーレートを買えば、それ以上おいしい品物が手に入ることはないが、それ以上まずい品物を買うおそれもない。アメリカのブランドは、失敗したくないというリスクヘッジの考え、マイナスの発想から始まったのである。

一方、ヨーロッパのブランドの歴史は、ルネッサンス時代に端を発する。

当時のヨーロッパ貴族の重大な関心事の一つはファッションだった。当時の貴族はデザイナーを抱えて服をつくっていた。ところが気に入つた服を再度注文したくても、デザイナーが多すぎるので、誰につくってもらったらいいか、なかなかわからない。そこでデザイナーは服の襟に名前をつけて、貴族が再注文しやすいようにした。これがヨーロッパのブランドの始まりだった。

ヨーロッパのブランドは「気に入ったモノの品質と同等のモノをリピートするための手がかり」として発達したのである。

さて、現代のブランドには、どんなメリットがあるか？

第一に、企業側にとっては、リピートの手がかりを提供することによって、コストを削減できる。

小売店で取り扱ってもらうためには、知名度のない商品よりも知名度のある商品のほうが楽である。

生活者は、商品が棚に置かれている場合、知らない商品よりも知っている商品に手を伸ばしがちだからだ。よって、知名度のある商品は、販促費やＰＯＰなどの店頭広告コストが少なくてすむ。つまり、ブランドをつくるまでには巨額の資金が必要だが、その知名度が確立されれば、それを上回る利益を生み、コストが削減できるのである。

この原理を応用したものとして、ブランド・エクステンション（同じブランド名をつけた商品群を市場に投入する方法）や、他の商品とライセンス契約を結んでブランド名を使用するケースなどが挙げられる。

たとえば「ユンケル」を発売している佐藤製薬にとっては、まったく新しい名前の飲料を開発するより、「ユンケル黄帝ロイヤル」として売り出したほうが、投資する広告コストが同じでも、知名度はずっと高くなる。また、イヴ・サンローランやカルチェなどの名前がついたタオルは、まったく知名度のない企業のタオルよりもよく売れるといった具合に、ライセンス貸与もビジネスとしてしっかり根づいている。

第二に、生活者にとっては、一定の質（満足）を努力せずに得る手がかりとなる。

こうした手がかりがなければどうなるか？

品質を見分けるために学ぶお金や、モノを探す時間（コスト）が必要になる。

たとえば個人商店でノーブランドの野菜や肉を買うためには、主婦としてのキャリアが必要だった。長年の経験がなければいいモノが選べないからだ。これに対して現代の主婦は「いいものが多い店」で買い物をすることにより、労力の低減をはかっている。この場合、「いいものが多い店」は、ブランドの役割を果たしているのである。

ブランドは、企業側にとっては「コストの削減」、生活者側にとっては「時間短縮」のための道具なのである。

「記号」と「意味」をリンクした「スニッカーズ」

ここで各商品のブランド戦略を評価してみたい。が、その前に、まず「ブランド」を、「記号」と「意味」で定義する必要があるだろう。

「ブランド」とは、

「記号」においては、ひと目・ひと言で他の競合と区別する手がかりである。

「意味」においては、生活者のベネフィット（生活者がその商品を購入して得するコト、モノ）にあたる。

つまりブランドを見たらベネフィットを思い出す、一方、ベネフィットを見ればブランドにたどり着くという相関関係が非常に大切なのである（図表32）。

ブランド戦略の成功例としては、「スニッカーズ」が挙げられる。

「おなかがすいたら、スニッカーズ」「ピーナッツぎっしり、確かな満足」というコピーで一世を風びしたのは記憶に新しい。メーカーは圧倒的な広告量と配荷力で、短期間のうちに「スニッカーズといえば、おなかがすいたときに食べる商品である」という関係をつくりあげ、チョコレート市場で大ヒットさせた（図表33）。

だがブランドは必ずしも巨大なメーカーだけの専売特許ではない。われわれに身近な商

図表32　ブランドとベネフィットの一致

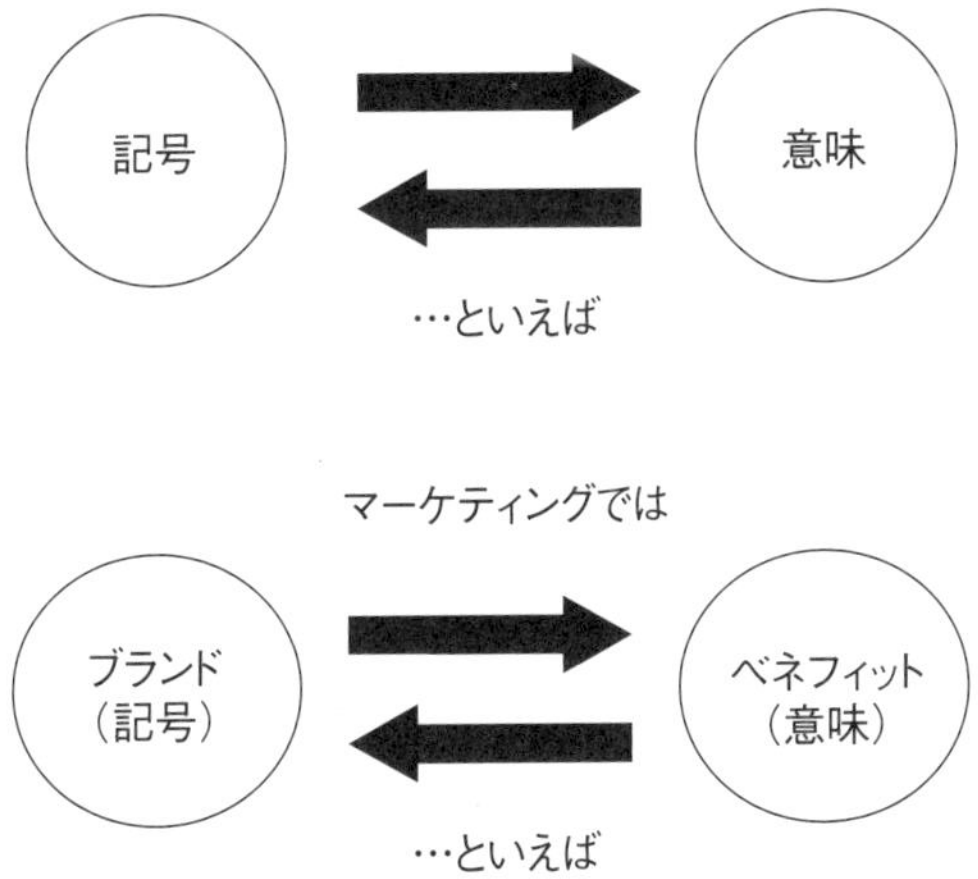

品にも「ブランド効果」はよく見かけられる。その好例が、大阪の餃子専門店「眠眠」だ。図表34を見てほしい。「眠眠」は「安くてうまい大阪のギョーザの店」という看板を掲げ、大阪以外でも広く知られるようになった。この成功は「餃子が食べたい」というと「眠眠へ行こう」、逆に「眠眠」の看板を見かけると、「餃子もいいな」→「食べに行こう」という行動を促すほどになった。つまり「眠眠」といえば「安くてうまい餃子の店」、「安くてうまい餃子の店」といえば「眠眠」という関係が成り立ったことを示している。「眠眠」は、記号性と意味性の双方向一致が成立している好例である。

ブランド戦略の失敗例としては、知名度がなかったことによるものが圧倒的に多い。知られていなければ、記号性と意

図表 33　スニッカーズ・チョコレートバー

スニッカーズ
お腹がすいたら

図表 34　ギョーザ専門店「眠眠」

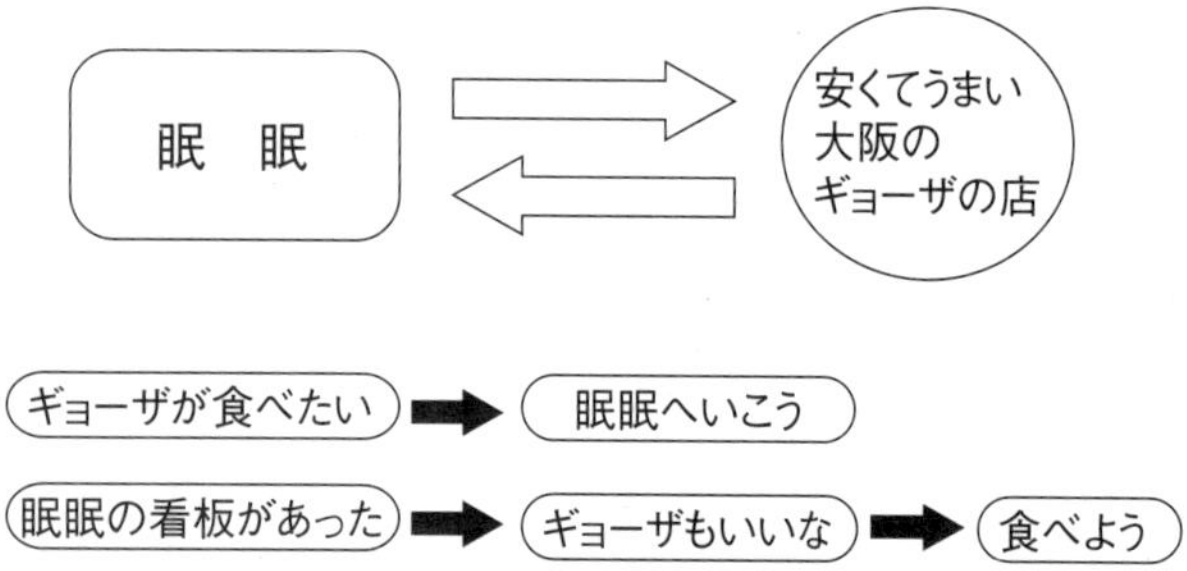
眠　眠
安くてうまい
大阪の
ギョーザの店
ギョーザが食べたい
眠眠へいこう
眠眠の看板があった
ギョーザもいいな
食べよう

味性のリンクは生じようもないからだ。

また、記号性と意味性のリンクが弱いブランドもある。その例として「ボルボ」が挙げられる。

「ボルボ」は徹底した「安全哲学」をうたいあげている。そのため「ボルボ」といえば「安全に配慮しているクルマ」というイメージが浸透し、記号性から意味性への一方向のリンケージに極めて強固になっている。しかし一方、生活者にしてみれば「安全に配慮しているクルマ」は「ボルボ」だけではないという矛盾が生じる。「安全なクルマ」といっても、「ベンツ」や「クラウン」などのブランドが挙がることもあり、つまり「ボルボ」は、「意味性から記号性へ」の一致が成立していないのである。この状態は「記号性からの一方向一致」といい、ブランドとしてはまだ未熟であることを意味する。

以上、「記号性と意味性の双方向一致」が、ブランド戦略に不可欠な要素だとおわかりいただけたと思う。

商品名がブランドに育つとき

次のうち「ブランド」といえるのはどれだろうか?

iPod、シトロエン、ソニー、ペディグリー・チャム、DIGA、オロナミンC、ミスティ、ブランソープ、シストラット。

右にあげたそれぞれについて、どんな商品や企業なのかイメージが湧くだろうか。そして、それは他の競合商品や同業他社と比べてどう違うかをはっきりと言えるだろうか。

イメージがすぐに湧いたものや他と違うところをはっきり言えるもの。それが（あなたにとって）ブランドである。そうでないものは単なる商品名で、ブランドではない。

読者一人の常識だけでは世の中に通用しないことがあるかも知れないので、この考え方を「みんな」に広げよう。「みんな」がイメージがすぐに湧いたり他社と違うところを言えるような商品や企業。それがブランドなのである。

そのため、その商品名が「ブランドである」と言うためには、次のような条件が必要になる。

▼他の競合と一目見て区別できること
▼他の競合と差別性あるいは優位性がはっきりとあること
▼たくさんの生活者がその商品名を知っていること
▼経験していない生活者でもその商品の特徴を知っていること
▼品質が安定していること

一つでも欠けていれば、それはブランドではなく商品名である。

たとえば、スーパーで売られている野菜や果物をはじめとして、農作物の多くには商品名自体がないので、これらはブランド商品ではない。つまようじやトイレットペーパーのように、商品名はついていてもそれが実際には使われていないような商品もここに含めてよいだろう。

一方、商品名はついていても、ブランドになっていない商品というのも世の中には多い。中小企業の商品だけでなく、一部上場どころか有名な大企業のメーカーの商品にすら、これに当たる商品はたくさんある。

さらに、ブランドには強いブランドと弱いブランドがある。これはそれぞれの条件の合計が強いか弱いかで決まるのだが、ブランドのメリットを活用にするには、強いブランドでなければならない。

かつて、森永乳業がスイスエミーと提携したとき森永乳業の首脳陣は、「エミーの持つ強力なブランド力で、今後、我が社は一層の成長を遂げるだろう」と誇らしげに発表したが、当時「スイスエミー」という商品名を知っている生活者はほとんどいなかった。まさに、「商品名だけの商品」であり、まったくブランドになっていなかったのだ。これでは「ブランド力を活用」なんてできるわけがないだろう。

SIMPLE MARKETING

3-3 ブランディング

「群れ」を意識する視点

プロダクトコーン理論や後述するスキミングおよびペネトレーション戦略などは、「個」の理論、あるいは戦略である。つまり一ブランド、一商品、一企業といった単体が対象となっている。これに対して、この節で扱う「ブランディング」の概念は「群れ」を対象としている。

商品でいえば、「養命酒」のように一つの企業が市場に一つの商品しか投入していないケースは極めてまれで、九九％の企業は何らかの形で、「商品ライン」と呼ばれる複数の商品を生活者に提供している。

また、ブランドマネージャーのように、一担当者が一～二ブランドのことだけを考えればよいのなら、ほかのブランドマネージャーの迷惑など省みず、とにかく自分の担当する商品の売上を伸ばすことさえ考えていればいいのだが、マーケティングマネージャーや開発部長などの立場ともなると、自分の責任範囲の商品の数が非常に多いので、そうもいかない。

それぞれの商品を棲みわけ、あるいは互いに競わせて市場にインパクトを与える術を模索し、戦略を効率的に実施するという重要な役割を負っているのである。これらの管理者層には、「個」の概念と同時に「群れ」の概念も考慮することが求められる。

「意味性の純化」はブランディングの成功のもと

前節では、ブランドについて説明し、その中でブランドには二つの役割があることを述べた。第一に、企業にはリピートの利便性を提供し、コストの削減を可能にすること。第二に、生活者には一定の質（満足）を得るための手がかりを与えることである。

また、「記号性と意味性を一致させる」ことが重要だと書いた。これによって、生活者が「ブランド」（記号）を見たら「ベネフィット」などの商品の意味性を思い出し、一方「ベネフィット」などの「意味」を探れば「ブランド」（記号）にたどり着くという関係が育まれる。この記号と意味の一致の強化を、「意味性の純化」という。

まず、ブランド戦略の失敗例としてセイコーグループを挙げてみよう。

昔むかし、セイコーの製品は高級な時計の代名詞だった。生活者には、セイコーの時計は値段は高めだが品質が良いというイメージが浸透していた。しかしその後のセイコーは、低価格ブランドの「アルバ」をはじめ、外国ブランドの高級貴金属時計の流れとは一線を画す、気軽なファッション時計市場、低価格時計市場に進出した。一方、「ドルチェ&エクセリーヌ」などの高級ブランドは知名度が上がらなかった。「ドルチェ&エクセリーヌ」とは何を意味しているのか、つまりベネフィットは何かがはっきり示されないまま放置されていたのである。

そのため「セイコー=高級でクオリティの高いブランド」という図式も崩れ始めた。つまり、意味性の純化に失敗したのである。

また、同様の傾向はカゴメにも見られた。

カゴメのブランド資産は、トマトジュースや野菜ジュースなど、野菜の持つ「健康感」であり、企業メッセージでも自ら、「自然をもっとおいしく楽しく」と定義していた。しかしバブル時代にカゴメが新規分野に次々と参入したことが、この定義をあやふやにした。麦茶飲料分野までなら「自然を〜」の意味性の純化を何とか保つことができたが、缶コーヒーやサイダーなどの炭酸飲料に手を出すにいたって、自社の貴重な財産を消耗してしまったのである。

幸いというか、必然的にというべきか、これらの新規事業はことごとく失敗した。しかしカゴメはこれでは終わらなかった。原点に戻り、もう一度意味性の純化をはかったのである。この戦略が功を奏し、九三年に発売したニンジンジュース「キャロット100」シリーズ三品がヒット。新規参入組が続々と現われ、九三年、ついにニンジンジュースの市場規模はトマトジュースの三分の二の百六十億円に達したのである。九〇年のニンジンジュース市場がトマトジュースの五分の一に過ぎなかったことを思うと、この伸びがいかに驚異的なものであるかがおわかりいただけるだろう。

ちなみに九四年の「キャロットジュース」の売上高は九十億円に達し、前年度実績の四・五倍の伸びを示した。九四年のカゴメの経営利益も前年度比三五％増の五十九億五千万円に達し、九三年末の時点での予測を十億円以上も上回った。この勢いに乗って主力製品であるトマトジュースやケチャップなどにもマーケティング資産を注ぐことができれば、往年のカゴメの勢いが蘇るのも夢ではなかったのだが、結局、カゴメはキャロットジュースの発売を中止、せっかく築き上げてきたブランドを捨ててしまった。

ただし、カゴメはその後、「体内環境正常化計画」キャンペーンを成功させ、再び息を吹き返した。九五年に発売された「野菜生活１００」は、二〇〇四年には三百五十億円を売り上げるカゴメの基幹ブランドに育っている。

ブランディングのいろいろな症状を見る

これらの二つの事例は、ブランドが崩れていく典型である。私はセイコーを「乱発&ぼけ病」、カゴメを「形だけのお付き合い病」の症状と呼んでいる（図表35・36参照）。

さて、「乱発&ぼけ病」はあるブランドが広く認知され、その地位も確立（ブランド名を聞けば、どんな商品なのかすぐに頭に浮かぶ状態。しかもそのイメージは好意的に受け止められている）されているときに起こりやすい。では「乱発&ぼけ病」はどうして起こ

図表35 意味性純化の失敗「乱発&ぼけ」症状

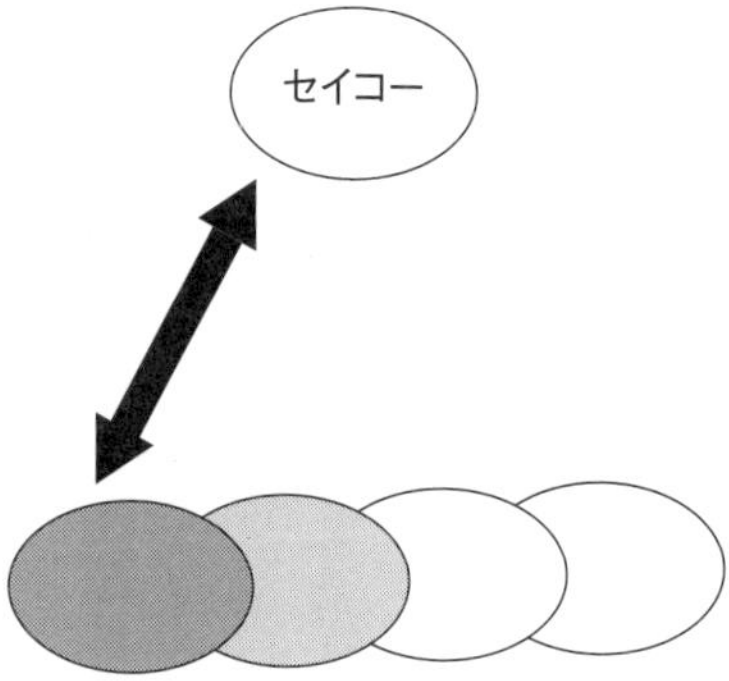

るのか?

たとえばセイコーが、Aという ブランドの新商品を市場に投入する。Aのブランドコンセプトは「高級で品質の良い時計」である。新商品はそのコンセプトを踏まえているものの、多少差別性を持たせた新商品である。新商品はブランド名が同じだが、新たな付加価値がついたものであるから成功する。

ところがその新商品が独り立ちする前に、調子に乗って次の商品を市場に出してしまう。このときにも、自社製品のカニバリゼーション(共食い現象)を回避するために、さらに差別化を行なう。これを繰り返していくうちに、最初の商品と、最新商品のコンセプトがどんどんかけ離れてしまい、次第に似て非なる、まったく別のコンセプトの商品ができあが

図表36　意味性純化の失敗「形だけのお付き合い」症状

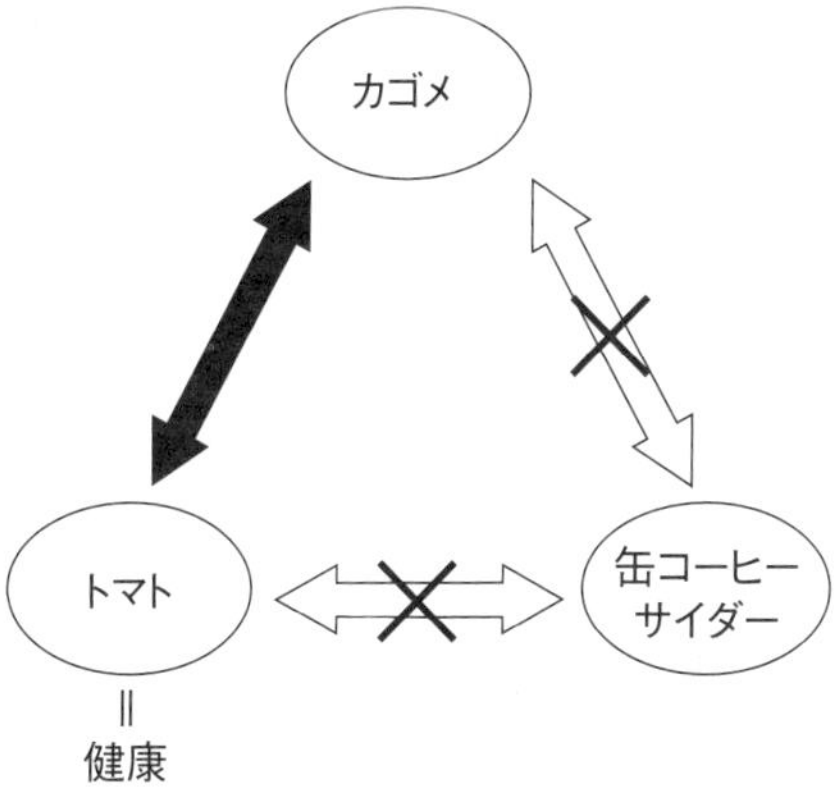

ることになる。
　図表37を見てほしい。これはX社の商品のコンセプトが変化していく様子を表わした図である。B・Cまでは、Aのコンセプトを満たしている。ゆえにAが持っている核のイメージ（セイコーなら、高級で品質がいい）を壊すことにはならない。が、DはAのコンセプトから離れており、Aとはまったく別物ということになる。
　こうした新しい商品群が、それなりに市場に受け入れられているのであれば、何の問題もない。X社のブランドが時代と足並みをそろえて変化していくのであれば、生活者にも受け入れられやすいからだ（ただし、そのときには核となる商品がAからCやDに移っていなければならない）。しかし「乱発&ぼけ病」の大

図表37 意味性純化の失敗「乱発&ぼけ」症状

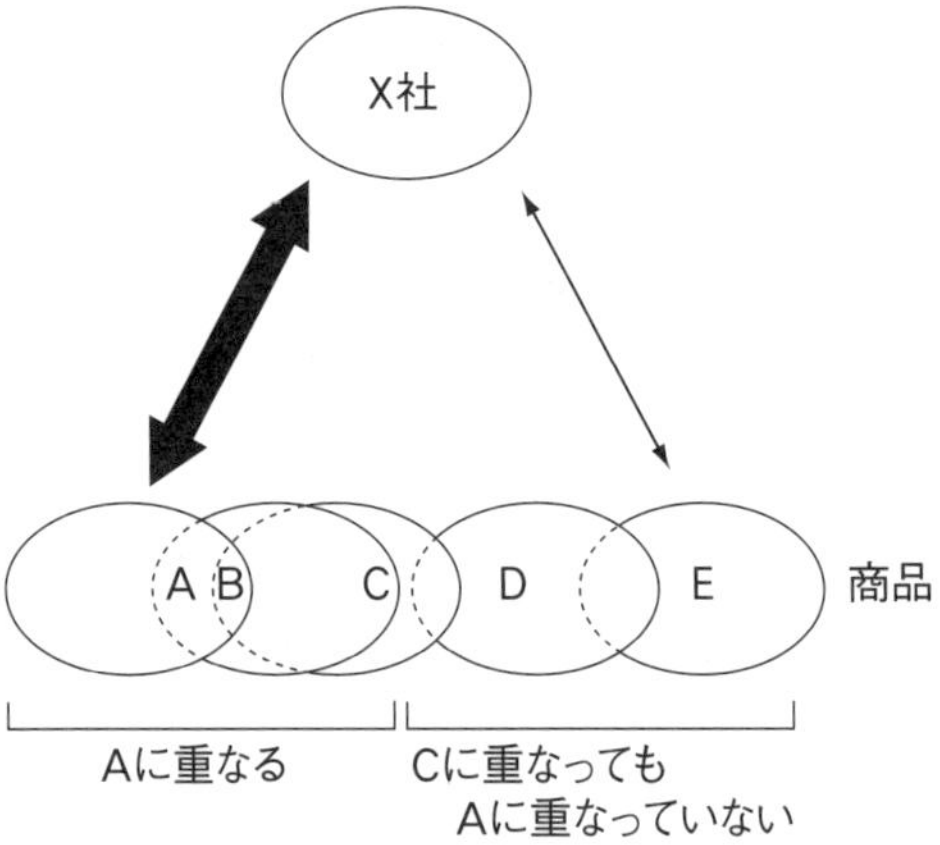

半は、生活者が理解しているブランドの意味性から遊離している。なぜなら、B・C・Dが完全に独立していないまま、新ラインナップを乱発してしまうからである。生活者はそのブランドのコンセプトをAだと理解している。それは年月を経ても変わらない。しかし気がついたら、店頭にDのようなラインナップがズラリと並べられている。しかもそれぞれが、まったく異なるコンセプトを訴えているのである。

この乱発&ぼけ病を避けるために、各企業は「ぶらさがり型」（図表38）や「スター型」（図表39）などのブランド展開を行ない、意味性の純化を保とうと努めながらラインナップをそろえていくべきなのだが、詳しい説明は別の機会に譲る。

図表38　ぶらさがり型

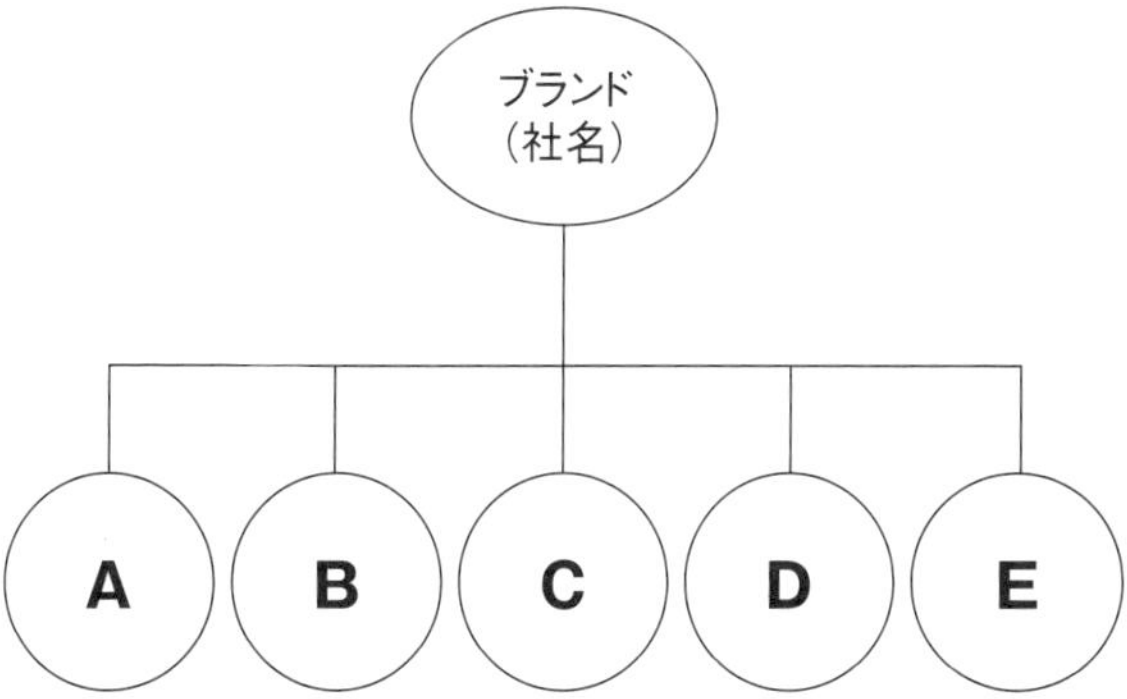

図表39　スター型

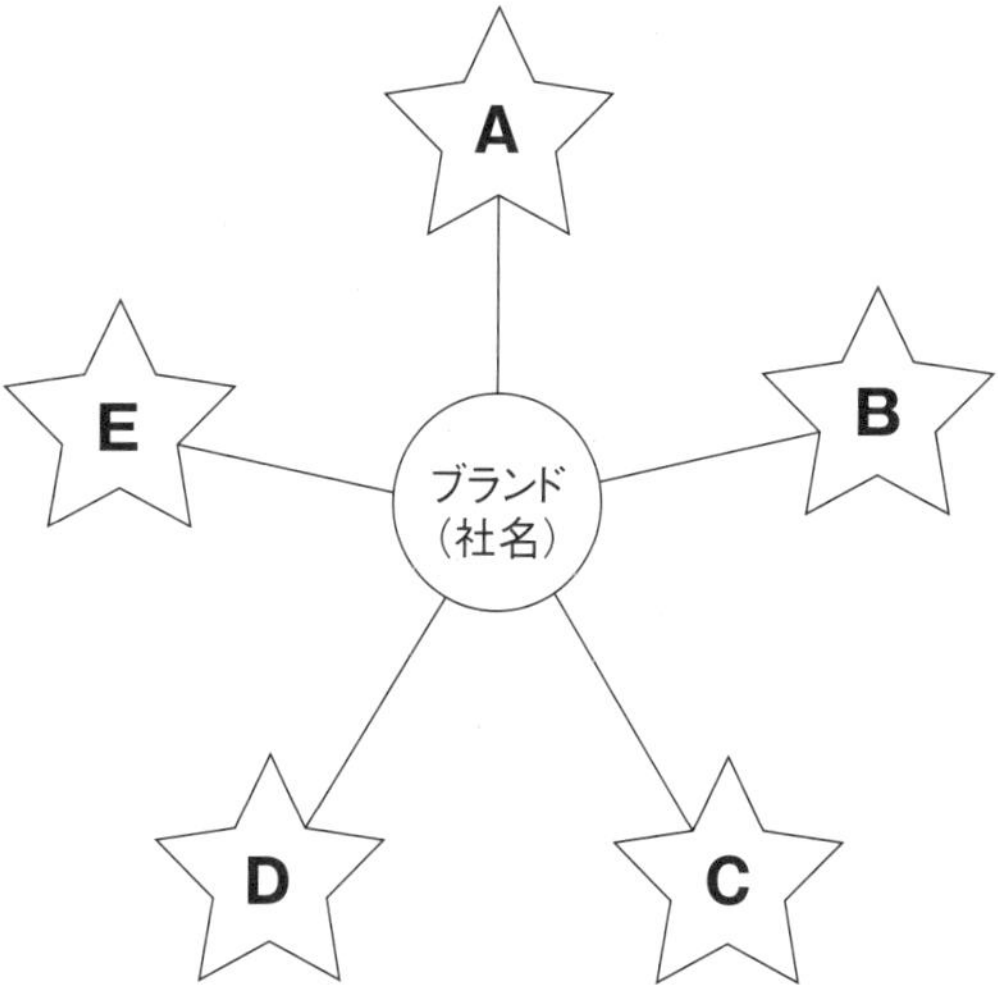

ブランディングのパターンと優劣

次に、ブランディングにおけるブランド名のつけ方について考えてみよう。
ブランド名のつけ方には、大別すると次の五パターンがある。

①企業名＋数字・記号
「メルセデス・ベンツSE-CLASS」、「ニコンD50」など。

②企業名＋一般名詞
「カゴメ・トマトジュース」や「雪印スライスチーズ」

③ブランド名が企業名と完全に別（独立ブランド）
ブランド名を聞いただけでは、どの会社の製品かまったくわからないもの。たとえばマスターフーズの「スニッカーズ」や「M&M'S」、フィリップモリス社の「ラーク」「マールボロ」など。

④企業名＋固有名詞（ブランド）
企業名の下にブランド名（固有名詞）がついて、一つのブランドを意味する。たとえ

ば「サントリー伊右衛門」、超ロングランの「トヨタカローラ」など。

⑤ブランド名＋エクステンション（ブランドファミリー）

いわゆるブランドファミリー戦略のことである。エクステンションは二つに大別される。第一にオレンジやビーフ、チキンなどの一般名詞を表わす場合。たとえば「ペディグリーチャムビーフ」や「ファンタオレンジ」などが挙げられる。このケースは商品名を見れば内容が一目瞭然で、わかりやすいのが特徴だ。第二に、一般名詞以外の名称を表わす場合。たとえばドリンク剤の「ユンケルロイヤルC」「リポビタンDスーパー」、たばこでは「セブンスターEX」などが挙げられる。

では、これらの戦略にはどんなメリット・デメリットがあるのか？　企業がどのような状態のときに有効なのかも含めて、次に説明しよう。

①の（企業名＋数字・記号）のねらいは、企業名を覚えてもらうことである。記号や数字は意味がわかりにくく、商品名としては覚えにくいが、メーカー側としては企業名さえ覚えてもらえばいいのである（図表40）。つまり、まず企業名を売り込んで生活者の信頼を得ようという戦略なのだ。たとえば「ニコンD50」の場合、メーカーが真っ先に覚えてもらいたいのは「ニコン」である。

したがってこの方法が有効なのは、第一に企業規模が小さい場合、第二に資金がない場

図表40 「企業名＋数字・記号」型ブランディング例

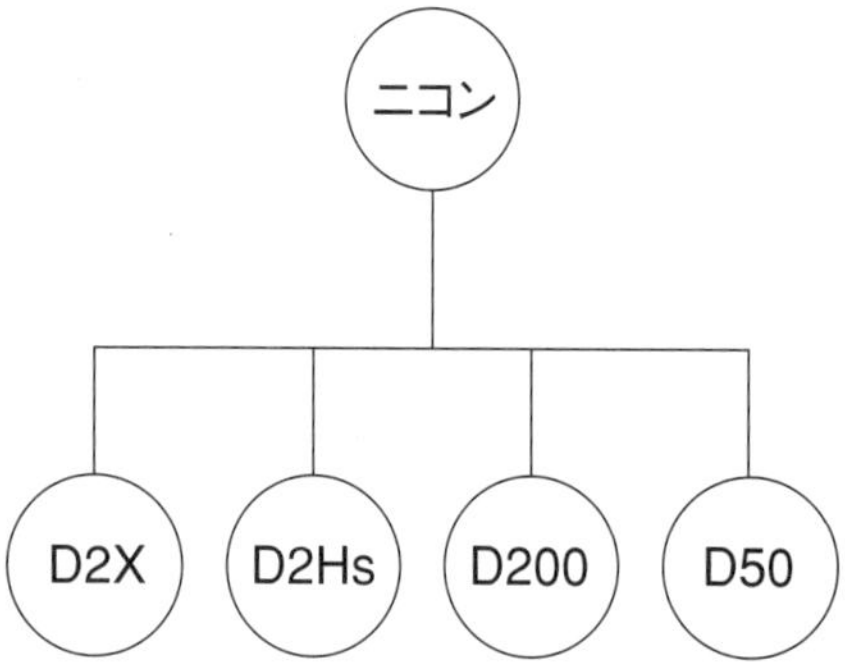

合、第三に商品の中身を頻繁にリニューアルしなければならない場合、第四に商品数が少ない場合である。

この方法にはどんなメリットがあるか？　第一に企業名がPRできること、第二に資金がかからないので資金効率がよいことである。

逆に、デメリットは、第一に、リスクの分散ができないこと。第二に、商品数が多くなると意味性の純化がしにくいことである。

次に②の（企業名＋一般名詞）を説明しよう（図表41）。②が有効なケースは、①の（企業名＋数字・記号）とさして変わらないが、①を用いる理由が「真っ先に企業名を覚えてもらいたい」ことであるのに対し、②のねらいは「すでに有名な企業名の威光を利用する」ことである

図表41 「企業名+一般名詞」型ブランディング例

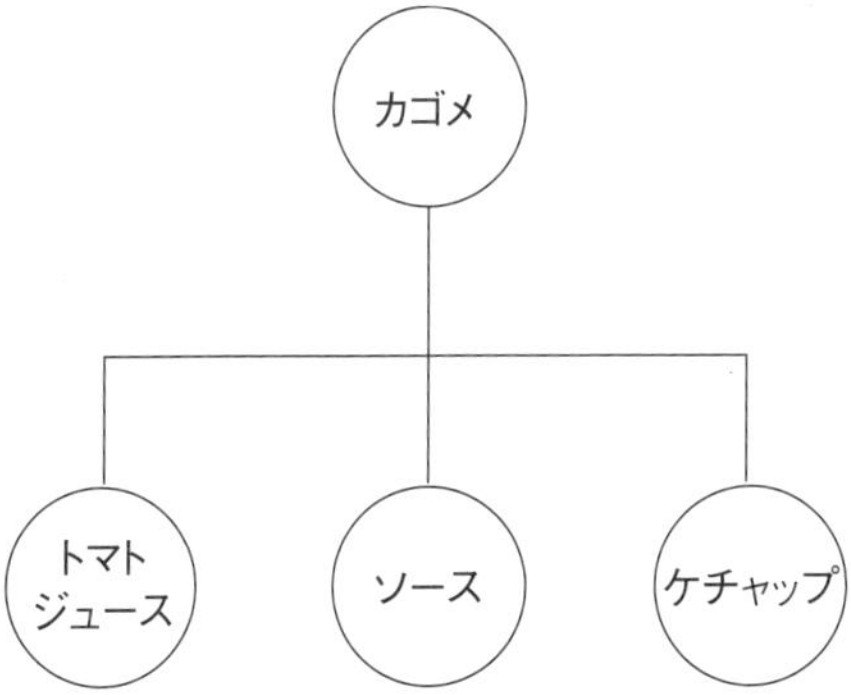

場合が多い。つまり第一のメリットは、そこそこの品質でもある程度の訴求を確保できること。そして第二のメリットは、守りに強いことである。

デメリットは、第一に、追従商品では絶対にトップになれないこと。そして第二に、企業名に信頼性がないと効果が半減することである。競合に追従する場合や、企業名が意味性を持っていない場合は、この方法をとらないほうがよいだろう。

そして、次に③の（独立ブランド）だが、これはどのようなときに有効だろうか？　図表42・43を参照してほしい。

独立ブランド名は、企業名から完全に独立しているから、宣伝に莫大な費用がかかる。したがって第一に、広告に莫大な投資ができる場合、という条件がつく。

そして第二に、異業種展開を行なっている企業で、それぞれの製品のイメージが互いの足を引っ張る場合には、この戦略しかない。

たとえば先に紹介したマスターフーズは、「ペディグリーチャム」や「カルカン」などのヒット商品を抱えるペットフードのトップメーカーであるが、一方で「M&M'S」や「スニッカーズ」などを販売する菓子メーカーでもある。もし「マスターフーズ」という社名をブランド化してしまうと、生活者は潜在的に、ペットフードにチョコレートが混合されていて犬や猫の健康に悪いのではないかと、よけいな心配をしてしまう。一方、お菓子目当ての生活者は、ペットフードの材料が入っていそうなチョコレートなど食べたくないと、マスターフーズの菓子に悪いイメージを持ってしまうおそれもある。実際、森永や明治もペットフード市場に参入しているが、双方ともすでに企業名をブランド化しているために、両方のペットフードは生活者にほとんど受け入れられていない。また、逆に、日本たばこが展開している製薬会社ライフィックスや飲料会社ハーフタイムは、こうしたデメリットを危惧して独立ブランドの戦略を用いていた。

もちろん独立ブランドにもメリットはある。

第一に、意味性の純化がしやすいことである。各ブランドにマッチした独自の広告展開ができる。おまけに、生活者にはブランド名だけを覚えてもらえばいいのだから、商品の特長をより詳しく説明できる。

第二に、リスクの分散ができる。つまり独立ブランドの場合、ブランド名が企業名に直

図表42 「独立ブランド」型ブランディング

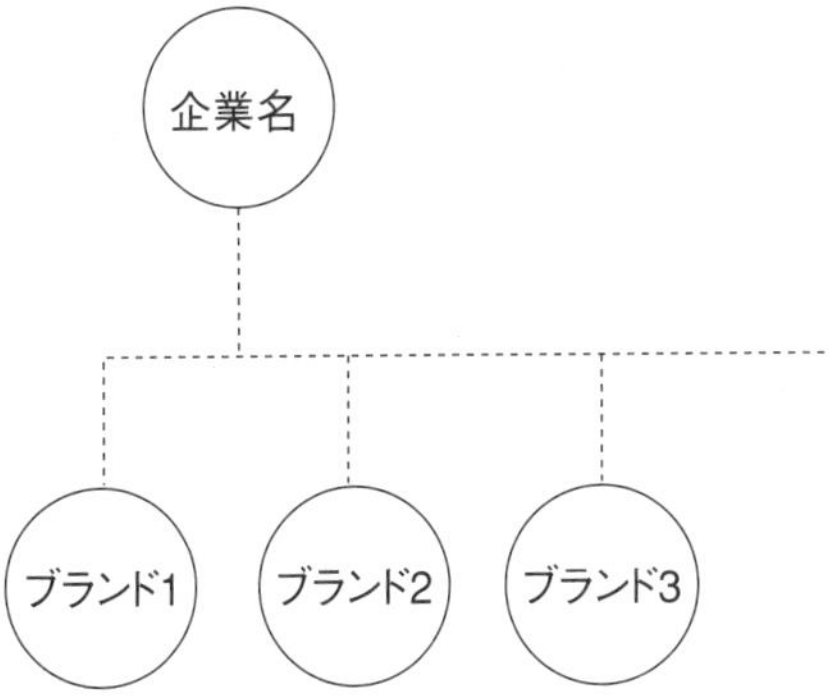

図表43 「独立ブランド」型ブランディング例

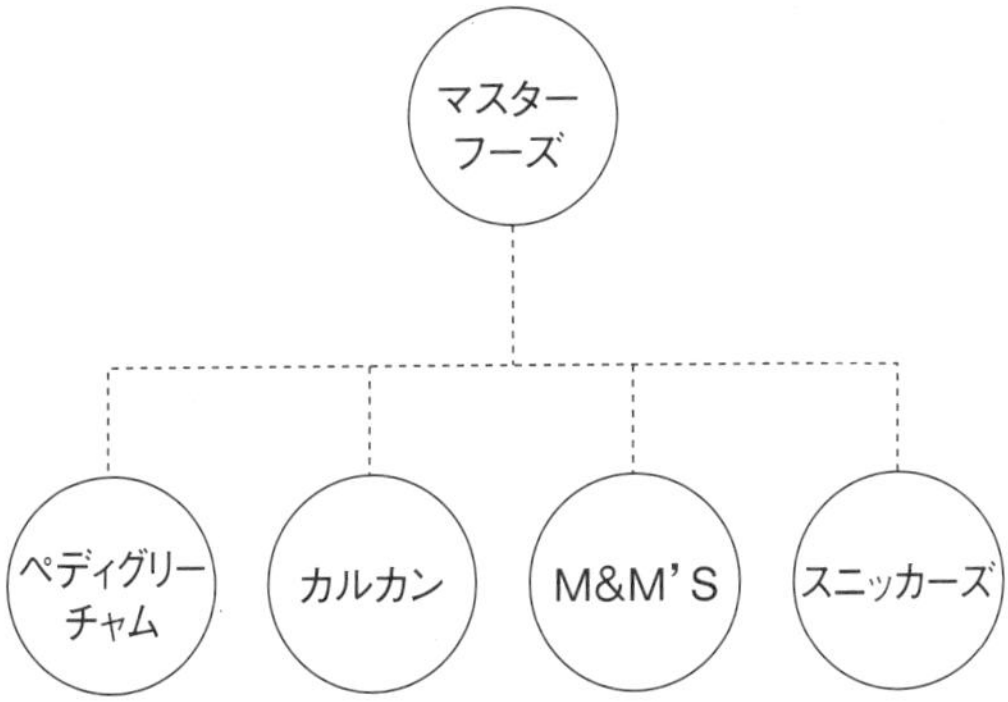

結していないから、問題が生じた際に企業の名前に傷がつきにくい。

ただし、先ほど紹介したもののほかにもデメリットがある。何よりの問題点は、資本がかかることである。企業がすでに持っている信頼性をいっさい利用できないので、何の基盤もないところで、一から新製品の宣伝をしなければならない。ゆえに莫大な資金が必要になるのだ。

もう一つの問題は、企業側が、名前をつけることだけをブランド戦略だと勘違いしやすいことだ。これは本来、独立ブランドが抱えるデメリットではない。企業側の心構えに問題があるのであって、ネーミングするだけの安易なブランド戦略をやめれば、この問題もクリアできるわけだ。また、このデメリットは後述の④（企業名＋固有名詞）および⑤（ブランドファミリー）も抱える共通の問題でもある。しかし④の場合は、固有名詞が事実上ブランドとして機能していなくても、企業名がついているので、①（企業名＋数字・記号）や②（企業名＋一般名詞）の変形として何とか機能するという「救い」がある。しかし、独立ブランドには後ろ楯がないために、失敗したら誰にも相手にされない商品に成り下がってしまう。独立ブランドでこの手の失敗を犯した場合が、もっとも始末に負えない。④や⑤にも共通する問題であるが、企業がネーミングだけのブランド戦略を行なうデメリットを一手にかぶってしまうのは独立ブランドである。

さて、次に④（企業名＋固有名詞）について説明しよう（図表44・45を参照）。これは、①（企業名＋数字・記号）と③（独立ブランド）のいいところをすべて採り入れた戦略で

図表44 「企業名＋固有名詞（ブランド）」型ブランディング

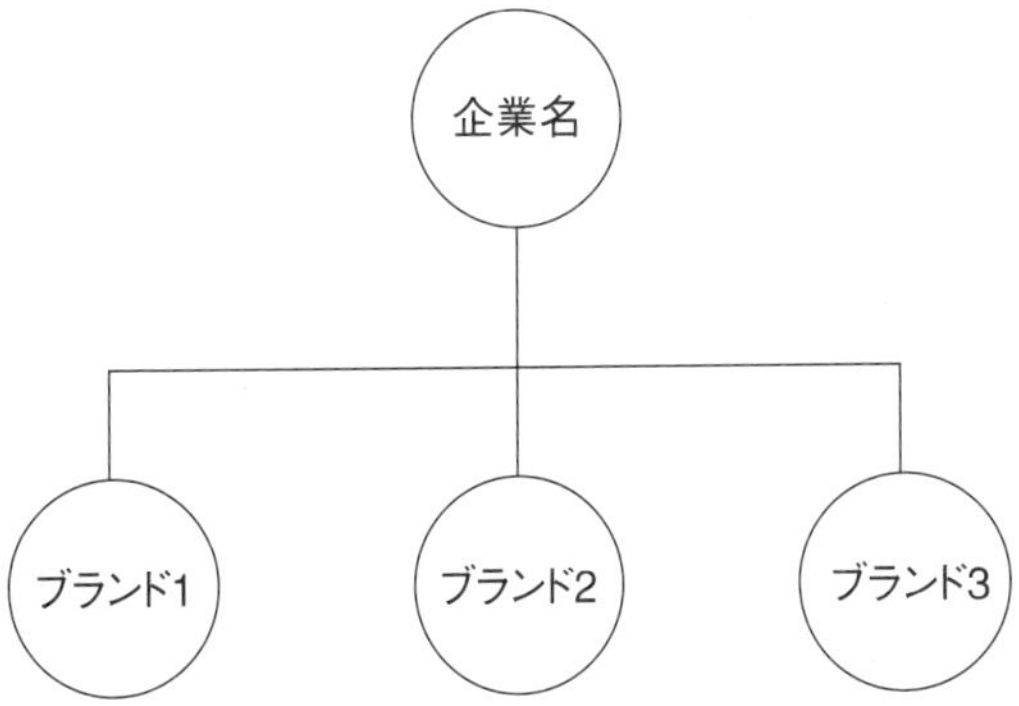

図表45 「企業名＋固有名詞（ブランド）」型ブランディング例

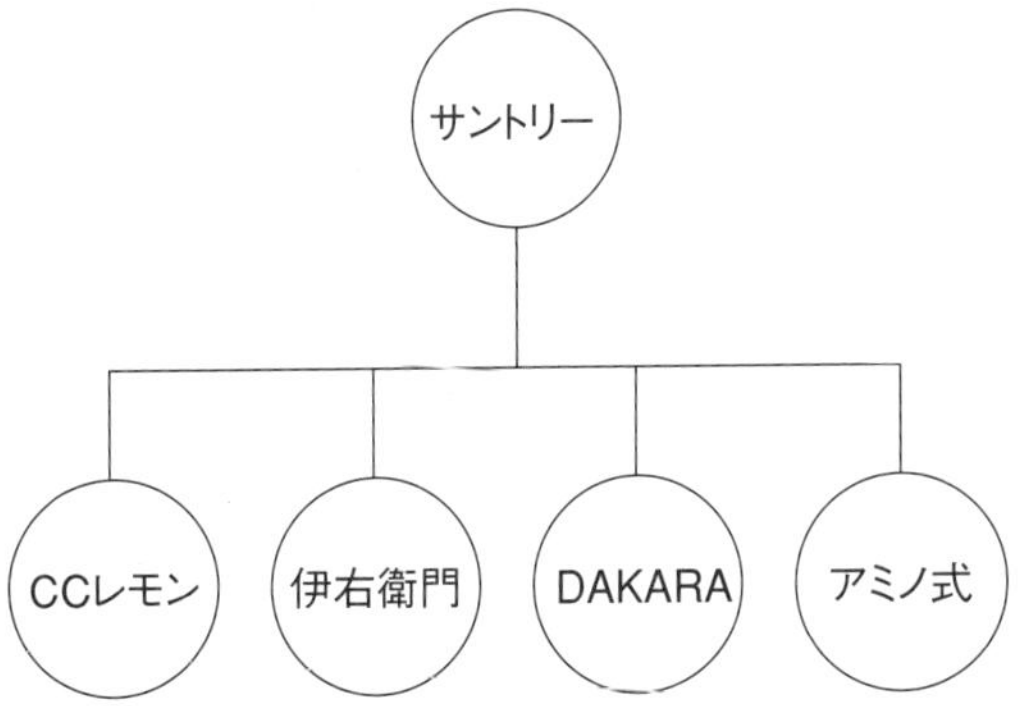

ある。資金もリスクも①と③の中間ぐらいですむ。

つまり、第一のメリットは、独立ブランドほどの資本がかからないことだ。たとえば「サントリー伊右衛門」の場合は老舗サントリーの看板を掲げているのも同じである。サントリーの名前が「伊右衛門」の広告に一役買っているので、広告費も抑えられる。

第二のメリットは、①（企業名＋数字・記号）ほどのリスクを負わないことだ。「伊右衛門」がダメになっても、サントリーに与える影響は、①の場合よりも少なくてすむ。

第三のメリットは、その商品が市場に定着すると、独立ブランドの性格、ひいてはメリットを持つようになることである。「サントリー伊右衛門」は、今や「伊右衛門」だけでも十分にブランドとして通用するし、トヨタの「マークⅡ」にしても生活者の間に同じように浸透している。

さて、この場合の「独立ブランドの性格」とは、「意味性の純化がしやすいこと」である。たとえ企業がラインナップの幅を広げても、企業ブランド（たとえばトヨタ）としての意味性もさほど崩れないし、しかも各ブランド（たとえばマークⅡ）の特徴も際立つ。

先に説明したセイコーは、この点で大きくつまづいてしまったわけだ。たとえば生活者にサブブランドを挙げてもらうと、せいぜい一、二個思い出せばいいほうである。生活者が思い出すブランドの代表は「ドルチェ&エクセリーヌ」だろう。イウ、イグニッションなどは聞いたこともない人が多い。ところがこれがトヨタ車だと、どんな人でもスラスラと五、六車種を挙げることができる。この差は、腕時計とクルマという商品カテゴリーに対して、生活者の関心が異なるからだともいえる。ただし、もし、そうであったとしても、生活者の関心度を上げるのは企業努力であることを思うと、これは見過ごせない傾向だ。セイコーが独立ブランドの性格を持つ④の（企業名＋固有名詞）の製品をつくらないままラインナップを広げ過ぎたことが、現在の同社の凋落の大きな原因であることは間違いない。

ではデメリットは何か？　セイコーの事例で述べたとおり、独立ブランドの性格を持つまでに育っていない製品が多すぎると、企業ブランドの性格があいまいになり、市場での力が衰えてしまうことである。

意味性の純化（ブランドのパワー、集中度）の側面から考えると、一つのブランドから他の兄弟ブランドをつくる場合、製品ラインナップ数がどうしても限定されてしまう。詳しくはすぐ後で説明するが、企業名をブランドにしてしまうと兄弟ブランドが多くなった場合、ブランド名が複雑になり、それを覚えてもらうためにかえって資金がかかってしまう。そのため製品ラインナップ数が限定されてしまうのは避けられないのである。

使い方を誤ると、しっぺ返しをくらうブランドファミリー戦略

最後に⑤（ブランドファミリー）である（図表46・47を参照）。

まず、ブランドファミリー戦略とは何かを簡単に説明しよう。ブランド名は同じだが、

ブランド名の前後にサブネームをつけて親子関係の商品ラインナップをそろえている例を、ファミリー展開という（エクステンション展開ともいう）。このブランディングを行なっているブランドは食品、飲料分野に多い。たとえば「ユンケル黄帝液」は「ユンケル黄帝ゴールド」「ユンケル黄帝L」などの多くの兄弟ブランドを出している。カップラーメンの「ラ王」にしても、しょうゆ味、とんこつ味などのバージョンを発売している。しかし何といっても、⑤（ブランドファミリー）をお家芸としているのはたばこ業界である。「マイルドセブン・ファミリー」や「ピース・ファミリー」「マールボロ・ファミリー」など、ファミリー戦略を行なっているブランドは枚挙にいとまがない。

ブランドファミリーのネーミングの多くは、「軸となる名前＋そのアイテムの特徴的記号・名前」の組合せである。ゆえに①（企業名＋記号）や②（企業名＋普通名詞）の変形、あるいは発展形ともいえる。その理由を説明しよう。

数十年前なら、一社が生産するアイテム数もたかが知れていた。また流通も大規模店といえばデパートくらいしかなかったころは、ブランドといっても企業名だけで十分間に合っていた。ゆえにブランディング戦略といえば、ほとんど①や②を指していた。

しかし現在は、ご存じのように大型スーパーや専門店などの「小売店」といわれる流通ポイントがおよそ二百万店もひしめき合っている。企業が抱えるアイテム数にしても、食品業界では一社で五、六百にのぼる例などはザラである。そこで似た性格を持つアイテムをまとめてグループ名をつける必要性がでてきた。こうしてブランディング展開は、歴史

図表46 「ブランドファミリー」型ブランディング

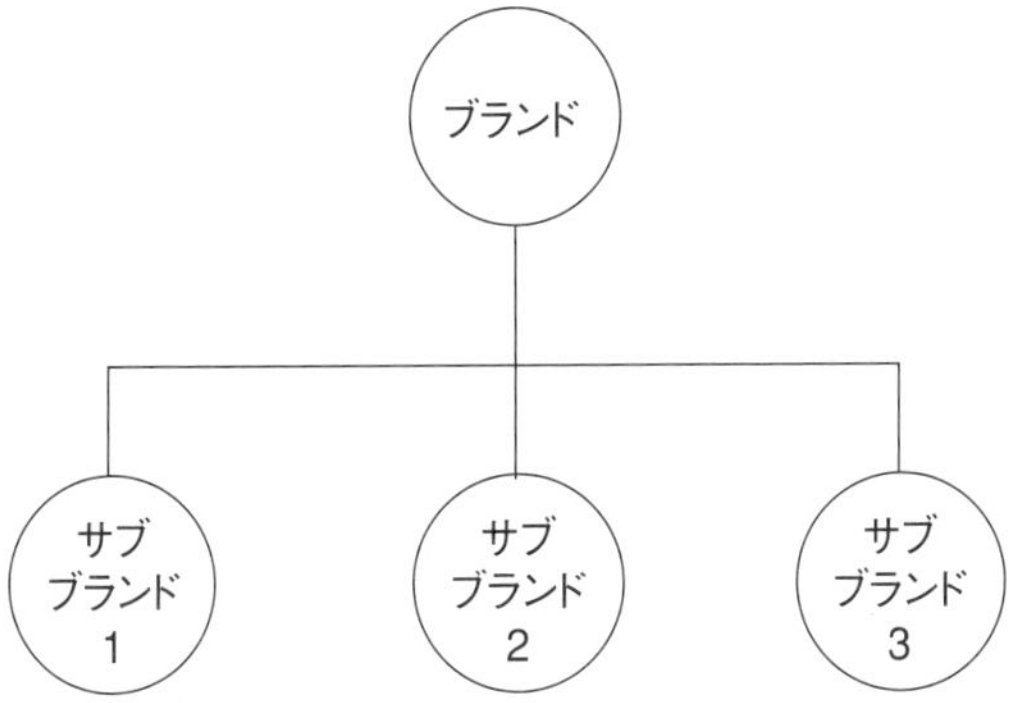

図表47 「ブランドファミリー」型ブランディング例

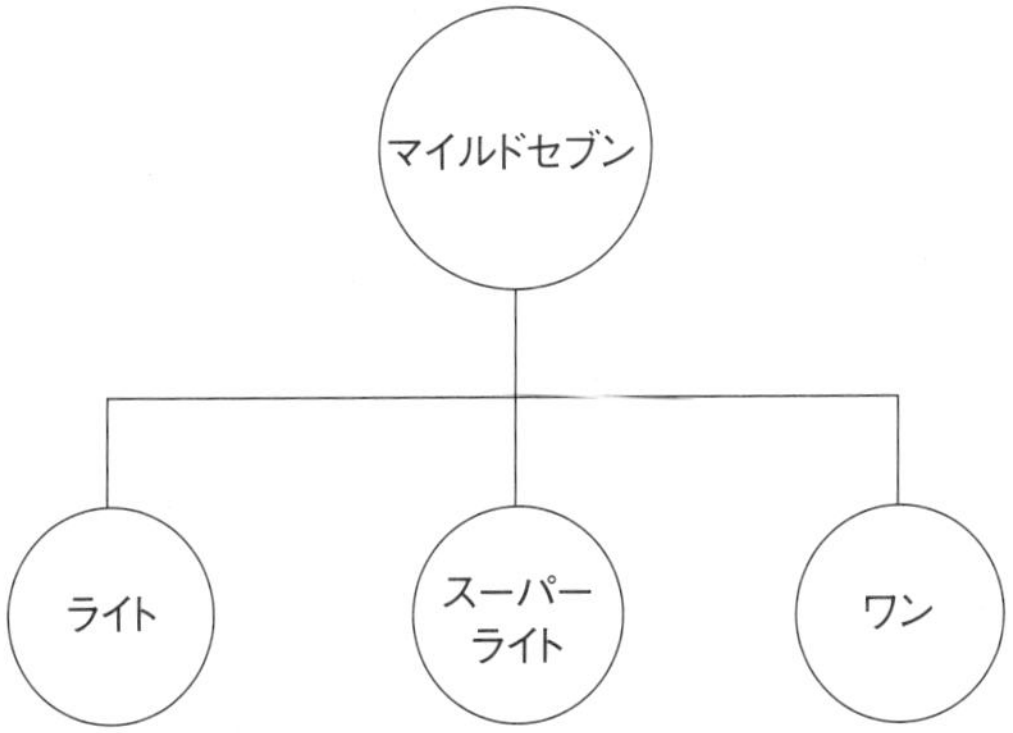

的には、①（企業名＋記号）→②（企業名＋一般名詞）→④（企業名＋固有名詞）→③（独立ブランド）→⑤（ブランド・ファミリー）と進化していったと考えてよい。

さてブランドファミリーの最大の特徴は、企業名がついていないことである。今まで説明してきたように、企業名を使うか使わないかは、長期的視野で見ると企業の製品ラインナップに大きく影響する。また、ブランドファミリーは③の独立ブランドの直結的な発展形でもある。これは、あるブランドが市場で受け入れられ、その延長で兄弟ブランドを投入した結果、ファミリーを形成することとなった例が多いという事実と密接に関連している。独立ブランド戦略にしても、企業側が名前をつけることだけがブランド戦略だと勘違いしがちで、ややもすると場当たり的な戦略になるおそれがあるが、同じようにブランドファミリーも、たまたま市場で好評だったから安易に子ブランドを出したという例がじつに多いのである。

では、ブランドファミリー戦略のメリットは何か？

たとえばたばこのトップブランドである「マイルドセブン」は「マイルドセブン・ワン」「マイルドセブン・FK」など、多数の子ブランドを抱え、ブランドファミリーを形成している。「マイルドセブン」のファンに限らず、喫煙者には、「マイルドセブン・スーパーライト」がどんな商品なのかが一目瞭然である。そのネーミングだけで、「マイルドセブン」をさらに軽くした製品だと理解できる。ゆえに⑤（ブランドファミリー）のメリットは、第一に覚えやすい、第二に資本がかからない、第三に生活者と企業側にとって、リスクが少ないという安心感があることである。

覚えやすいことと、金のかからないこととは、密接にリンクしている。まったく新しいブランド名を市場に浸透させようとすると、競合状況によっても異なるが、年間に最低でも三五〇〇～五〇〇〇GRP（延べ視聴率）のテレビの出稿量がなければ六〇％の知名度を確保できない。費用としては平均五～七億円である。

一方、親ブランドのファミリーとして市場に出せば、親ブランドの信頼性や知名度によっては通常のコストの三〇～五〇％程度のマーケティング投資額で、六〇％の知名度を楽に稼げてしまう。仮に三億円の広告費が浮くとすると、その効果は、営業利益率六％クラスのメーカーなら、なんと五十億円の売上に匹敵する。要するに五十億円の売上を稼がなくてもよくなるのである。この投資効率のよさは、極めて魅力的である。

では、⑤のデメリットは何か？

第一に、子ブランドが失敗したら、親ブランドまで衰退してしまうというリスクを負うことだ。これは説明するまでもないだろう。

大塚製薬はブランドを大事にする企業として知られているが、ファミリー展開には極めて慎重である。八八年に発売された「ファイブミニ」ですら、子ブランドである「ファイブミニ・プラス」を投入するまでに約五年かけている。

新アイテムの乱発で失敗した「マイルドセブン」

「マイルドセブン」は、昭和六十年には国内シェア四三％、売上約一兆二千九百億円を誇る、名実ともに世界のトップブランドだった。「マイルドセブン・ライト」のころにはファミリー全体で四七％のシェアを獲得していた。

しかしその後、メンソール、インターナショナル、FKのほか、喫茶店でしか販売しない「PICO」など、多いときには十アイテムを超える子ブランドを売り出したためファミリーは混乱を極め、現在ではファミリー全体でシェアの三〇％がやっとというところまで凋落してしまった。ちなみに「マイルドセブン・ファミリー」から独立した「セレクト・スペシャル・ライト（ソフトとボックス）」を除くとファミリーは二十一種類あるのだが、全部挙げられる人はほとんどいないのではないだろうか。

⑤（ブランドファミリー）の第二のデメリットは、親ブランドを超えられないことだ。かつて、「セブンスター」の子ブランドとして発売された「マイルドセブン」が、親ブランドを超えてトップブランドにのし上がったように多少の例外はあるが、概して子ブランドが親ブランドを超えられない。親ブランドの信頼を基盤に商売をするので、親に興味がない生活者は、はじめから新製品を買ってくれないのである。

またブランドの数を増やしすぎると、企業の安直な経営戦略が生活者に見透かされてしまい、それに反発する人も出てくる。しかもそれらの生活者が、市場に大きな影響を与えるイノベータやアーリーアダプタであるだけに、やっかいなのである。

では、ブランドファミリー戦略を行なううえで注意しなければならない点は何か？

第一に、親の体力を考えねばならない。

子ブランドは、親ブランドを超えられないという宿命を負っている。ゆえに親ブランドのシェアが少ない場合は、ブランドファミリー戦略を行なってもたいした利益は見込めない。それどころか親とシェアの奪い合いになり（カニバライゼーション）、かえって体力を落とすおそれがある。

さらに親のシェアが、市場的存在シェア（市場において、ようやく存在を許されるシェア、二章を参照のこと）である六・八％しかなかったらどうなるか？　仮に兄弟ブランドがシェアを伸ばし、逆に親ブランドがシェアを少し落として、双方で合わせて一一％のシェアを獲得したとする。内訳は、親が五・九％、子が五・一％だ。ここでシェアが六・八％から一一％に上がったと喜ぶのは早計である。両ブランドとも、シェアは六・八％に達していない。だからスーパーやコンビニなどでも受け入れ態勢が整わない。店の棚は限られているので、シェアがわずか五・一％の商品のためにもう一個の棚のスペースは用意できないのだ。しかも今はＰＯＳ（販売時点情報管理システム）が浸透しているために、バイヤーはＪＡＮ（日本農林規格）コードでしか管理しない。つまりブランドは単品単位でしか評価されないのである。ゆえにどちらかのブランドが淘汰される、あるいは両方のブランドが棚から消えてしまうという最悪の結果に終わるおそれもある。

図表48 子ブランドが親ブランドの足をひっぱる

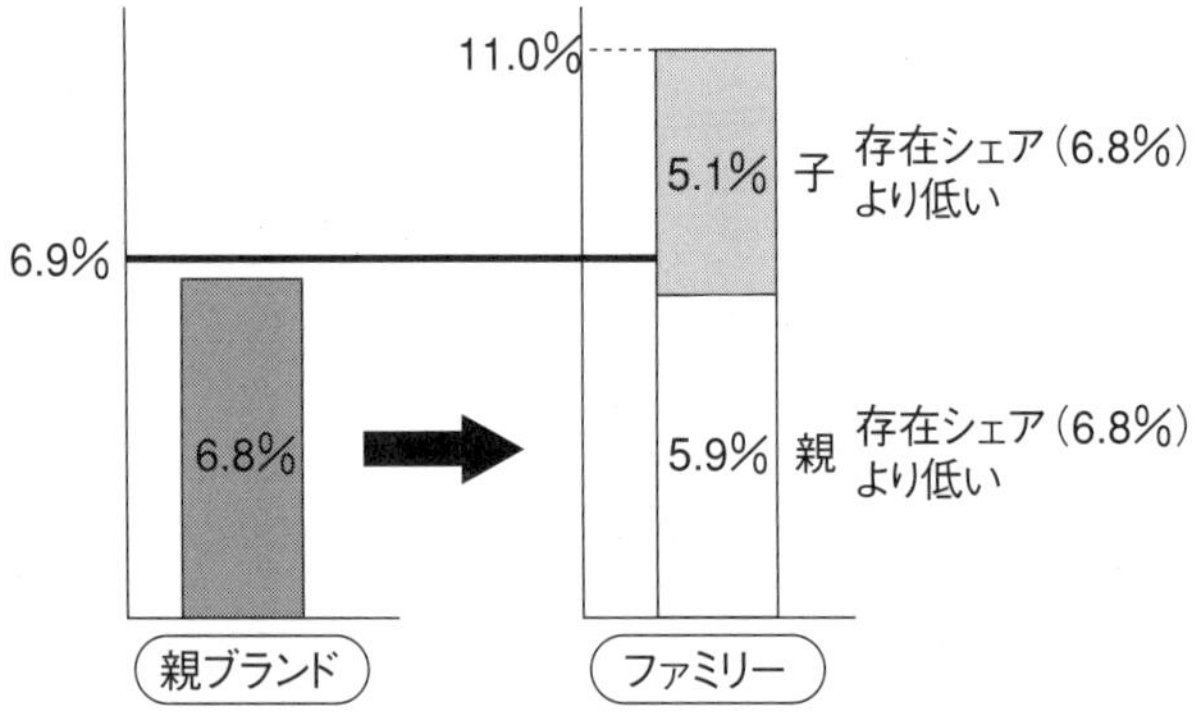

第三のデメリットは、子ブランドの製品群を緻密に管理しなければならないことだ。

マイルドセブンやセイコーの例でわかるように、アイテムが数多く出現すると、ブランドの性格がぼやけてしまう。それはすなわちブランドの意味性が希薄になり、生活者が購入する理由がなくなってしまうことである。要するにブランドが弱体化するのである。

アメリカには子ブランドを乱発した「コカ・コーラ」を皮肉ったこんなジョークがある。

ある男が飲み物を注文した。

男「おい、コーラをくれ」

ウェイター「コカ・コーラですか、ペプシですか？」

男「そうだな。コークにしてくれ」

ウェイター「びんですか？　缶ですか？」
男「どっちでもいいや。……えーい、びんにしよう」
ウェイター「ライト、ダイエット、オリジナルとありますが」
男「えーい、めんどうくさい。セブンアップにしてくれ」
これは、企業が陥りやすいワナである。経営を安定させたいあまり、安直で手っとり早く売上を稼げそうな製品に目を向ける。気持ちはわからないでもないが、結果的に自分で自分の首を締めることになるのだ。

ブランドファミリー戦略上級編

ではこうした問題点を克服するためには、どうすればいいのか？

ファミリー内のブランド数を抑えるのも一つの手である。もし新ブランドを追加したいのなら、新たな親ブランドをつくってしまうのである。

あるいは子ブランドをいくつかのグループにまとめて、それぞれの性格に応じたサブネームをつけるのも有効だ。

この問題をクリアするのがうまいのがトヨタである。

トヨタの定番「マークII」は六八年に「コロナ」の上級バージョンとして発売された。「コロナ」は大型車の「クラウン」に次いでトヨタが精力的に開発した初の大衆車で、五七年七月に発売された。いわば「コロナ」はトヨタの期待を一心に浴びたエースで、トヨタの小型車＝「コロナ」という構図が確立された。「マークⅡ」は当初、「コロナ マークⅡ」と呼ばれており、生活者は、トヨタ製品の「コロナ」の高級バージョンである「マークⅡ」を理解するために、「トヨタ」と「コロナ」と「マークⅡ」という、三つの単語を覚える必要があった。

しかし七二年に「マークⅡ」は脱コロナをはかり、一回目のフルモデルチェンジを行なった。「マークⅡ」は「コロナ」から独立しても十分立ちゆく商品であると、トヨタが確信したからであろう。同時に車名も「コロナ」が抜けて、ただの「マークⅡ」になった。つまり、ブランド名が簡略化されたのである。こうして「マークⅡ」の名前は覚えやすくなり、広告効率もよくなった。その後、「マークⅡ」は排ガス問題のために一時低迷したが、八〇年代後半から売れ行きが伸びて、中型車のトップブランドに跳躍したのである。

一方、ブランドファミリー戦略で私が危惧しているのが「カルピス」である。周知のとおり「カルピス」は、「カルピスウォーター」によって華麗なる復活を遂げた、日本のマーケティング史上に残る商品である。しかし「カルピス」は、昔からあった「カルピスソーダ」や「カルピス」のレモン味などに加えて、キャンディ、カクテル、ミルクにまで手を広げている。しかもそれぞれの子ブランドの知名度は、きちんと調査して確認したわけではないが、どうひいき目に見ても六〇％の合格ラインを超えているとは思えない。このままではせっかく不死鳥のように蘇ったカルピス・ブランドが低迷するおそれがあると大

図表49　トヨタのブランディング

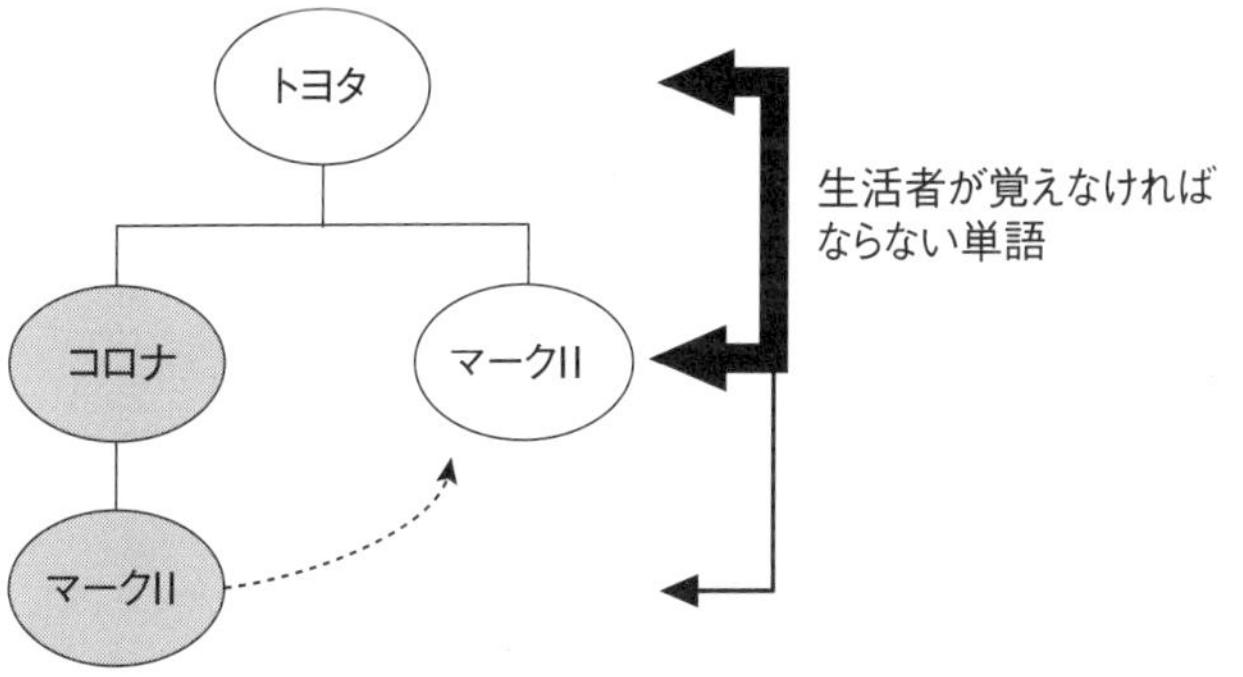

マークIIにたどり着くまでに3つの単語（トヨタ、コロナ、マークII）を覚えなければならなかった。それを2つに短縮（トヨタ、マークII）

いに懸念しているのである。

また、メーカーをまたがったブランド「WiLL」の失敗も記憶に新しい。

「WiLL」はビール（アサヒ）、自動車（トヨタ）、パソコン・家電（松下）、トイレタリー（花王）、旅行（近畿日本ツーリスト）、文具（コクヨ）の六つの商品分野で成り立っているブランドである。九九年末から二〇〇〇年初めにかけて商品が出そろった。

ブランドが各商品分野にまたがるのは非常に珍しいケースだが、今までなかったわけではない。かつて八〇年代の初期に「山脈企画」とよばれた「イクシーズ」があったし、「無印良品」も様々な商品分野の集まりのブランドである。

WiLLの滑り出しは好調で、各社予想を上回る売れ行きだった。確かに音頭をとったトヨタの小型車「WiLL Vi」の販売台数は三ヵ月間で七千台と、この手の自動車では立派な数字だった。

しかし、根底に危ういものがあった。予想以上の売上といっても、予想自体が低ければ何の意味もない。必ずしもヒット商品というわけではないのだ。

「WiLL」の問題は「イクシーズ」の失敗の経験をまったく生かしていなかったことだ。「イクシーズ」はブランドとロゴマークだけを統一したものの、その裏にある「生活者に対する約束」はまったくなかった。生活者は「イクシーズ」を買う理由がまったくなかったのだ。

その後、無印良品が大ヒットし、今でも売上を拡大しているのを見て、それにあやかろうとしたのだろう。「イクシーズ」がターゲットもコンセプトもなかったことと比べれば、とりあえず若い女性が好む商品をラインナップしたことは評価に値する。まったく学習効果がなかったわけではない。しかし、そこまでだ。

無印良品は「形や見た目はよくないかもしれないが、無駄を省き、機能的なものはそのままに、価格を下げた」という強烈なメッセージがある。だから、たとえば「不揃いだが、品質はまったく劣らないスパゲティ」が当初の大ヒット商品だったし、現在でも、価格は安いがメーカー品と同等以上の書き心地やインクの持ちといった品質を持つサインペンやボールペンが、女子高生の間でのトップブランドとなっている（デザインがトランスルーセントなのは、塗料コストを省いているからであって、おしゃれだからではない）。

しかし「WiLL」には、そういったベネフィットも規格もエッセンスも何もない。ただ単に「女性向け」で「統一したロゴ」があるだけなのだ。決して、東京原宿のショールームのついたての裏の事務スペースにあるのが、「WiLL」のパソコンを担当する松下電器の製品ではなく、競合メーカーの富士通のノートパソコンだったことを私が目撃してしまったからというのではない。

かくして、「WiLL」は消えた。

ブランドのイメージをむやみにいじるな

ブランディングでもっとも重要なことは、今まで繰り返し述べてきたように、意味性の純化である。ところがそれを自分の手でバラバラにしてしまう企業が少なくない。意味性の純化に成功しているかいないかは、広告を見ればひと目でわかる。つくるたびにキャラクターやメッセージが変わる一貫性のない広告は、失敗している企業の広告である。

マーケティング、とりわけ広告戦略は、実際にやってみないとわからないことがじつに多い。その理由の一つは、広告クリエイティブ分野では調査手法の開発が遅れているためである。広告に登場させるモデルを選定する場合に、事前の調査で生活者が好んでいるタイプであることを確認したのに、実際に広告を制作してみるとそのモデルの評価がさんざんであった、といった話は日常茶飯にある。これは調査のやり方そのものに問題があったとも考えられるが、調査対象の生活者の想像力に限界があるために、正確な調査結果が出ない場合もあるのだ。とくに製品を投入した当初は、試行錯誤の連続になる。そのため、この段階では広告もいくつかのパターンができるのもやむをえない。

全世界で三十年以上にもわたってカウボーイにこだわった広告展開をしてきた「マールボロ」でさえ、当初は女性をターゲットにして大失敗した。そこで新たに男性の職業をシリーズ化する予定でいたが、カウボーイ・バージョンの評判がよかったのでずっと続けることになったという。意外なほど場当たり主義の広告展開を行なっていたのである。

しかし、である。それにしてもバラバラのコピー、バラバラのキャラクターが日本の企業には多すぎる。あるときにはファッショナブルな広告を流したと思えば、いきなりコミカル調で広告展開を始めてしまう無節操さには、他人事ながら、怒りすら覚える。

最近の顕著な失敗例が、ビールの「キリンラガー」である。

「キリンラガー」は九二年秋には松任谷由美の曲をイメージソングに起用したり、小泉今日子をキャラクターにした広告展開を行なっていた。しかしそれからわずか半年後の九三年には一転して仲代達也を起用、その半年後の十一月からは牧瀬里穂を使うなど、とにかく右に行ったり左に行ったりフラフラしていた。こうしたバラバラな広告展開が災いして、九二年十一月からは月間売上が連続ダウン。この期に及んでは「ラガーのような巨大ブランドには二つの顔があってもいい」という有名な言い訳が通用するはずもなく、九三年の売上は前年比七％減と、目を覆うばかりの結果になってしまった。

九四年には「ラガーの巻き返し」とかなりの覚悟で臨んでいたようだが、ハリソン・フォード、菊池桃子、伊東四郎と、相変わらずキャラクターは二転三転で、あちこちに手を出すクセは直っていない。本書を書いてる時点ではこの展開の結果はまだ出ていないが、断言してもよい。「ラガー」は残念ながら今年もうまくいかない。

【注】一九九四年六月執筆の文章をあえてそのまま残した。「今年（九四年）もうまくいかない」どころか、一九九七年一月にラガーはスーパードライに一位の座を奪われてしまった。

ブランディングに成功するためにはブランドの意味性を明確にし、それを極力反映させる広告をつくって、「いける」と確信したらむやみにいじくりまわさないことが肝要なのである。

最後に、広告戦略に関して少しだけ補足しておこう。

広告を長期的に投入するには、大別して二つのパターンがある。「マールボロ」に代表される記号性継続型と、「コカ・コーラ」に代表される意味性（たとえば、さわやかな若さ）継続型である。前者の記号性継続型は列車から遠くの山々を見つめているようなもので、比較的時代の変化（列車の移動）から離れたところでブランドの意味性を語っている。

一方、意味性継続型は、列車と同じスピードで走る自動車を見ているようなものだ。たとえば「コカ・コーラ」は、日本市場に参入した昭和三十年からずっと、「さわやかな若さ」をうたいあげてきた。しかしその表現方法は時代に合わせて変えてきている。昭和四十年代は、加山雄三と柔道を組み合わせたり、一九九〇年代にはアメリカを旅行中の日本

図表50 記号性継続型と意味性継続型

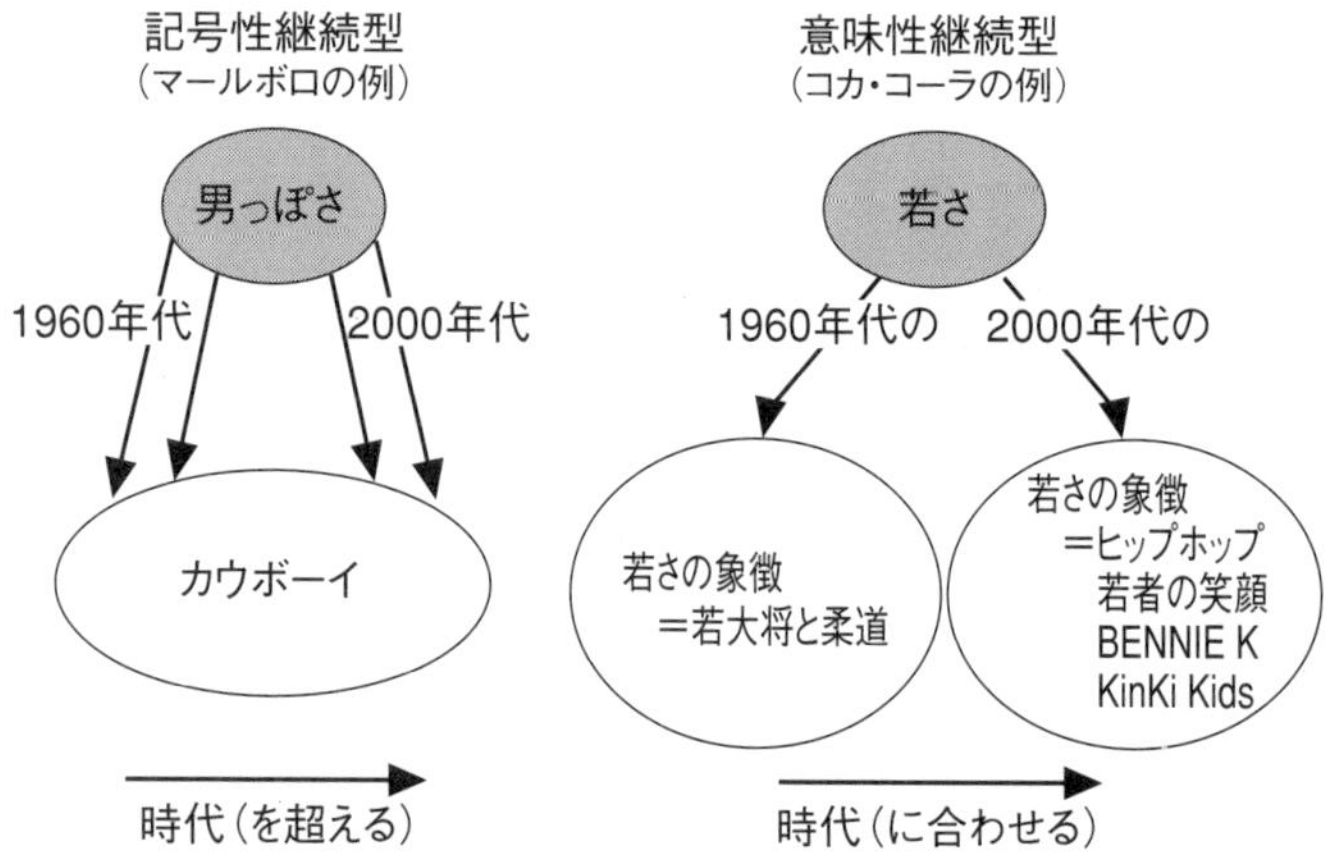

人男女を登場させたりした。二〇〇四年も「つながる瞬間に」をテーマの広告では、ヒップホップ調の音楽に合わせて若者（や老高男女）の笑顔を写し出している。しかし基本的には、いつの時代でも見るものに同じメッセージを訴えている。

さて、記号性継続型の欠点は、いつの時代にも通用する不滅のビジュアルを表現するのが非常に難しいことである。ただでさえ、企業はつねに広告が古くさくなることを恐れているし、とかく企業方針や広告担当者が代わると、広告表現を変えたくなってしまう。この誘惑にどこまで耐えられるかも、記号性継続型の広告にとっての問題である。

一方、意味性継続型の欠点は、そのつど、時代にふさわしい素材を探すのが難しいことだ。記号性継続型のように、同じ素材やテーマを数十年もの長期にわたって続けているなら、一度や二度の失敗も生活者は大目に見てくれるが、意味性継続型ならそうもいかない。つねに同じ水準のクオリティを確保するのは想像以上に大変な作業である。

さて、ブランドイメージをいかに確保するかは、プロダクトコーンによるメッセージ内容の変化の対処、あるいはポジショニングそのものを変更するリポジショニングなど、さらに複雑な問題が絡んでくる。よって説明は別の機会に譲ろうと思う。

SIMPLE MARKETING

4 商品の「戦略」を評価する

SIMPLE MARKETING

4-1 3種の攻撃方法

マーケティング不要の商品はめったに出ない

マーケティングは競争の科学である。

そして、商品はつねに競争相手と戦わなければならない。

もちろん競争相手がいない商品というものもある。技術革新で世に出た商品だ。一部を除き、技術が優れていて、生活者ニーズに合うものなら、マーケティングはいらないと言い切ってよい。

「優れた商品を」

「(店に) 置くだけ」

で、売れるのである。

つまり、優秀な技術者と優秀なセールス部隊だけで事足りる。

最近では、HDDビデオレコーダや、iPodといった携帯音楽プレーヤーがこれにあたる。デジカメも数年前までは、マーケティング不要の商品だった。解像度を上げれば、それが売上に直結していた。

しかし、つねに革新的な技術の商品が世に出るわけではない。名高いソニーですら、革新的な商品は十年に一度出せるか出せないかである。

そうなると、今ある商品やその改良版をどう売るかがポイントになるが、その場合は必ずといっていいほど競争相手がつきまとう。

この競合相手への対応方法、つまり戦略は、大雑把にいって三種類ある。ここではこれらについて解説したあと、最後に応用編ともいえる戦略を一つ紹介することにしよう。

チカラでゴリ押し「正面攻撃戦略」

競争相手や業界の主流に対して、真っ向から勝負を挑むのがこの戦略である。

「早い・安い・うまい」（牛丼）が競争相手のやり方ならば、自社は、

「もっと早くて・もっと安くて・もっともっとうまい」

のやり方で行く。

つまり、相手の上を行くのだ。当然、広告宣伝費も競合より上乗せするし、営業マンも相手より多く投入する。一見、真似に見えるが、決して「模倣戦略」ではない。あくまでも、パワーアップするのである。

日本には、「一見・正面攻撃戦略」を採用する企業が多い。他社が解像度を上げたデジ

カメを投入すれば、自社も投入する。他社が衣類の消臭効果のある洗剤を投入して売れたとなると、自社も投入する。しかし、これらは「似たような商品」なので、「模倣戦略」である。正面攻撃戦略は、「消臭効果が2倍になった新製品です」となって、はじめて成立するのである。

ただし、マーケティングは商品だけではない。

商品は「模倣」でも、自社の流通支配力が圧倒的に強かったり、広告宣伝費の投入量が競合より明らかに多い場合は、正面攻撃戦略となる。

正面攻撃戦略は、もっとも人口が多い「フォロワー」を狙った戦略である。市場ですでに証明されている「成功要因」をなぞるわけだから、新味はない。しかし、人口が多いが故に、ゴリ押しすればごっそりと消費者を掴むことができる。

賢明な読者なら、ここでピンと来るだろう。弱小ブランドや下位企業が正面攻撃戦略を採用しても失敗するだけである。これは圧倒的な流通力を誇り、豊富な資金を広告宣伝にかけられるトップブランドや、一位企業にのみ許された戦略なのである。

正面攻撃戦略が得意な企業として、松下電器産業、JT、トヨタなど、業界一位企業がならぶのはそのせいである。しかし、このセオリーに反して正面攻撃戦略を採用し、失敗するケースも後を断たない。

ちょっとだけ外す「側面攻撃戦略」

マーケティングの世界では、「差別化」という言葉が呪文のごとく繰り返し使われている（最近は「差別」という単語を嫌い、「差異化」などと呼ぶこともある）。あまりにも一般的に使われるため、その本質を忘れて、お題目なってしまっている企業も散見されるほどである。

さて、この手あかのついた言葉「差別化」を要素として入れるのが「側面攻撃戦略」である。

先の例でいえば、

「早い・安い・うまい」

が競争相手のやり方ならば、自社は、

「早い・うまい・健康的」

とするのである。

誤解されやすいので、ここでいくつかのポイントを挙げる。

まず、差別化要素の数である。

例に挙げたように、差別化ポイントは多すぎてはいけない。差別化だけの戦略は次項の「ニッチ戦略」となり、またやり方が異なる。

ニーズ要素が三つならば、そのうちの一つを差別化ポイントとする。ニーズ要素が五つなら二つといった具合である。

一般的には、四番目や五番目に大きいニーズを拾うことが多いが、ターゲットとする生活者や自社の技術的優位性などを考慮して決める。

ちなみに、ニーズ要素を七つも八つも持つ商品は、一部未成熟な市場以外ではあり得ない。せいぜいが五つまでである。第一、七つも八つも特徴のある商品は生活者が覚えられないだけでなく、混乱する原因ともなる。したがって、たいていは市場の成熟とともに三つから五つのニーズ要素に絞られるものなのだ。

側面攻撃戦略は、イノベータからアーリーアダプタを狙った戦略である。イノベータだけでは人口も少なく、先鋭すぎて売上が稼げない場合でも、側面攻撃戦略ならばその心配はない。逆に、アーリーアダプタも視野に入れるために、差別化しすぎて彼らがついて来れなくなってしまわないよう注意する必要がある。

流通力やセールス力は正面攻撃戦略ほどは必要がないのが大きなメリットである。しかし、一方で、技術力や商品企画力などの「知恵」が必要となる。したがって、下位メーカーや弱小ブランドに適した戦略といえる。

この戦略が得意なのは、ソニー、ホンダ、小岩井乳業など、業界では三位くらいの規模の企業が多い。

ニッチ戦略

流通支配力はない。セールス力も莫大な広告宣伝費も用意できない。そんなときでも採用できるのが、三つめのニッチ戦略である。

先の例でいえば、

「早い・安い・うまい」

が競争相手のやり方ならば、自社は、

「おしゃれ・健康的・組合せ自由」

とする。

主流ニーズがまったく無視され、すべて差別化要素で固められているのが特徴である。完全なイノベータ狙いであり、反応する人数は少なくてもイノベータには好まれるニーズを拾い上げるのがポイントである。

ただし、そのニーズは主流ではなく、販売量も限られているので、大企業であるトップブランドにとっては手が出しにくい。側面攻撃戦略と同じく、この戦略も下位メーカーや弱小ブランドのためにあるようなものだと言えるだろう。

こういった企業は広告宣伝がなかなかできないので、クチコミが主な伝達方法となる。すると、フォロワーには、自分には手が出せない商品と写ってしまう。また、ニッチ戦略は流通支配力も資金も必要がない代わりに、側面攻撃戦略以上に技術力や企画力が必要となる。「知恵の塊」のような戦略なのだ。

ニッチ戦略の好例としては、アパガード（ハミガキ）、シャープ（家電）、ポカリスエット（清涼飲料水）、バージニアスリムライトメンソール（たばこ）、ヴァーム（アミノ酸飲料）などがある。

ポカリスエットは一見、側面攻撃戦略のように見える。大量の広告宣伝費をかけて流通を押さえたという点ではそのとおりなのだが、本質的には今までなかった商品（一部のスポーツ愛好家には知られていたが）であることから、ニッチ戦略と考えるべきである。ちなみに、大塚製薬はニッチ戦略が得意なメーカーとして知られている。ポカリスエット、ザ・カルシウムなど、従来にない発想で商品開発をしている。

ところで、ニッチ戦略を採用するのには、必ずしも技術力が必要というわけではない。シャープの液晶ビューカムは、ご存じのとおり、先進的な技術を使ったものではない。従来、ファインダーと呼ばれる「穴」から確認して撮影していたビデオカメラに液晶を取り付けただけである。しかし、その発想はそれまでのソニー、松下といったビデオカメラメーカーにはなかったものだ。

HDDビデオレコーダも技術的には単純なものである。TVの信号をパソコンで表示したり、ハードディスクに記録するためのパーツは、その当時でも一万円程度で売られていたほどである。

ニッチ戦略を採用した商品は、イノベータの支持によって一般に広まることもある。いや、ニッチ戦略を採用する企業はどこかでその夢を見ているといってもいい。それが、前記の商品群なのだ。

そして、うまくヒットすると業界の地図さえも塗り替えてしまうパワーを秘めている。ある意味、下位メーカーや弱小ブランドの救世主ともいえる戦略なのだ。

ちなみに、こんな質問を受けることがたまにある。

「うちの企業は流通支配力も資金力もありません。そして、技術力もじつは競合に勝っているとは言い難いのが現状です。企画力もあまりない。そんな我々でもなんとかなる戦略ってないものですかね」

マーケティングは甘くない。

いや、企業競争やブランド競争では、皆それぞれが必死なのだ。それを企業努力もしないで勝てる方法などありはしない。企業体力や技術力がないならば、せめて企画力で頭を振り絞るほかないと肝に銘じるべきである。

ミート戦略

以上三つが代表的な戦略だが、最後に応用編とも言える戦略を一つ紹介しておこう。

ミート戦略と呼ばれるこの戦略は、正面攻撃戦略の進化系だ。ミートは肉の「Meat」ではなく、合わせるの「Meet」である。名前が示すとおり他社の戦略に「合わせる」ことで、外見は単なる模倣である。しかし、下位企業が上位企業の真似をする「模倣戦略」とは逆に、下位企業が投入した商品と同じものを上位企業（とくに一位企業）がぶつける。なぜ、ミート戦略が有効なのか。

上位企業、とくに一位企業は資金も豊富で流通力にも秀でている。もちろん、生活者の信頼も厚いのが普通だ。そこに同じものを出されると下位企業はどうなるか。「売れない」のである。

スーパーといった小売店の棚からは「同じ性格の商品は二つはいらない」と外され、生活者の意識からも「親しみやすい（一位）企業のもののほうが安心」とはじき出される。下手をすると下位企業が広告をすればするほど一位企業の商品が売れてしまう。別名「弱いものいじめ戦略」と呼ばれるゆえんがここにある。

日本にはこういう例がたくさんある。しかし、意識してミート戦略を採用しているかどうかは甚だ疑問である。相手が上位企業だろうが下位企業だろうが「右へ倣え」意識の強い日本企業では当然のことだからである。

ただ、模倣をせずに独自路線を歩もうとして発泡酒市場に出遅れたアサヒビールの事例などを見ていると、「とりあえず真似をしておけ」戦略のほうが失敗しない気がしてしまう。日本になかなか「意識的な」ミート戦略が根付かないのは、このせいかもしれない。

ちなみに、先に「アサヒビールはキリンの息の根を止めるためにアサヒラガーを発売すべきであった」と主張したが、これはまさにミート戦略のことを言っていたのだ。

SIMPLE MARKETING

4-2 スキミング&ペネトレーション戦略

人間に対して「何を言うか」と「どう言うか」が異なるのと同じように、ものを売る際にも、「何を売るか」と「どう売るか」は別の次元の問題である。「何を売るか」は「製品戦略」とも呼ばれ、一つの体系をなしているが、私は「どう売るか」ということも「戦略」と呼んで、とくに重要視している。「戦略とはどう売るかという問題の枠組みである」といってもいい。

そこでここでは、一章で説明した「生活者の三タイプ」に対して、どのように商品を売ってゆけばよいのかという戦略を紹介したい。商品をイノベータから浸透させる「スキミング戦略」と、フォローワーから一気に普及させる「ペネトレーション戦略」だ。

先端の「上澄み」から大市場にもぐり込む

詳しくは一章で述べたが、情報は通常、イノベータ（革新人間）からアーリーアダプタ（周囲に自慢したがる先端人間）へ、そして最後に圧倒的多数のフォロワー（周囲と同じ行動をとる保守的な人々）へと伝わる。三タイプの生活者で構成されるピラミッドの、先

図表51 スキミング戦略

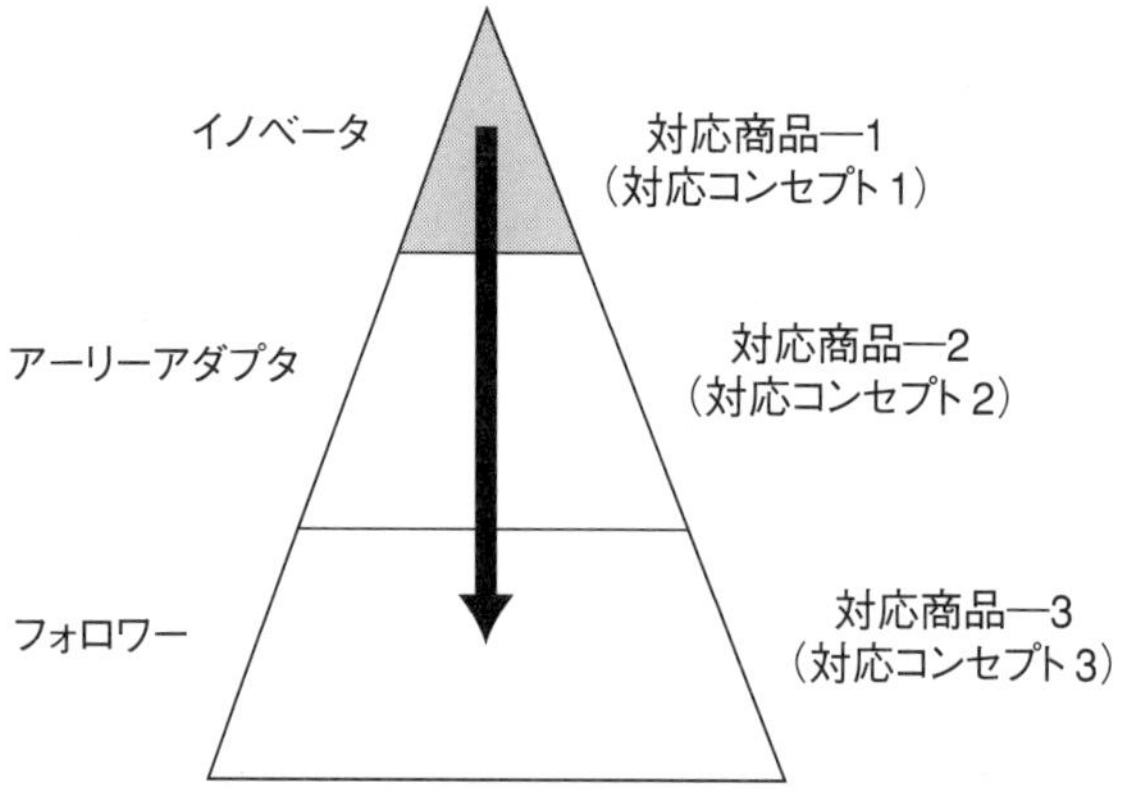

端の上澄みの部分から、徐々に底辺へと普及するのである。したがって商品も、この流れに沿って普及させることができれば、労力もコストも大幅に削減できる。

まずイノベータ（革新人間）に訴え、次にアーリーアダプタ（先端人間）に浸透させて、最後にフォロワー（保守的な人々）にターゲットをシフトさせるこの戦略を、スキミング戦略という（図表51）。

スキミング戦略のスキム（skim）は、「上澄み液」という言葉である。まず市場の上澄みをとらえ、そこから深部まで広げていこうというのが、スキミング戦略の基本的な狙いである。

ちなみに『ランチェスター販売戦略』の著者の田岡氏は、販売戦略を「スキム方式」と「ペネット方式」に分け、それぞれを流通と価格の分野で説明している。

図表52　スウォッチのスキミング戦略

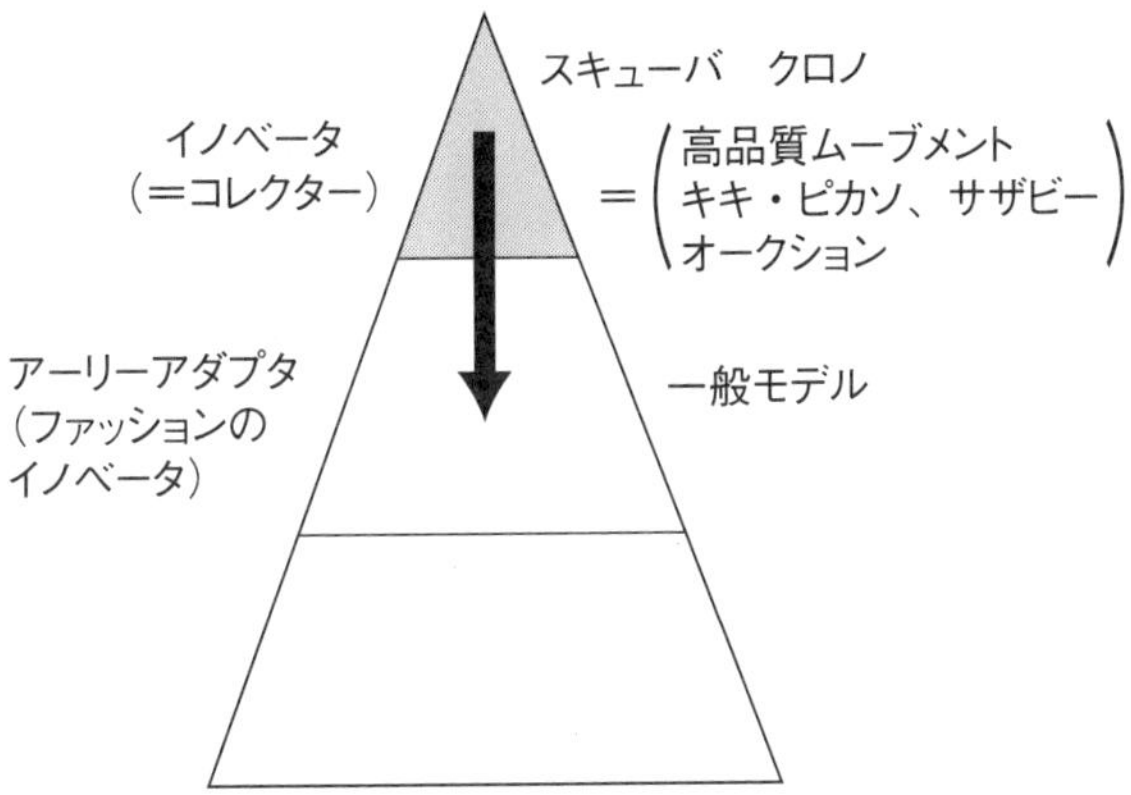

つまり商品を流すときに大型問屋やデパートなどの「上」から流すのか、「ミドルミドル（中の中の層）」の問屋や小売店から流すのかによって戦略が異なるというのである。これに比して私は、スキミング戦略を生活者と商品のかかわりとして主に考えている。

　スキミング戦略をうまく使った例として、スイスのファッション時計「スウォッチ」を挙げておこう。「スウォッチ」は八五年に日本市場に進出したが、それからの五年間は「安物の派手なプラスチック時計」というイメージを持たれてしまい、返品の山に泣いていた。原因は、当初「スウォッチ」が一般誌に通常のブランド広告を出しており、イノベータやアーリーアダプタよりもフォロワーをターゲットとしていたことである。

この状況を打破するきっかけとなったのが、九〇年にヨーロッパで登場し、爆発的に売れた「スキューバ」と「クロノ」と呼ばれるモデルである。これらのモデルを『モノ・マガジン』をはじめとするマニア(=イノベータ)系の雑誌が取り上げ、スウォッチグループジャパンもそれらの記事を積極的に支援した。シンボリックなモデルの登場を機に一般的な広告戦略を改め、ターゲットをイノベータに絞り込んでマーケティング資産を集中させたのである。

もともと、同じグループに属する「オメガ」の部品を採用するなど、「スウォッチ」の品質は高かった。それにくわえてキース・ヘリングをはじめとする世界的な有名人モデルの投入、先のヨーロッパでのブーム、さらに九一年のサザビーズのオークションでキキ・ピカソのモデルが三百六十万円で落札されたことなどの話題性が、パブリシティを通じてイノベータに浸透し、ますます「スウォッチ」の成功を後押しすることになった。

その後、「コレクション・アイテム」から「実際に使って楽しむ時計」へとイメージの脱皮をはかると同時に、ターゲットもアーリーアダプタへと移行して、売上を伸ばしていった。

フォロワーまで浸透したロリータファッション

ロリータファッションも、この例だ。

ロリータファッションとは、映画「下妻物語」で主人公の深田恭子が着ていた、「不思議の国のアリス」に出てくるようなお姫様ファッションのことである。

東京ではあの格好で街を歩く若い女性をたまに見かける。丸井がワンフロア全部をロリータファッションブランドだけで固めていた時期もあった。地方ではなかなか街中を闊歩するロリータたちは見かけないが、それもそのはず。彼女たちの多くは街中では着られないので、通販で買ったロリータブランドを自宅で着て楽しんでいる。

ファッション業界はもともとスキミング戦略がお家芸である……といいたいところだが、イノベータだけを狙って後は散々というケースがほとんどだ。

ところが、この小さな市場ともいえるロリータファッションの世界に、意識的にスキミング戦略を採ったメタモルフォーゼというブランドがある。

ピンクハウスが市場をつくったといわれるロリータファッションは、じつのところ三十年以上の歴史がある。もっとも、ロリータ好きの女性や当のピンクハウスは、ピンクハウスをロリータファッションとは認めていない。当初は手づくりでブランドすらなかったのが、ミルク、コルネット、ビビアンあたりから商業ベースとしてのブランドが始まったといわれる。

ピンクハウスは創業者でメインデザイナーのカネコイサオが、自分の妻に着せるためにつくったブランドであった。そのため、ロリータファッションは長らく、身長が一五〇センチ程度で、体重も四〇キログラム前後の女性向けにしかつくられていなかった。一般体型である一六〇センチの女性には、サイズが合わなかったのである。

そのため、「ちっちゃくて、かわいい、お姫様」像がロリータファッションをずっと支えてきた。それに憧れたたくさんの女性は歯ぎしりするだけだった。実際に、そういうファッションを着ている女性たちは小柄な人たちばかりだったからである。

そして、お姫様らしくレースやフリルがたくさんつき、重ね着をしてコーディネートするのが当たり前の世界である。ドロワーズ（ちょうちんブルマーのようなもの）やパニエ（スカートを膨らませるための下着としてのスカート）も既存のものは使えず、ロリータブランド専用につくられたものを揃えないといけない。その結果、ピンクハウスは別格とはいえ一式揃えると二十万円もする高級ブランドだったのだ。

さらに、趣味性が高く、顧客の数も限られている市場だけに、サイズ違いのデザインを投入する余裕もない。勢い、新作は常連に事前に予約されてしまい、飛び込みの客が店に入っても、売り場はスカスカ。商売する気などないようなブランドばかりだった。

極めて排他的なやり方で顧客を絞り込み、プレステージだけを高める。ファッション世界での常套手段の上にロリータブランドは成り立っていたといっていい。

その状況を一変させたのが、メタモル加藤がデザインするブランド「メタモルフォーゼ」だった。自身がふっくらとした体型であったためか、彼女は普通体型以上に向けてデザインした。また、重ね着をできるだけシンプルにして価格を抑えた。上下、下着など一式揃えると数万円になるが、これまでの価格を考えれば、若い女性でも十二分に手が出せる価格である。デザインにも手抜きはない。これが大ヒットにつながったのである。質を維持しつつ、価格と扱いやすさをアーリーアダプタやフォロワーに合わせた戦略は、ファッション業界でも珠玉の戦略だったと言えるだろう。

もっとも、ロリータファッションがバンドの追いかけ少女たち（「バンドギャル」略して「バンギャ」と呼ばれる）に「目立つから」という理由だけで浸透してきてからはそのパワーも衰え始め、一時期の勢いはない。

原宿ではロリータファッションを着た少女たちが地べたに座りカップラーメンをすすっている姿を見かける。それはロリータファッションがフォロワーに移行したことを如実に物語るだけでなく、真摯なロリータファッション・ファンたちを怒らせながらも、ロリータファッションを広めたブランドの皮肉な功績である。

とはいえ、ロリータファッションには、コアなファンがまだまだ相当数いる。彼女たちがイノベータである限り、どこかでまたブームになる可能性もあるだろう。

スキミング戦略は、どういう企業が採用すべきか

では、スキミング戦略に適しているのはどんな企業なのか？

第一に、技術力と企画力に優れている企業である。

アーリーアダプタ（先端人間）やフォロワー（保守的な人々）は、イメージによって商

品を購入しがちである。しかし、イノベータ（革新人間）はしっかりした商品の評価基準を持っており、商品を購入する際に他人の意見に左右されることはない。生半可なイメージだけでは決して踊ってくれない人々であるイノベータに向けた商品には、技術にせよ、使い勝手にせよ、かなりの品質が要求される。だからそれらのニーズを満たすだけの技術力と企画力が必要になるのである。

第二に、見切りができる企業である。

少数派であるイノベータではなくて、最初から大衆に向けて広く拡販したいというのが企業のエゴである。

だが、大衆に普及させるだけの流通力や資金力がなければ、市場は受け入れてくれない。ゆえに自社の体力と、市場や生活者のバランスを考慮し、見切りをつける決断を下せることが、スキミング戦略を実施するうえで非常に重要になる。

以上二つの条件がそろえば、スキミング戦略は比較的簡単に実行に移すことができる。というのも、スキミング戦略は限定された生活者を対象としているので、メディア、流通などへのマーケティング投資も比較的小額ですむからである。逆にいえば、スキミング戦略は、流通支配力が低く、マーケティング資産が少ない下位企業にうってつけの戦略なのである。

一方、スキミング戦略の対極にあるのがペネトレーション戦略である。次にペネトレーション戦略について説明しよう。

「力のゴリ押し」で圧倒するペネトレーション戦略

　フォロワーの数は、イノベータやアーリーアダプタに比べると圧倒的に多い。彼らの支持を得れば売上も上がり、利益も膨大になるから、大半の企業はできることならはじめからフォロワーを相手に商売したいと考えている。この願望をそのまま実行に移すのが、ペネトレーション戦略である。（図表53）

　ペネトレーション戦略では、第一に大量に広告を露出し、店に商品を大量に陳列して「売れている」という演出をする。

　フォロワーはなかなか商品の購入に踏み切らないやりにくい相手だが、いざ他人が買い始めると、自分も商品を買わずにはいられない。こうしたフォロワーの性質を利用するのである。

　第二に、多額の資金をかけて、流通力を強化する。

　資金力にものをいわせて流通を支配し、商品を浸透させて購入に踏み切りやすい条件を整備するのである。大量の広告で「皆が知っている」と思わせ、さらに売り場に大量の商品を置いて、「皆が買っている」と演出する。当然、配荷率も極限まで高めて、生活者が立ち寄る店々に同じ環境をつくってしまうのである。

　ちなみに日本で最初に「大量陳列」という概念を導入したのは、ネスレ日本である。コーヒーの自由化と同時に六七年に日本市場に参入した同社は、大量の広告とともにスーパ

図表53 ペネトレーション戦略

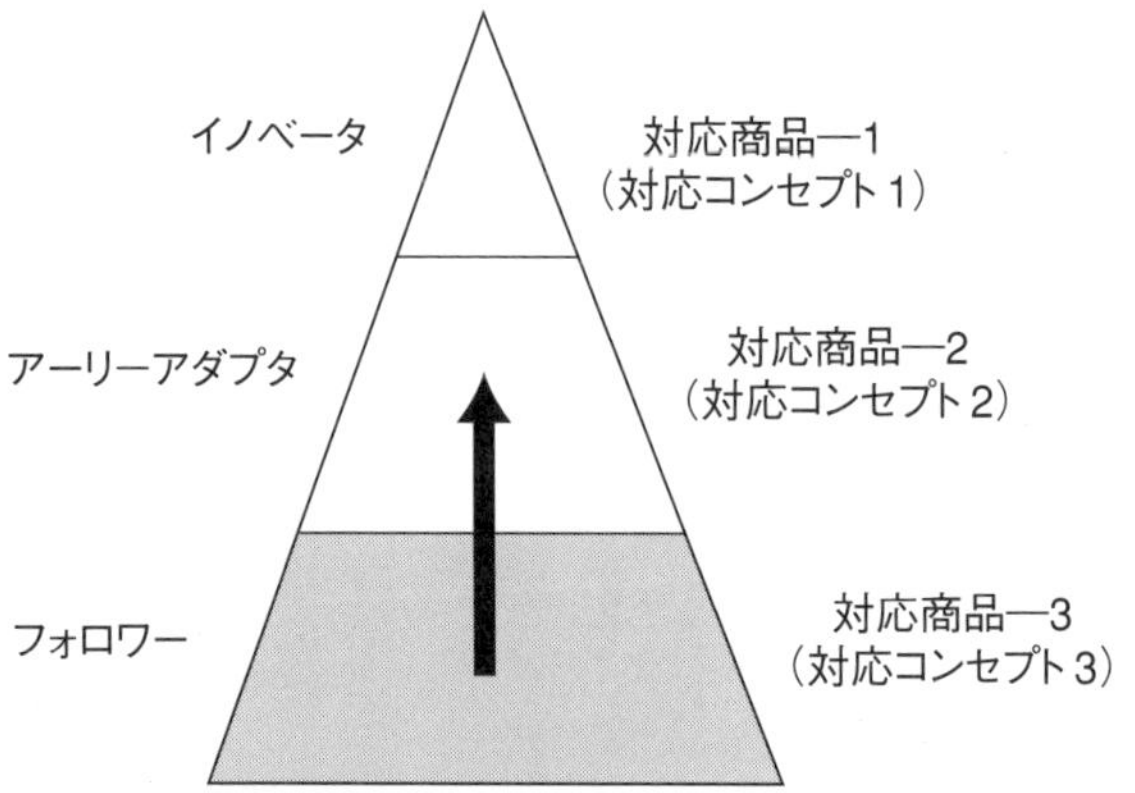

ー店頭に多くの商品を陳列した。その結果、今までトップシェアを握っていた「森永インスタントコーヒー」は一年足らずで二位に転落してしまい、今や森永がコーヒーをつくっていたことすら大半の人が知らないというありさまである。

　ペネトレーション戦略が伝統的にうまい企業として、松下電器やＪＴ（日本たばこ産業）、コカ・コーラなどが挙げられる。つまり、多くの市場で圧倒的なシェアを握っている巨大企業である。強固な流通力を利用するペネトレーション戦略は、いわば「力のゴリ押し」であり、莫大な資金力を必要とするため、限られた一部の企業にしかできない戦略なのである。もっといえば、この戦略は業界トップの企業のための戦略なのである。

ペネトレーション戦略は「王者」だけに許されたもの

ペネトレーション戦略を行なう条件は、第一に、流通力が強いことである。

JTの二十六万店ものたばこ販売店の例を挙げるまでもなく、流通拠点はマーケティングの基本である。広告展開をまったく行なわなくても、店に商品がありさえすれば売れる。逆に極端にいうと、広告費に十億円使ったとしても店頭に商品がまったくなければ売上はゼロである。

配荷は基本中の基本であり、先に説明したように、フォロワーに対しては絶大な説得力を発揮するのである。

第二に、資金力があることである。

ペネトレーション戦略を実施する際には、とくに広告投資が重要になる。コカ・コーラは単品で年間三十億円の広告費を投入しているといわれているほどで、「ポカリスエット」や「オロナミンC」にしても、ほぼ同じ額の広告費を投入している。この金額は、ケンタッキーフライドチキンやカルピス食品工業一社分の年間広告費とほぼ同額である。市場規模にもよるが、これだけの資金力がなければペネトレーション戦略は実施できないといっていいだろう。

第三に、商品力は平均以上であればよい。

特別な技術力、品質をキープしているにこしたことはないが、平均以上であれば問題はない。フォロワー（保守的な人々）をターゲットにするだけに、むしろ差別化はし過ぎないほうがいいと言えるほどであり、この点が、ペネトレーション戦略とスキミング戦略の大きな違いでもある。

ところで、先ほど松下がペネトレーション戦略がうまい会社と書いたが、彼らはその戦略を実行できなくなりつつある。というのも、家電業界は長い間、系列店対策をとって流通を厳しく押さえ、その先鋒が松下だったのだが、ご存じのとおり家電量販店やディスカウントショップの力が強力になるにつれて、松下の流通優位性が音をたてて崩れているからである。

松下は従来、「マネシタ」「二番手商法」とヤユされるほど、新規の商品は投入せずに、後追いで流通と広告の力に頼ったマーケティングを展開していた。もちろん競合が新製品を市場に投入しても、一年足らずで同水準、あるいはそれ以上の商品を投入できるのは、松下がすでに技術の開発を終えている証でもあり、彼らは技術を社内でストックし、単に導入の機会をうかがっているに過ぎなかったのだが、流通に頼った後追いのペネトレーション戦略をとってきたことに変わりはなかった。

しかし八七年、ジョージ・ルーカスをキャラクターにすえた「いつものSOMETHING NEW」キャンペーンを契機に、松下は明らかに変わり始めた。

市場に参入するのは二番手で、そこそこの品質はあるがどこにでも売っている商品を開発していた松下が、徹底して高い技術の商品を投入し始めたのである。シャープのパーソナルファックス「UF―1」を追いかける形で「おたっくす」を出したり、子機に百人分の電話帳機能を搭載したコードレス電話「でんのでん」、大型テレビ「画王」、VTR一体型テレビ「テレビデオ」などの技術で勝負するような商品を開発してヒットさせている。

そのほかに、あいにく不発で終わったが、VTRカメラ「パットル」や、奥行きわずか一〇センチのテレビ「フラットビジョン」など、従来の松下では考えられない「最先端の技術」を持つ製品を相次いで登場させている。これらの製品が失敗に終わった理由は、「パットル」はVTRカメラとしてシンプルな機構を追いかけるのが早過ぎたためだし、「フラットビジョン」は、通常の一四インチテレビが四～五万円で買えるのに対して二十万円と高額だったためだ。しかし「パットル」は「他社に先行した」し、「フラットビジョン」に関しても、九一年に投入されたシャープの大型液晶テレビが月百台程度の売上業績しかあげていないのを知りつつ、あえて「先端技術を利用した」商品を投入したことは注目に値する。それは、とりもなおさず、ペネトレーション戦略をとり続けることが不可能になりつつある松下の基本戦略の変更を意味しているからである。

つまり、松下は完全にスキミング戦略を導入しているとはいい難いものの、その必要性を感じとり、大変革を実行しようとしているのである。その的を得た戦略には驚愕せざるをえない。

ちなみに、この戦略が功を奏して、プラズマTVや食器洗乾燥機では七〇％のシェアを取り、HDDビデオレコーダではソニーに並んで先行的な役割を果たし、ノートパソコンではレッツノートで圧倒的なシェアを誇る。二十年間の取り組みは無駄ではなかったのだ。

厳しい投資を迫られるペネトレーション戦略

先ほどペネトレーション戦略は、トップ企業・ブランド、あるいは流通力や資金力の豊富な企業のための戦略だと述べた。ここで、これはじつはとんでもなく厳しい条件であることをもう一度確認してほしい。

田岡氏は『ランチェスター販売戦略』の第二法則（集中効果の法則）で、下位ブランドが上位ブランドに対抗するためにはそれぞれの市場シェアの二乗比が必要であると述べている。

仮に下位ブランドが一〇％のシェアで、目標とすべき上位ブランドが二〇％のシェアを握っているとすると、図表54のように4倍もの努力、つまりマーケティング投資を行なわねばならない。たとえば上位ブランドの総合広告露出金額が五億円、営業マンの数が二百五十人とすると、下位企業が上位ブランドに対抗するためには二十億円の広告費用と、千人もの営業マンが必要になるということである。

私の経験からいっても、下位企業では対策が遅れると、必要な投資額が企業の予想以上に増えていく。たとえば上位メーカーが二〇〇六年にAという商品の広告費に五億円かけたとする。Aはすでに二〇〇三年に発売されていた商品である。となると、一般的に下位

図表54　下位ブランドが必要とするマーケティング投資額

射程距離　＝下位が上位に対抗するための
マーケティング投資額計算

$$=\frac{(\text{上位ブランド市場シェア})^2}{(\text{下位ブランド市場シェア})^2}$$

例:

$$=\frac{(\text{Aブランド})^2}{(\text{Bブランド})^2}=\frac{(20\%)^2}{(10\%)^2}=\frac{400}{100}=4.0$$

Aブランドに対抗するためには、Bブランドは4.0倍の
マーケティング投資額が必要。

メーカーがAをひっくり返すためには、二〇〇三～二〇〇六年までのすべての広告費用に匹敵する二十億円の二乗である四百億円をかけなければならないのである。

ペネトレーション戦略の難しさを身をもって示したのが、キリンビールである。八七年、アサヒビールが「スーパードライ」を発売して、ドライブームを引き起こした。これに対してキリンは、翌年、やっとドライビールを手がけたが、対応が遅れたために、あれだけの規模を誇る企業が多額のマーケティング投資をしたにもかかわらず、他企業とともに撤退するという大失態を犯すこととなった。

また米国でも、「ペプシ」が「コカ・コーラ」に対抗して味を甘めにし、ビンを大ぶりにして一本当たりの量を増やし、

図表55 ペネトレーション戦略のポイント

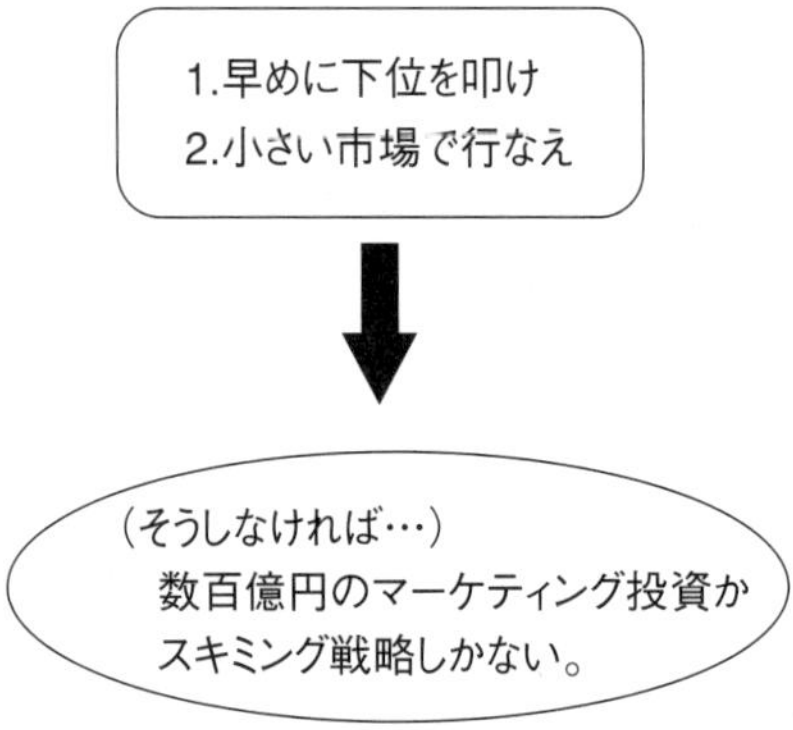
1.早めに下位を叩け
2.小さい市場で行なえ
（そうしなければ…）
数百億円のマーケティング投資か
スキミング戦略しかない。

同時に「ペプシ・ジェネレーション・キャンペーン」を繰り広げてシェアアップをねらっていたにもかかわらず、「コカ・コーラ」は長年、何の対応もしなかった。そのため「コカ・コーラ」はついにシェアを逆転されて、今だ返り咲けずにいるというケースがある。

これらの失敗もすべて、累計投資額の二乗比が思っていた以上に大きかったためなのである。

では、ペネトレーション戦略を実施するためには必ず数百億円単位のマーケティング投資が必要なのかというと、そうでもない。ペネトレーション戦略を効率よく実施する秘訣が二つある。

第一に、競合の累計投資額の二乗比が、手に負えなくなる前に実行に移すことだ。

つまり新規に参入するのなら早めに、

また上位ブランドなら、下位ブランドを早めに叩くという機敏な対応が必要なのである。

第二に、小さい市場であるほど、ペネトレーション戦略の効果も高くなる。

大塚製薬の「ポカリスエット」やエバラの「浅漬けの素」は、まったくの新製品というわけではない。

「ポカリスエット」には「ゲータレード」が、「浅漬けの素」には東北の地場メーカーによる同種製品が、すでに競合として存在していた。しかしそれらの先行商品については、マーケティング投資らしい投資はほとんど行なわれていなかったため、二社が通常の新製品に投資する額でも、十分に競合の累計投資額の二乗比に達することができたのである。さらにその投資額が一定以上であれば、市場そのものを拡大することも可能である。「ポカリスエット」や「浅漬けの素」、あるいは「ピップエレキバン」なども、実際にそれぞれの市場を拡大したのである。

ミニ大企業化は自滅のもと

さて、日本の企業はスキミング戦略とペネトレーション戦略のどちらをとっているのか？

現在、日本の上場企業の大半は、ペネトレーション戦略を行なっている。トップ企業に太刀打ちできる流通力、資金がないのに無理な物量戦略を押し進め、結果として低迷している企業がじつに多いのである。私はこうした企業を「ミニ大企業」と呼んでいる。「ミニ大企業」は、長期的な経営戦略にのっとってペネトレーション戦略を実施しているわけではない。ただ単に「他社がやっているから遅れてはまずい」といたちごっこを繰り返した結果、たまたま疑似ペネトレーション戦略になっているのが大半である。

ペネトレーション戦略は、単品としてのブランドの売り方の戦略だから、この戦略を採用し、それを武器にしている企業は、必然的にアイテム数を増加する。本来、下位企業はアイテム数を絞り込んで、確率的にマーケティング資産の活用をしなければ成功もおぼつかないのに、「ペネトレーション戦略＋アイテム増」という下位企業が行なってはいけない二つのタブーを犯すことになるのだから、うまくいくわけがない。「ミニ大企業」は、成功という言葉からもっとも遠いところにいるのである。

何度もいうが、ペネトレーション戦略が可能な企業は、トップ企業だけである。資金がないのに品数だけを増やしたり、無理に流通力を拡大しようとすると、当然力は拡散する。そのため何もかもが中途半端に終わり、結局は自滅してしまう。

それでは、下位企業は何をするべきか？

第一に、商品開発力を高めて付加価値の高い商品を出すべきである。
第二に、商品の数とターゲットを絞り込むべきである。
第三に、流通の効率を上げるべきである。

ただし注意しなければならないのは、ここで述べた「商品開発力」とは、必ずしも技術力とイコールではないことだ。前章で説明したプロダクトコーンを思い出してほしい。商品を構成する三つの要素のうち、「規格」は技術と密接に結びついているが、「ベネフィット」や「エッセンス」は技術と間接的に関連するに過ぎない。しかも「いつ」「どのようなタイミングで」「誰に」、それぞれの要素をコントロールしながら商品開発や改善を行なうかは、ブランドマネジメントの分野である。商品開発力とは、それらを総合した力なのである。

以上から、大半の企業が実施できるのはスキミング戦略だけであることがおわかりと思う。ペネトレーション戦略を取り入れるのは、先に述べた第一、第二、第三の条件をクリアすべく努力しながら力を蓄え、トップを凌ぐ日が来るまでお預けにしておいたほうがいいだろう。

始めちょろちょろ、中ぱっぱ

私はイノベータからフォロワーまでの戦略のイメージを、日本伝統のごはん炊きにたとえることが多い。

・始めちょろちょろ
・中ぱっぱ。じゅうじゅうふいたら
・火を引いて。赤子が泣いても、フタ取るな

ここではこのそれぞれについて説明しておこう。

〈始めちょろちょろ〉

イノベータに対しては、テレビ広告などの派手な活動はせずに、クチコミ誘発などの仕掛けを着々と進めておく。

この段階で、派手にやってしまうと、イノベータが密かに楽しむ期間がなくなり、商品が一気にアーリーアダプタに移行してしまう。商品が売れるということなので、一見良いように見えるのだが、きちんとイノベータに定着しないとイノベータの商品離れが進んでしまう。短命商品になる危険性が出てくるのである。

現代の商品を取り巻く環境、とくに流通はなかなかそれを許してくれない側面があるのも確かだ。発売直後にテレビ広告を流さないと店頭で扱ってくれないこともままある。

スーパーならいざ知らず、コンビニでは広告計画表を提出しないと商談もできない。そして、「こんなにたくさん広告を流すから、この商品は売れますよ」とやらないと、商品を取り扱ってくれない。

最近の商品が、そこそこ売れていても短命に終わってしまうのは、これが原因であることも否定できない。メーカーとしては、発売当初はコンビニ流通を諦めてまでイノベータに定着させるか、一気に売上を稼ぐために短命になることも覚悟するかしかない。これは商品の性格や目的を睨んだ上での選択となる。

〈中ぱっぱ。じゅうじゅうふいたら〉

商品がアーリーアダプタに到達する直前直後から派手に販売やマーケティング活動を実施する。とくに、イノベータに受けた商品を「内輪受け」で失速させないために、半ば強引にアーリーアダプタに繋げていく時期でもある。この段階では流通も拡大し、広告を含めた販促活動をもっとも活発にする。

商品が短命に終わってしまうことが多くロングセラーがなかなか生まれないのは、企業（メーカーや流通）が売りを急ぐあまりイノベータのプロセスを省き、ここから始めてしまうからでもある。

一方で、イトーヨーカ堂が開発した「ＰＯＳによる死に筋発見」の制度も大きく影響している。ＰＯＳが発達する前は、好む好まざるとに関わらず、死に筋の発見が遅れた。それは一方で、イノベータ普及の段階で、売りがスローではあっても確実に彼らに浸透してきている商品を守っていることにもなっていた。

それが、ＰＯＳのフル利用によって、死に筋（と見られる）商品を即排除するようにな

図表56 イノベータ理論と戦略の方向性

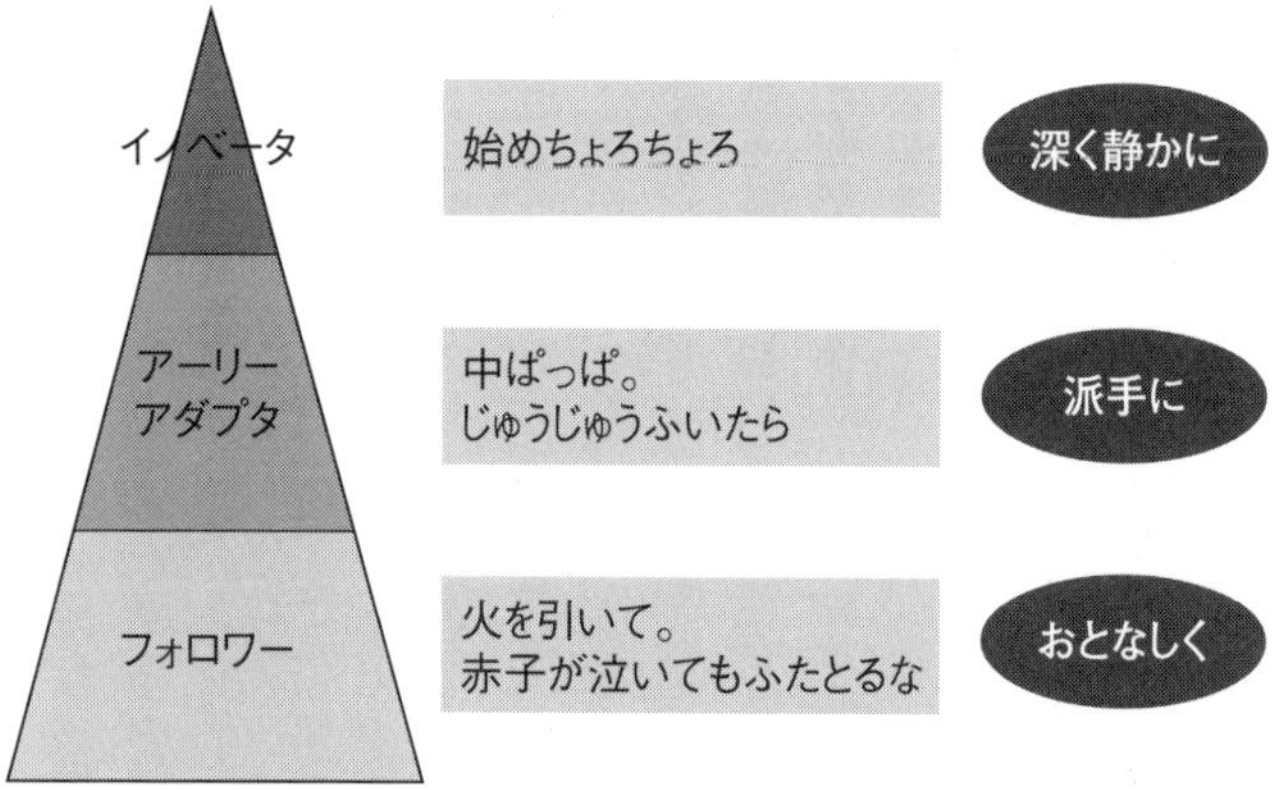
イノベータ
アーリーアダプタ
フォロワー
始めちょろちょろ
中ぱっぱ。じゅうじゅうふいたら
火を引いて。赤子が泣いてもふたとるな
深く静かに
派手に
おとなしく

った。これは逆に、スローだが確実に浸透している商品もいっしょくたに排除されることにもなる。

流通企業が自社の利潤を追いかけるのは当然のことであるのでそのこと自体は否定しない。しかし、「本当の死に筋」と「一見、死に筋に見えるが、今後大きく伸びる」商品とを判別する能力がないまま、十把一絡にまとめるやり方は本来の姿とはいえない。

「捨て金」か「将来への投資」かを見抜くことも必要なことである。もっとも、近年は流通業界もそれを志向しているフシはある。ただし、産地直送などの分野に限られているのは、まだまだ彼らが未成熟であることにほかならない。

〈火を引いて。赤子が泣いても、フタ取

るな〉

この段階では、当該商品をキャッシュカウ（利潤を収穫する商品）として扱うことになる。商品がすでにプロダクト・ライフサイクルの成熟期に入ったと考えて、ここで得た利益を新製品の開発や他商品の成長期マーケティング投資の原資にあてるのである。

したがって、広告投資の目的は「知名度を上げる」のではなく「知名度が下がらないように維持する」に変化する。戦略も「競合に勝つ」のではなく「競合に負けない」ようにする。その延長として、エクステンション（姉妹商品）の投入、既存ラインナップの統廃合などの施策を進めることになる。

成熟期のマーケティング戦略は、複雑が故に非常に面白いものであるが、紙面が限られているので、ここではこれ以上述べない。

SIMPLE MARKETING

4-3 力のない企業でも勝てるＤＣＣＭ理論

ベネフィットの限界

プロダクトコーン理論の説明において、ベネフィットがいかに重要な役割を果たすかを説明した。しかしいくら理想的なベネフィットを見つけても、すでに市場で同様の商品が販売されていたら、意味がなくなってしまう。また、逆にいえば、同様のベネフィットを持つ商品が市場に存在する場合、対抗商品を上回る投資をすれば、シェアを奪うことも可能ということになる。

かつて、サントリーが圧倒的な宣伝費をかけて類似商品を頻発し、ニッカを潰したことがあった。このようにベネフィットが同じ場合、幅広い流通網や多額の投資は、競争を有利に導く。しかしこのやり方では投資効率は低下する。さらに流通力のない企業は、このやり方を採用できない。そのため大半の企業は勝ち目のない競争に挑まねばならなくなってしまう。

ＤＣＣＭ理論は、こうした「力の論理」を補うためのものである。

差別性は情報カオス時代を生き抜くための自衛手段

ＤＣＣＭとは、コミュニケーションを効率的、効果的に行なうために必要な要素の総称である。

ＤＣＣＭのＤは「差別性＝Differentating」のＤである。

差別性が商品や広告において重要な要素であることは、いうまでもないだろう。

社会心理学者のミルグラムは、情報が多すぎて処理できなくなったときに、人間は四つの行動をとると説いた。

①刺激に対する時間の短縮
会社の受付が、必要最小限の会話で客と対話しようとするなど。

②重要でない刺激は無視する
空腹のときに、レストランなどの看板は目につくが、その他の看板はほとんど目に入らないなど。

③責任を人に転嫁する
街で人にぶつかっても相手が悪い、人が倒れていても自分には助ける義務はないとする

など。

④（相手に直接接触せず）社会的な仲介機関を利用する
　隣人とのトラブルを家主や弁護士に訴えることなど。


　現代の日本において、情報が極めて過密になっているのは、今さら指摘するまでもないことだ。

　一説によると、情報供給量は十年前のおよそ二倍に達し、個人の情報消化もやはり二倍に増えているという。ミルグラムが指摘した四つの行動は、現在の日本、とりわけ首都圏の生活者に当てはまると考えていいだろう。

　さて、ミルグラムは社会心理学の立場から、一般社会における人間の行動を説明したが、まったく同じ行動が消費市場においても観察できる。とりわけマーケティングにおいて重要なのは、①と②の行動である。ミルグラムは、商品や広告がはんらんする現代消費社会において、生活者は固有の情報（特定ブランドの情報）を収集する時間をできる限り短縮しようとし、そのため重要でないと思われる情報は、極力無視する傾向があると主張している。

　ミルグラムのいう「商品や広告がはんらんする」典型的な場所はスーパーマーケットであろう。スーパーでは少ないところでも二万五千点、多いところでは四万点もの商品を扱っており、それらすべてに目を配るのは容易なことではない。生活者が、スーパーマーケットで、一つの商品をたった〇・四秒しか注目しないという調査結果もあるほどだ。また生理学的にも、人間がある物体の存在を認知するために要する時間は〇・二秒で、その物体にどう対処するかを判断する最低時間は〇・二秒だといわれており、ミルグラムの主張を裏づけている。

生活者が「重要でない刺激を無視する」のは、さまざまなブランドがひしめき合っている市場において、いつも自分が買っているブランド以外は、そのブランドに満足している限りにおいて「重要でない」刺激だからである。また同じような刺激、つまり商品の特長やメッセージが続いた場合、その刺激に対して鈍感になるのが情報社会の人間の生きる術だからでもある。

ＤＣＭ理論で差別性を最初に位置づけているのは、まさにこのためである。無視されたり鈍感になったりされたのでは、商品機能やメッセージに生活者が触れるチャンスすらない。ゆえに「差別性」で目を引き、まず生活者に商品を注目してもらおうという「商品の自衛手段」が必須になるのである。

ただ、一つ注意しなければならないのは、差別性は、後に説明する「優位性」とは別の、独立した概念であることだ。

差別性とは、単に「違う」ことを意味するに過ぎない。「違う」だけでは、良い、悪い、好き、嫌いを判断できない。たとえばある商品が他の商品と「違って」おり、しかもそれが「気に入らない」商品であったら、それは「差別性があっても優位性がない」商品なのである。

八〇年代のバブル期に、時代の流れは「差別性商品」を求めていた。単なるもの珍しい商品が続々と発表され、もてはやされた。基本的欲求、雷同の欲求、優越の欲求を満たした生活者が、今度は他人と異なる行動をする、あるいは他人を否定することによってアイデンティティを確立しようとしたからである。

では「差別化の欲求」は、どのような行動となって表われたか？

たとえば男性を否定することで女性としてのアイデンティティを確立しようとしたり、六〇年代に行なわれたアメリカの黒人運動のBlack is beautiful運動のように、自分だけが持つ特有のものに焦点を当てることによって自己確認をするなどの行動となって表われた。また生活者はこぞって他人と違うモノを求め、「差別化の欲求」を満たそうとした。

差別性が、即「優位性」としてもてはやされたのは、生活者が自己のアイデンティティを獲得しようとしたからだといえよう。もっともこれらの心理は、自己確認が終わった時点で忘れ去られる。

現在、人と違うことが価値を持たなくなったのは、生活者がとりあえず、商品を選ぶことによる自己確認をし終えたからだといえるだろう。

差別性のみのキワモノ商品は真のヒットにはなり得ない

ＤＣＭの第二の要素は「優位性＝Competitive」である。

ある商品に優位な点がなければ、購入行動が起こらないのは当然のことだが、優位性の対象になるのは、商品に直接関係する「機能」や「コンセプト」だけとは限らない。たとえば「どこでも買える」ことや「みんなが使っている」というのも優位性になり得る。

さて、八〇年代の日本の生活者は、自分の価値観を模索し、それに合った商品を求めた。「より差別的」であることが、同時に優位性でもあったのである。そのため、差別性さえ実現できれば、優位性は自動的に確保できた。しかし、先ほど述べたとおり、「差別性が高い商品」がそのまま「生活者の価値観に合致した商品」である時代は終わった。そこで優位性が再び独立宣言したのである。

優位性は、時代のターゲットが変わっても、つねに商品に求め続けられる要素だ。「差別化の時代」においてさえも、優位性のない商品はじつはたいして売れていなかった。差別性を全面に出した日産の「Ｂｅ―１」にしてもアイスクリームの「ホブソンズ」にしても、一時的に話題になってヒットはしたものの、トータルの売上は企業の業績のほんの一部に過ぎなかったり、人気があったのは数ヵ月であったりと、とても莫大な利益を生むようなものではなかった。真に「売れた」と断言できる大塚製薬の「ポカリスエット」やアサヒビールの「スーパードライ」などの骨のあるヒット商品の足元にも及ばなかったのである。

つけ加えておくと、優位性と差別性が混同されているのは、生活者の欲求の移り変わりのせいだけではない。企業が本来優位性のないものをあると誤解しているケースも多いし、メディアに取り上げられた小さな成功例が、ヒット商品にまつり上げられてしまう場合も多々ある。

ヒット商品に学び、それを「見習う」際には、本当にそれがヒット商品と呼べるのか、単なる差別性しかない商品があたかも優位性を合わせ持っているように見えているだけではないのか、を丹念に検討しなければならない。

説得性で生活者の疑いを晴らす

ＤＣＣＭの第三の要素は「説得性＝Convincing」である。

説得力を高める要素として、まず商品の素材や製法が挙げられる。

だが、すでにブランドや企業に対する信頼が確立されている場合は、それだけで十分説得力を持ってしまうことがある。

たとえばアサヒビールが九一年元旦の全面広告で「今年、アサヒ、動く」というヘッドコピーで、新製品のティザー広告（発売前広告）を掲載した。当時はまだ「スーパードライ」の大躍進の輝かしい実績が人々の頭に残っていたので、「アサヒならやりかねないな」

という期待を抱かせるに十分なメッセージだった。同様の広告をサッポロが出したなら、こうはいかなかっただろう。ちなみにこの新製品は、大失敗した「Z」であった。結果的に、広告の説得力とはまったく違った商品となってしまったのは、皮肉なことである。

ブランドや企業そのものが説得力を十分に持っていない場合、もっとも効果がある材料は「事実」である。三ツ矢サイダーは子供だましのようなイメージを持たれているが、じつは使用する水を六回も濾過して水を磨いている。アサヒはこれをテーマに二〇〇五年に広告をつくったことがある。残念ながら広告のデキは今ひとつだったが、この事実は十分説得力を持っている。

さらにデザインも、説得性を高める要素になる。たとえば飲料の場合、ラベルを見て一目で味が想像できるデザインは、説得性を増す場合がある。

さて、説得性を別の観点から見てみよう。心理学では、人間にはメリットばかり強調したほうが信用するタイプと、デメリットについても多少触れておかなければ納得しないタイプがいるという研究結果が発表されている。

この学説は「片面提示」と「両面提示」と呼ばれている。前者は、比較的低学歴で他人に依存する傾向があり、一方後者は、高学歴で自立心の高いタイプが多いという。実際、セールスマンの多くは、専業主婦に対してはプラス面を強調したほうが楽に売れるが、ビジネスマンにはマイナス面を若干見せながら説得したほうがよいことを経験的に知っている。ただ、現在の生活者は、圧倒的に後者が多くなったといえるだろう。というのも、大卒のパーセンテージが上昇し、情報の操作にも長け、経済的、精神的にも自立した生活者が増えているからだ。しかもモノがあふれ、商品に対する生活者の知識も昔と比較にならぬほど豊富だからである。

マイナス面を素直に伝えたことが、功を奏した例を挙げてみよう。ペットフードやお菓子のメーカーであるマスターフーズが、一九八九年からテストマーケティングしていたスパゲティソース「ドルミオ」のラベルには、「フタを開けたら三日間でダメになってしまうので、使い切ってください」と書かれていた。これがかえって「ドルミオ」の新鮮さを訴求することになり、発売一ヵ月でシェアの三〇％を獲得したというものである。

従来のように「これがいいのだから、さあ、買いなさい」式の売り方では「説得性」が得られなくなってきている。商品にも広告にも、「これは、こんな理由でいいのだから、買いなさい」という理路整然とした説得力のあるメッセージが必要なのである。

市場ボリュームのチェック

ＤＣＣＭの第四の要素は「市場性＝Marketability」である。

図表57―1～3を見てもわかるように、「差別性」「優位性」「説得性」は心理学からのアプローチ、つまり商品や広告のメッセージが個人に効率よく到達するよう編み出された

手法である。

しかし同時に、商品も広告も同一のメッセージで大量の生活者に訴求しなければならない。「市場性」とは、「差別性」「優位性」「説得性」を満たした商品が、どの程度の生活者に受け入れられるのかチェックするための要素である。

差別化の時代、企業はこの市場性を軽視して失敗したことが多かった。たとえば青山や六本木などのごくわずかな先端的な層にしか受け入れられないものを市場に投入したものの、売上がいっこうに上がらなかったケースなどである。これは、市場性を見きわめなかったために起こった悲劇である。

DCCM理論で企業を評価する

DCCM理論は、商品コンセプト開発や、広告メッセージを開発するにあたって考慮しなければならない基本価値基準である。

ここでDCCMについてまとめてみよう。

①差別性（Differentating）＝その商品が持っている他商品との違い。
②優位性（Competitive）＝（他商品と違う、同じにかかわらず）「他商品より良い」、あるいは「他商品より有用な」ところ。

図表 57-1

（差別性（Differentating））
＝「何が違うのか?」
＝「ユニークネス欲求」人数比の効果
＝情報過多の必要要素

図表 57-2

（優位性（Competitive））
＝「どこがいいのか?」
＝心理的報酬

図表 57-3

（説得性（Convincing））
＝「どうして、それがいいのか?」
＝「シスレスワイトの結論心理」「両面、片面提示」「親和欲求」
＝とくに攻める側に必要な要素

③説得性（Convincing）＝（差別性、優位性をサポートする）客観的で説得力のある事実やイメージ。

④市場性（Marketability）＝（前記三点を備えて市場に投入したときの）生活者の受け入れ状況。

次にこれらを用いて、商品や企業をチェックしてみよう。

（例1）……松下電器産業

松下のテリトリーは、プラズマテレビ、ＨＤＤビデオレコーダ、ミニコンポ、デジタル携帯音楽プレーヤーなどの音響機器はもちろん、冷蔵庫、洗濯機などの家電から産業用ロボット、汎用モーターまででじつに幅広い。またどの市場においても一〜三位あたりをキープしており、取

図表58-1 松下チェックシート

D	C	C	M
△	◎	△	◎

図表58-2 ソニーチェックシート

D	C	C	M
◎	◎	◎	△

図表58-3 三洋電機チェックシート

D	C	C	M
×	×	×	◎

りこぼしも少ない。しかし製品にはとりたてて特長はなく、斬新さ、革新性に欠ける。

ゆえに「差別性」は△である。

次に「優位性」だ。松下の製品はどこでも買える。どの市場においても賢くシェアをキープしているので、安心感もある。値段も平均的で手ごろだ。ゆえに「優位性」は◎だ。

説得性はどうか？　松下の製品には安心感があるが、ソニーのように「ウォークマン」や初めての家庭用ＶＴＲ「ＣＶ―２０００」を発売して世間の度肝を抜くなどの話題性に欠けるし、とくに技術に優れているというわけでもない。ゆえに説得性は△である。

二〇〇四年に松下が首位を占めた市場は、ザッと見渡しただけでもプラズマテレビ、ＨＤＤビデオレコーダ、メモリーカード、食器洗乾燥機、電気冷蔵庫、洗濯機、掃除機、産業用ロボットと、じつに多彩だ。ゆえに「市場性」は文句なく◎である（図表58―1）。

（例2）……ソニー

ソニーは、イノベーション精神を軸に、次々と新市場を開拓した企業として知られている。結果的には松下電器を中心とするＶＨＳ陣営に敗れたものの、カラーＶＴＲの先駆けとなった「ベータマックス」を開発したり、世界的な大ヒットとなった「ウォークマン」、8ミリビデオカメラ第一号の「ＣＣＤ―Ｖ8」など、画期的な製品を次々と発売した。ゆえに「差別性」は◎である。

ソニーの技術力は世界でも名高い。市場に初めて登場した第一号商品は枚挙にいとまがなく、商品の小型化はお手のものである。ゆえに「優位性」は◎である。

ベータビデオでホームビデオ戦争に敗れたものの、ソニーはその教訓を8ミリビデオカメラ市場にしっかり生かし、八五年一月に8ミリビデオ第一号機「ＣＣＤ―Ｖ8」を発売した。また八九年にはパスポートサイズの「ハンディカムＴＲ55」で、ＶＨＳ陣営に一矢を報いた。ノートパソコンＶＡＩＯも大ヒットし、これらの成功で、もともと評判の高い技術力を持っているソニーの信頼性は不動のものとなった。ゆえに「説得性」は◎である。

ただし松下のように、何でも幅広くこなすというわけにはいかない。ターゲットは若年層、市場はＡＶ機器中心に絞り込んでいる。ゆえに「市場性」は△だ（図表58―２）。

しかし二〇〇四年前半以降、ソニーの神通力は落ちている。ＨＤＤレコーダでは松下に首位の座を奪われ、携帯音楽プレーヤーでは本家本元のウォークマンがアップルを前に苦戦。そろそろこの事例からソニーを外さなくてはいけないかも知れない。

（例3）……三洋電機

三洋電機は、さまざまな市場に参入している。ルームエアコン、デジタルカメラ、携帯音楽プレーヤー、液晶テレビなどのデジタル家電とともに、太陽電池、洗濯機、掃除機、電気冷蔵庫と、幅広く手がけている。しかし上位に食い込んでいる市場はほとんどない。上位五社の中に入っているのは洗濯機、電気冷蔵庫などとわずかで、それも三～五位あたりを低迷している。つまり個性も優れた技術のイメージも実際の大ヒット商品もなく、あれこれと頭を突っ込んでは失敗しているのだ。

じつは三洋電機は隠れたデジカメメーカーである。ＯＥＭで多くの企業にデジカメを供給している。しかし、自身のブランドＸａｃｔｉはまったく売れていない。

ゆえに「差別性」「優位性」「説得性」は×で、「市場性」だけが◎だ（図表58―３）。

なお、一九九八年九月に二千七百億円もの巨額赤字を発表して大騒ぎになった日立もここに分類される。

トップの戦略と下位の戦略は違う

以上、家電メーカーを例にとったが、チェックシートを見ればわかるように、ＤＣＣＭのすべてにおいてパーフェクトな展開を行なっている企業は、皆無に等しい。ＤＣＣＭのすべてを満たすことは、非常に困難なのである。

加えて、下位のブランドにトップと同じ市場戦略を採用しろといっても、それは不可能だ。無理を重ねた付け焼き刃の市場戦略を行なえば、かえって自分の首を締めることになりかねない。トップにはトップの、下位には下位のやり方があるのである。

①トップブランド（企業）の戦略

トップブランド（企業）は、当然のことながら、「市場性」は強い。ただ、主流であるだけに、「差別性」が弱くなりがちである。同時に、生活者に「そのブランドだから」「そのメーカーだから」というイメージがしみついており、その分強力な「説得性」も持ちにくい。

さて、「優位性」はどうか？　もし「優位性」が強ければ、トップの地位は、簡単には揺るがない。

しかし「優位性」が強くなければ、つまり「優位性」の基本である「品質」がよくなければ、たとえ売上やシェアが上位であっても、潜在的な「不良上位」であるといえる。

そのため、トップブランドの戦略は、まず「優位性」と「市場性」を確保すべきとなる。この二点さえ押さえておけば、それほど心配はいらない。生活者に、どんな店でもその商品が置いてあるという安心感をうえつけて、手堅く商品を売り続けるべきだ。ただし、この戦略が適用するのは、業界の中でもトップを占める一ブランド・企業だけである。

②優良下位ブランド（企業）の戦略

優良下位ブランド（企業）は、セグメントを精緻に切った場合、一部市場において一位の座をキープしているケースが圧倒的に多い。したがって「市場性」は狭いものの、「差別性」「優位性」ともに強力であり、それゆえ説得性も強いのが特徴だ。つまり「市場性」以外は優等生なのである。

代表的な優良下位ブランドとしては、ラガーを抜くまでの「アサヒスーパードライ」、「キリン一番搾り」、小岩井乳業、シャープ、ハーゲンダッツ、モスバーガーが挙げられる。

さて、優良下位企業の戦略は？

下位企業は上位企業に比べ、組織力が劣る。たとえば上位企業の技術設計部が、千人の人員を抱え、一方、下位企業は四百人に過ぎなかったとする。仮に上位企業が十個の製品をつくるとすれば、一個の製品につき百人のチームで開発できる。一方、下位企業は一個につき四十人しか投入できない。これでは勝ち目がないので、あえて三個の商品しかつくらないという戦略をとるべきだ。そして、資本を一点に集中して使うのである。

つまり、第一の戦略は、開発する商品を厳選して、市場を絞り込むことだ。

次に、トップ企業の圧倒的な「市場性」に匹敵できる付加価値を、商品につけなければならない。つまり、「市場性」以外のすべての要素を充実させるのである。

ゆえに第二の戦略は、「優位性」「差別性」「説得性」をよりいっそう高めることになる。

③不良下位ブランド（企業）の戦略

ＤＣＣＭのすべての要素を外しているのが最低の下位ブランド（企業）だが、さすがにそのような事例はめったに見当たらない。日本でももっとも多く見られるのが「市場性」は◎だが「差別性」「優位性」「説得性」はすべて×というケースである。つまり「不良下位」とは、市場の大きさに目がくらみ、トップブランド、あるいはトップ企業の真似をして、結局下位のままで終わっているという商品や企業を指すのである。

不良下位企業としては三洋電機や、東洋水産、森永製菓などが挙げられる。要するに、「ミニ大企業」である。

では、不良下位ブランド（企業）は、どうすれば挽回できるのだろうか。

「不良下位企業」は説得性をアップする

不良下位ブランド（企業）の戦略は、ことごとく不発に終わるケースが多い。「差別性」

がないから人の注意を引かない。「優位性」がないから、一度商品を買ってくれた生活者も、すぐに離れてしまう。「説得性」がないからよい商品を発売しても、生活者の「購入しよう」という気持ちを誘発しない。こうした悪循環が重なり、市場で低迷し続ける。しかしじつは、業界の中で圧倒的多数を占めるのが不良下位ブランド（企業）である。では、不良下位ブランド（企業）はどんな戦略をとるべきか？

第一に、「優位性」を確保すべきだ。「優位性」がなければ、生活者の信用、共感は得られない。ただし「差別性」と「優位性」を混同してはならない。前述したとおり、奇をてらった目新しいだけの商品が人気を集めた時代は終わったのである。

第二に、「説得性」を確立すべきだ。説得力がなければ、理解も好意も得られない。せっかくよい商品を出しても「どうせ、あそこの会社が出している製品だから……」と生活者はソッポを向いてしまう。ゆえに製品だけでなく広告においても、企業の優れたポイントを訴求して、「説得性」を上げねばならない。

説得力を上げるために、じつに巧みな戦略をとってきたのがシャープだ。多くの広告で、「目のつけどころがシャープでしょ」というコピーを掲載して注目を集めてきた。広告コピーにたがわず、実際に製品も斬新だ。NEC、富士通、東芝などの大手メーカーに先駆けて業界で初めてパーソナルファックスを開発したのはシャープだし、液晶テレビにして

図表59　シャープの説得力の循環

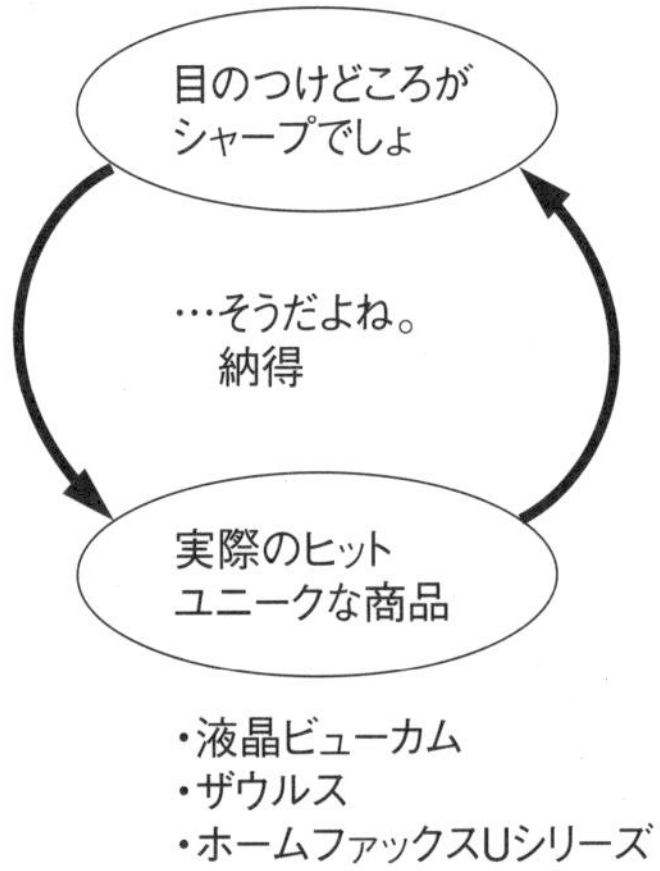

も、じつに効率よく開発した。携帯液晶テレビの全機種に高画質のアクティブ型ＴＦＴ方式のＬＣＤを導入して高級感を打ち出し、主力機種の画面を携帯用としては大きくして、他社と競合しないようにした結果、大幅にシェアを伸ばしたのである。さらにお得意の電子手帳市場では、コンパクトな「ＰＡ―Ｘ１」を発表して、女性ユーザーを引きつけた。また九三年に投入した「ザウルス」は、三ヵ月で売上十万台を超す大ヒットとなったし、「液晶ビューカム」にいたっては、今さら説明する必要もないほどの成功となった。

ここまでなら、差別性（ユニークさ）と優位性（使い勝手、高級感）のある商品がヒットした、というべきところである。しかし、シャープはこの成功を応用

図表60　プロダクト・ライフサイクルとDCCM

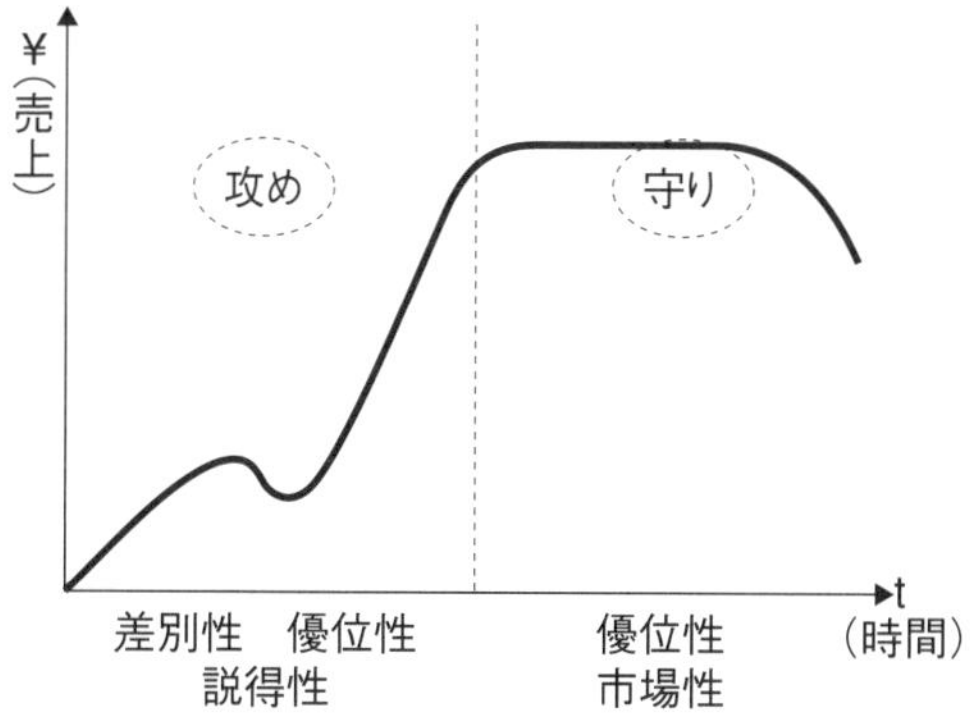

し、企業の説得性に結びつけることに成功したのである。ユニークな商品開発でヒットを連発し、それらの実績を「説得性」の材料にして、「目のつけどころがシャープでしょ」というメッセージで企業イメージを高める。そしてその企業イメージを新しいユニークな商品に還元して、さらにイメージを高めるという非の打ちどころのないサイクルをつくりだしてきたのである。「シャープ↔ユニークで質が高く、しかも手の届きやすい新製品を出す会社」という図式を形成して、記号性と意味性を着実にリンクさせているのである。

さて、DCCMはプロダクト・ライフサイクルにもかかわってくる。

たとえば新製品の導入期などの、攻撃すべきときにはどうすべきか？

図表60を見てほしい。攻撃時には、「差別性」「優位性」「説得性」を高めるよう、精力を傾けるべきだ。攻撃時には市場を限定したほうが、自社資源を集中的に投入しやすくなる。それが結果的に、市場パワーを高めることになるのだから、攻撃時には「市場性」はむやみに高めないほうがいい。

一方、商品の拡大期（成熟期）、あるいは守りの態勢に入ったときには、「差別性」「説得性」に多少問題があっても、「優位性」のレベルをキープすべきだ。守りの態勢に入ったときには、「優位性」を維持しながら「市場性」を拡大するほうが、マーケティング資源効率が高くなるのである。

ＤＣＣＭ進化論――プロダクトコーン＋ＤＣＣＭで商品を複合評価

三章で紹介したプロダクトコーンとＤＣＣＭは、組み合わせて用いることもできる。ＤＣＣＭを構成する「差別性」「優位性」「説得性」「市場性」の四つの要素と、プロダクトコーンの「規格」「ベネフィット」「エッセンス」の三つの要素を組み合わせて利用すれば、よりクリアな戦略が浮かび上がるのである（図表61）。

では、実際にプロダクトコーンとＤＣＣＭを組み合わせて、商品を評価してみよう。

（例1）ペディグリーチャム

まず「ペディグリーチャム」の「規格」から検討してみよう。

「ペディグリーチャム」の「規格」の中で、「差別性」は何か？

従来のドッグフードと一線を画する「缶詰」であること（それまでのドッグフードは、ドライタイプといわれるクラッカーやあられのような乾燥食品だった）、完全栄養食であること、加えて大量にCMを流したことである。

では「規格」の「優位性」は何か？

まず牛肉一〇〇％であることだ。しかもトップブリーダーが推奨していると訴求したことで、「説得性」も得られた。

次に「規格」の「市場性」は何か？

「ペディグリーチャム」は完全栄養食であるので、完全栄養食市場、つまりドッグフード市場で優位に戦える。しかも飼い犬すべてをターゲットにしているので、「市場性」は大である。

次に「ベネフィット」の「差別性」をチェックしてみよう。

「ペディグリーチャム」の「ベネフィット」は保存がきく、手軽に携帯できることだ。これらの特長は、従来のドッグフードにはない画期的な「ベネフィット」であった。

さて、「ベネフィット」の「優位性」は、犬が喜ぶ、安心感がある、楽に与えられることである。

「ベネフィット」の「説得性」は、牛肉一〇〇％、トップブリーダーが推奨していること

図表61 DCCMとプロダクトコーンのミックス

		プロダクトコーン		
		規格	ベネフィット	エッセンス
DCCM	D			
	C			
	C			
	M			

とである。

「ベネフィット」の「市場性」は、完全栄養食、タイムセービング。

「ペディグリーチャム」の「エッセンス」は「愛情」である。

(例2) ウィルコム

ウィルコム（旧ＤＤＩポケット）のＰＨＳは、「規格」で勝負した商品ではない。なんといっても、ＰＨＳは子供のイメージがつきすぎた商品だからである。「規格」で勝負すれば、携帯電話に負けるのは火を見るよりも明らかである。

そこでウィルコムはＤＤＩポケット時代に苦肉の策としてＰＨＳという「規格」を一切外し、「地下鉄でも使える」「通話料が安い」「音質が良い」などと、「ベネフィット」一辺倒で攻めた。これが大ヒットにつながったのである。

それらの「ベネフィット」は、PHSが携帯電話に対してもともと持っていた有利な点である。ただ、PHSのイメージが地を這ってしまったために誤解された「ベネフィット」だったものを、「規格」を隠すことで、見事に花開かせたわけである。

さらにウィルコムと社名を変え、定額制、高速データ通信を早々と開始することで旧来のイメージを払拭することに成功した。今では、ウィルコムに、昔のPHSのイメージを持っている人はほとんどいない。

(例3) ケフラン

次に、失敗した商品を取り上げ、成功を阻害した要因が何だったのか分析してみよう。

まずコカ・コーラの清涼飲料水「ケフラン」である。読者で記憶に残っている人はいるだろうか？「ケフラン」のセールスポイントは、旧ソ連に伝わる健康食品「ケフラン」が入っていることだった。しかし、それをほとんど説明しなかった。CMでは「ソ連の自然科学飲料ケフラン」「私の名前はケフラン」とうたいあげたが、「ケフラン」がはたして何を意味するのか、生活者にはまったく伝わらなかった。「ケフラン」の説明はあえてしないでCMを見る人に「これ、何だろう？」と思わせるのが狙いだったらしいが、再三述べてきたように、今の生活者はそんなに甘くない。「これ、何だろう？」という疑問が、「だったらちょっと飲んでみよう」とは結びつかない。ムダな情報は、その場で排除してしま

図表62　ジゼの失敗＝規格不足

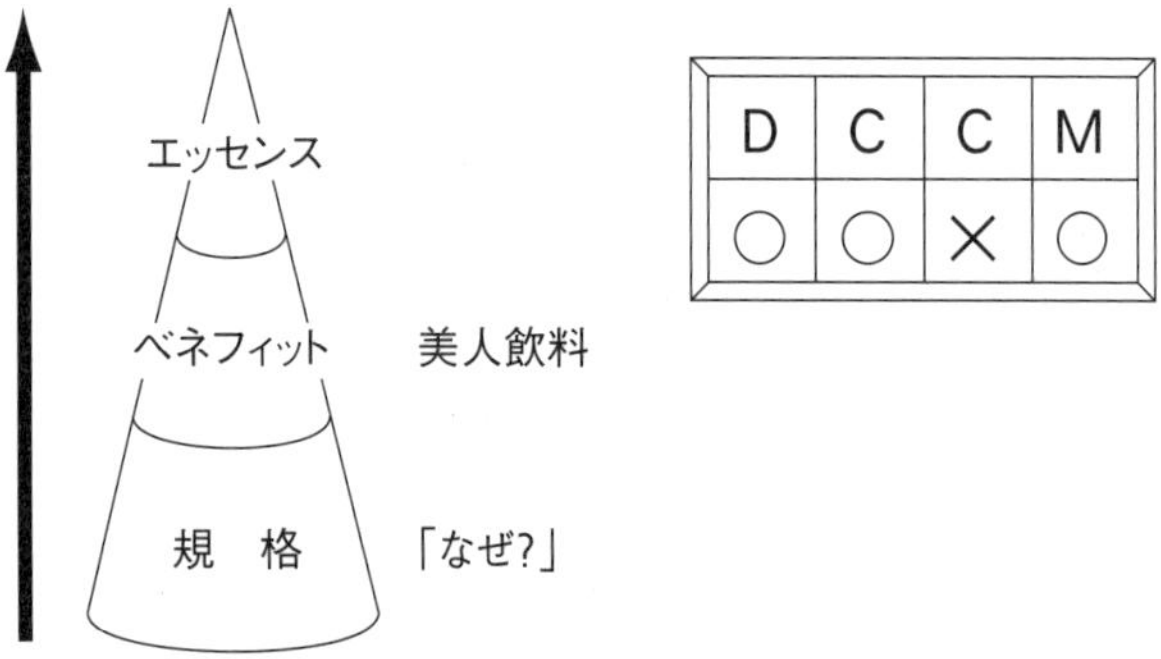

美人飲料のDCCMはほぼOKだが、規格がわからないから、説得力に欠けた。

い、知ろうという労力をかけてくれないのである。ケフランの失敗要因は、規格が意味不明だったために、「ベネフィット」も「エッセンス」もすべてがぼやけてしまったことにある。

(例4)　ジゼ

図表62を見てほしい。

今となっては覚えている人もほとんどいないだろうが、三共製薬の「ジゼ」は「乳清マルチ発酵エキス入りの機能性飲料」として売り出された、ＣＭでは「美人飲料」「一週間飲み続けてください」と訴えていた商品だ。しかしそもそも乳清マルチ発酵エキスとは何かがハッキリしないし、メーカー側もそれを生活者に伝えようとしなかった。だから、どんな効用があるかもわからない。「ジゼ」の

「ベネフィット」は「キレイになれる」ことだが、「規格」が判然としないので、どこがどうキレイになれるかが明確でない。まさか「ジゼ」を飲んだら、整形したように顔立ちが変わり、「美人になれる」わけでもあるまい。

しかもメーカーが売り焦ったためか、流通に、スーパーやコンビニなどの一般ルートを選んでしまった。この結果、もともと弱かった「説得性」がさらに弱くなってしまったのである。

コーラや缶コーヒーと一緒に売られている商品に「美人になれる」ほどの力があるとは、誰も思わないだろう。「健康になれる」とまでは思わずとも、「不健康にはならない」程度の力があるというベネフィットがあるポカリスエットや緑茶なら、スーパーやコンビニで買ってもそこそこの効果は期待できる。しかしスーパーやコンビニで売られている飲料で「美人になれる」とまで主張しても、生活者が信じないのは当然だろう。

「ジゼ」に含まれる乳清マルチ発酵エキスは、肌をキレイにする効果があるという。「美人」という発想はそこから連想されたのだろうが、一般ルートでは具体的な効用までは訴求できない。「規格」や「ベネフィット」が不明で失墜した「ジゼ」の運命は、流通経路を選択したときから決まっていたといえよう。

（例5）アミノ式

最近は企業も賢くなったと言うべきか、冒険をしなくなったと言うべきか、派手な失敗はしなくなっている。したがって、皆が知っている失敗例は少ないのが現実だ。

しかし、サントリー・アミノ式の例は挙げておきたい。

中国雑伎団が出演したといわれる広告が話題になったので覚えている読者も多いだろう。「燃焼系、燃焼系アミノ式、燃焼系、燃焼系アミノ式。こんな運動しなくても、燃焼系ホッホッホッ、アミノ式」という軽快なＣＭソングのあの広告である。

画面では、セーラー服やスーツといった現代日本人風の格好をした人間がアクロバティックな技を披露する。「ここまですごいことをしなくてもいいんです」というのが広告のメッセージである。

広告はヒットしたが、じつは何のメッセージも伝えていない。「ここまでやらなくてもいい」という限度は伝えていても「それでは、どこまでやればいいのか」がはっきりしていないのだ。

また、アミノ式を購入した生活者が普段の生活のまま飲用しても、何も実感することはできない。期待しているのはアミノ酸で脂肪を燃焼して痩せたり体調がよくなったりするはずなのに。

それもそのはず、アミノ酸飲料の多くは「ある程度の運動をしないと意味がない」からだ。しかも痩せたりするのではなく、運動が継続できるようになるのが本来のメリットなのだ。アミノ酸は疲労回復や筋力の向上には役立つからである。

プロダクトコーンのベネフィットがぼけているだけでなく、生活者に誤って理解されている商品が続くわけがない。アミノ酸飲料は一時期八百億円もの市場を形成するに至ったが、今ではアミノ式に限らず、キリン・アミノサプリ、大塚アミノバリューなどのアミノ酸飲料の売上に一時期の勢いはまったくない。

一方、アミノ酸飲料の先駆けともいわれる明治乳業のヴァームはちょっと様子が違う。サントリーやキリンほどの派手なマーケティングが得意でない同社らしい。「運動で、体脂肪を燃やす」と明確にうたっているだけでなく、発売当初からスポーツクラブやフィットネスクラブなどの「運動をきちんとする人たちが集まる場所」で販促活動を続け、地味ながらも百億円の売上をきちんと稼いでいるのである。そして、ブームが去った今でも売上減少の影響は少ない。

アミノ酸飲料の失敗に学び各社が仕掛けたのが、「歩くだけで運動だ」というメッセージである。「少なくとも歩いてください」と提案したのである。

コカ・コーラのアクエリアス・アクティブダイエットがそれであり、ヴァームもヴァーム・ウォーカーでほぼ同時期に続いた。

ちなみに、アクティブダイエットはアミノ酸を使っていながらアミノ酸とはうたっていない。これも失敗の予感がする。さらに、サントリーDAKARAも「通勤だって運動だ」「睡眠だって運動だ」と対抗商品のような広告をテレビで流しているが、商品情報を見ているとどうもそうではないらしい。紛らわしいだけでなく「だったら広告は何を伝えたいのだろうか」と混乱してしまう。

コカ・コーラの四大失策

最後にコカ・コーラの最近の失敗を紹介しておこう。

九三年発売の「タブ・クリア」は、透明なコーラである。アメリカではコーラ飲料は健康的ではないというイメージが蔓延し、ハンバーガーとコーラの組み合わせはジャンク（くず）フードの代表といわれるほど悪評が高かった。そこであの褐色の液体を無色透明にして、ヘルシー感を高めたのである。

日本ではそれを「タブ・クリア」と名付けて発売。ところがコカ・コーラは、ヘルシー感を広告で説明しようとはしなかった。「規格」も「ベネフィット」も説明せずに、ただ発売前の広告で「とんでもない飲料が発売される」と俵孝太郎に言わせたのだ。そして発売後は、今度は坊さんに「飲めばわかる」と語らせた。要するに「何だかわからない」広告を露出して、生活者を引っかけようとしたのである。

さすがにコカ・コーラが誇る自販機網のおかげで、「タブ・クリア」の立ち上がりは順調だった。しかし一ヵ月足らずで、潮を引くように生活者が離れてしまった。「タブ・クリア」の失敗は「チェリーコーク」「コカ・コーラ・ライト」「ケフラン」の「コカ・コーラ三大失策」の歴史に、新たな一ページを加えてしまったのである。

私は、「タブ・クリア」が「規格」や「ベネフィット」を明確にうたいあげたとしても、成功したとは思わない。ヘルシーな飲料といえばミネラルウォーターしかないアメリカと異なり、日本には機能性飲料や緑茶、無糖、低糖紅茶、はたまた「カルピス」など、競合がひしめき合っている。ヘルシーさだけを求めるなら無糖飲料を、適度な甘さを求めるなら「カルピスウォーター」でいいわけで、「タブ・クリア」の占めるポジションなど、最初からどこにもなかったのである。

おそらくコカ・コーラ側もそれを察知していたのであろう。「差別性」がない場合は、圧倒的なマーケティング投資で乗り切るしかない。圧倒的な流通力行使と大量のCMの露出は、不利な状況をカバーするための手段だったというのが私の推測だ。しかし、いかんせん商品の実力がなさ過ぎた。あるいは生活者を甘く見過ぎていたというべきか、マーケティングの教科書に失敗例の典型と紹介されてもおかしくないほどの、手痛いしっぺ返しをくったのである。

SIMPLE MARKETING

4-4 「知名度」「トライアル」「レギュラー」から問題点を見つける（U＆E）

60％以上の知名度投資はムダ

マーケティングでしばしば取り上げられる言葉にU＆Eがある。Usage & Establishmentの略称で、日本語でいえば「使用実態」を意味する。U＆Eは、さまざまな指標によって構成されているが、もっとも重要なのは「知名度」「トライアル」「レギュラー」の三つである。

トライアルとは、一定期間内に一回でも商品を購入したユーザーのことである。「ちょっと買ってみよう」というのがこれである。

一方、レギュラーとは、二回以上商品の購入をしたユーザーのことである。「いつもこれを買っている」というのがこれである。

では、知名度と、トライアルおよびレギュラーには、どんな関連性があるのか？

図表63を見てほしい。

横軸の投資額を上げれば上げるほど、知名度、トライアル、レギュラーのパーセンテージが上昇していくのがわかる。

図表63　U&E (Usage & Establishment)

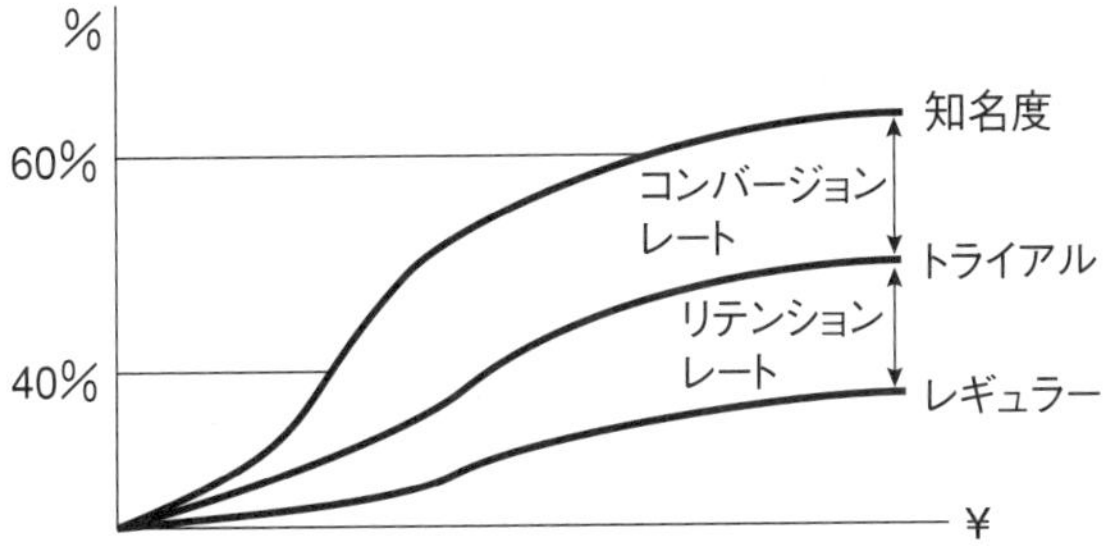

しかし、上昇カーブは直線的ではなく、ある時点で急上昇し、その後は伸びが緩やかになっている。つまり、投資額を増加すると知名度はある時点まで急激に伸びていくが、その後は上昇しにくいことがわかる。ゆえにＲＯＩ（投資利益率）を考えると、知名度向上のための投資はある段階でセーブして、その後はその分の資本を知名度以外の指標に投入するべきなのである。

知名度のための投資をどの時点でセーブするべきなのか？

ふつう知名度については、せいぜい上がった下がったで一喜一憂するぐらいで、あまり活用されていない。しかし、この「知名度」はじつは投資の重要な目安になるのである。

通常は、知名度のパーセンテージは投

資額によって変化する。一般的に知名度が四〇％を超えると、上昇カーブがいきなり急勾配になり、六〇％の知名度を獲得するとカーブが緩やかになって停滞し始める。よって、まず知名度六〇％を目指し、その後はムダな投資をセーブすべきである。

さて、知名度が上がるとトライアルやレギュラーのパーセンテージも上昇する。業種により若干のバラツキはあるが、低価格の商品なら、平均して知名度が六〇％になるとトライアルは一七％に達するといわれている。

ただし、いくつかの例外もある。

たとえば薬品は、知名度が上がってもトライアルが上がりにくい。薬は薬局で、薬剤師の資格を持った薬局員に相談しながら購入する。通常は知名度のある商品が目立つところに陳列されている場合が多く、ユーザーは手を伸ばしやすいわけだが、薬品の購入過程には、ユーザーが直接手にとって選ぶ機会があまりない。購入方法が他の商品と異なっているために、知名度が上がってもトライアルに発展しにくいのである。

さらに高額商品に関しても、知名度のアップがトライアルの増加に連動しにくい。たばこや飲料は、購入してから再購入するまでの期間が短い。安いうえに消耗品だから、たばこなら毎日買わねばならなくなり、飲料なら一週間もするとすぐにまた必要になる。ところが一般的に高額商品は、五年、十年使える商品であるから、そもそも定期的に購入しようとは思わない。また、消耗品とは比較にならぬほど、購入する際には慎重を期す場合が多い。ゆえに消費者側に「ちょっと買ってみよう（トライアル）」、あるいは「いつもこれに決めている（レギュラー）」という発想が育ちにくいわけである。

逆に、低価格商品に似た性質を持つ高額商品もある。海外旅行はリピーターとして何度も同じ場所に行く人が増えているために、低価格商品に近づきつつあるのである。また、自動車も、トライアルやレギュラーを増やしつつある。値段は百万円単位と高額だが、月々数万円のローンで購入でき、車検や下取り制度もあるために二年ほどで買い換えられる消耗品になりつつある。

トライアルからレギュラーへの道のり

U&Eの事例として、iPodを挙げよう。

iPodはご存じのとおり、本家ソニーを凌駕して大ヒットした携帯音楽プレーヤーである。一時期、市場シェア四〇%を越え、慌ててフラッシュメモリー型ウォークマンを投入したソニーが大敗を期したりもした。

さて、「iPodという名前を知っている」が第一段階の「知名」である。二〇〇一年に誕生したiPodも、ユーザーが少ないマッキントッシュにだけ対応していたときまでは、一部の人間にしか知られていなかった。しかし、二〇〇二年にウィンドウズに対応してから、一気に知っている人が増えた。今や、小学生でも知っている商品名である。まず、ここでiPodという名前を知らない人は、iPodを買うことはない。

次に「理解」である。

iPodは新しい音楽の聴き方を提案する商品であるだけに、いろいろな理解のされ方をしている。内蔵のＨＤＤやメモリーに音楽を入れて楽しむウォークマンのようなもの、というのが基礎的な理解である。しかし、どうやって音楽を入れるのか、何曲入るのか、どうやって聴きたい音楽を選ぶのか、がわからない人はiPodに魅力を感じず「ＭＤやＣＤウォークマンでいいや」となってしまう。

ましてや「一〇〇〇曲も入れるのが大変だし、そんなに聴かない」「パソコンの操作がわからないから、曲をiPodに入れるのも面倒くさそう」という理解のされ方をしていれば、興味すらわかない。

第三段階は「好意／購入意向」である。

たとえば、そもそも外出しながら音楽を聴く習慣のない人たちにとっては、一〇〇〇曲入ろうが何しようが、興味（＝好意）がない。だから、iPodの最初のキャッチコピーは「Goodbye MD」つまり、そもそもＭＤ（ウォークマン）を使っている人たちに向けたものだった。

また、iPod shuffleでは操作パネルが廃され、ＨＤＤの代わりにフラッシュメモリが搭載されている分、価格が一万円程度に抑えられている（普通のiPod nanoが二万円程度）。しかし、どの曲を再生するかは選べない。iPod shuffleが勝手に曲を選ぶだけである。その場に応じて聴きたい曲を選びたい人にとっては、iPod shuffleは機能を削りすぎである

（≠好意）。

一方、iPod shuffleが歴代iPodの中でも最大のヒットを成し遂げたのは、通勤・通学で普段から好きな音楽が流れていればいい（＝好意）という生活者が多かったからだ。好きではない曲はそもそもiPodに入れない。

一九九〇年代に「less talk more music」を標榜したJ−WAVEが大ヒットしたのと同じ構造である。

だから、「好意のあるなし」は「買ってみようかな（＝購入意向）」という意識に極めて大きくかかわるのだ。

なお、U&Eでは理論のシンプル化のために好意と購入意向を一緒の扱いにしているが、本来のダグマー理論（広告認知から購入に至るまでの生活者の心理過程をステップ化して説いた理論）では別個のものである。

購入意向があれば、最初の行動となる「トライアル」にたどりつく可能性が高まる。一般のパッケージグッズでは「試し買い」や「サンプル」「初回購入」がこれにあたり、自動車などでは「試乗会参加」、住宅では「ちょっと住んでみる」ことはできないので「ショールーム見学」などがこれにあたる。また、ネットのようなサービス財の場合は「友人宅で使ってみた」「ネット喫茶で使った」「お試し期間で入ってみた」などが「トライアル」に当たるのだ。一回でも使っていないと、二回、三回の利用がないのは、自明の理である。

一度、（食品や飲料を）買ってみたものの不味かった、友人宅の光回線でダウンロードしたが遅かった、二、三日友人のiPodを借りてみたが、使いにくかったなどのさまざまな理由で、二回、三回の継続使用をしない層は「トライアル」で終わってしまう。

レギュラーユーザーとは、ここまでの長き道を経てようやくゴールまでたどり着いた人々なのである。俗にいう「新規顧客に一個売るのと、レギュラーユーザーに一個多く売るのとでは、マーケティング予算で3倍もの開きがある」は、こうやって見ていくと納得する言葉である。

「コンバージョンレート」「リテンションレート」から問題点が見える

さて、U＆Eで私がもっとも重視しているのは、「知っているのに買わなかった人々」と「一回買ったが、二回目以降は買わなかった人々」である。知名度が低いうちはまだいい。知名度の伸びが鈍ったときに問題になるのは、この人々をどう取り込むかということなのだ。彼らをトライアル、あるいはレギュラーユーザーに育ててはじめて、売上が伸びるからである。

「商品の名前は知っていて、購入したことがある人たち」の割合をコンバージョンレートという。

コンバージョンレートの算出法は、

コンバージョンレート(%)=トライアル(%)÷知名度(%)×一〇〇

である。

一方、「商品を一回は買って、レギュラーユーザーになった人たち」をリテンションレートと呼んでいる。つまり、

リテンションレート(%)=一回商品を買って継続している人

である。

コンバージョンレートが同一産業内の平均より高い場合は問題ない。が、平均以下の場合は改善の余地があるわけだ。

では、コンバージョンレートが低い原因は何か?

第一に、店に商品が置いてない、つまり「流通」に問題がある場合が挙げられる。

第二に、「広告」に問題がある場合が挙げられる。商品名は知っているが、購入意欲がわかない、あるいはどのような商品かわからないといわれる品物は、広告や商品コンセプトに欠陥がある場合が多いのである。ゆえに、コンバージョンレートを上げるためには、このどちらかを改善すればいい。

次に、知名度とトライアルのバランスはよく、知名度のわりにトライアル比率は高いの

だが、「レギュラー比率」が低い（リテンションレートが低い）商品について考えられる問題を挙げてみよう。

第一に、「味がよくない」というように、商品そのものが基本的な条件を備えていないという問題が考えられる。

第二に、配荷である。自宅から離れたところで一回商品を買ったが、近くのスーパーで同じ商品が実際に置いてなかった。だからわざわざ遠くまで買いに行くのが面倒になり、レギュラーユーザーにならなかったというケースは多い。

第三に、パッケージが目を引かなくて見つけにくいというような周辺的な問題と、他の商品と差別化されていない、あるいは差別化されていても、それがわかりにくいという問題が考えられる。生活者は、商品の基本機能に差がない場合は、「健康にいい」「美しくなる」といったセールスポイントの明確な商品を選びやすいからである。

では逆に、実際に商品に何らかの問題が生じた場合、どう対応するのか？

まず、知名度が六〇％を超えているかどうかを確認する。合格ラインに達していれば、次にコンバージョンレートを検討する。コンバージョンレートが低ければ、広告や配荷に問題がないかチェックする。

コンバージョンレートに問題がなければ、リテンションレートを検討してみる。結果が悪ければ、味覚調査を再度行ったり、配荷率を調査してみる。

また仮にコンバージョンレートやリテンションレートの絶対値に問題がなくても、競合商品よりも水準が低ければ、再検討の余地があるわけだ。問題点が明らかになれば、広告費をセーブしたり、広告を一時ストップして、その間に商品を見直すなどの改善策がとれる。こうして商品改善や流通の整備をかためたうえで、再度、広告を流すのである。

U&Eは、市場の把握と商品を評価する前に予想をつけるという二つの役割を兼ねている。いわば戦略の羅針盤であり、マーケティングの中枢をなす要素の一つである。

コンサルタントは、U&Eのさまざまなテクニックを駆使して問題を是正する医者である。医者は痛みを訴える人に、いきなり精密検査や血液検査をしない。まず、胸を叩いたり、熱を測ったりして、どの辺が悪いのか当たりをつける。そのうえで、問題がありそうな部分を少しずつ絞り込んでいくのである。

多くの人は、こうした過程を経ないで、いきなり問題の核心に入り込もうとしがちである。そして「コンセプト」など商品の中枢をいじりたがる。しかしじつは、周辺にもっと悪い部分が潜んでいるかもしれないのである。ゆえにこうした地道な作業を怠るのは、大変危険だ。大局からみて綿密な調査を重ね、少しずつ核心を絞り込む――この方法論が、マーケティングの基本中の基本である。

5 生活者の意識と商品

SIMPLE MARKETING

5-1 レーダー理論とポジショニング

生活者の頭の中での商品の位置づけ

企業調査でよく見かけるモノに「一流イメージ」なるものがある。企業は、そのイメージを生活者に持ってもらうために、様々な活動をしている。

しかし、「一流」「二流」という尺度は一方向だけである。一流という言葉で解決できるものは限られてくる。いわく、よい人材が採用できる。いわく、店頭価格が下がりにくい。

もちろん、それらは企業にとって重要なことなので、否定する気はさらさらない。

しかし、一流イメージがあれば、何でも成功するという幻想があるのもまた事実だ。

たとえば、想像してみてほしい。

- ・トヨタ自動車の一〇〇%果汁飲料。
- ・味の素が開発したノートパソコン。
- ・松下電器が発売するポテトチップス。

トヨタにせよ、味の素にせよ、松下にせよ、誰もが認める「一流企業」である。しかし、それぞれの商品は魅力あるものかというと、そうではない。

トヨタの一〇〇％果汁が、エンジンオイルの味がしそうなのは、否定できない生活者の感覚だ。我々、いや生活者の頭の中には、一流、二流という上下の順列のほかに、もう一つ軸がある。その軸と外れている味の素のノートパソコンは、すぐ壊れそうな気がしてしまう。

正確にいえば、一流、二流という尺度は、「何に対しての」一流、二流なのか、という程度を表わすものなのだ。トヨタは自動車では一流だが、一〇〇％果汁飲料では三流、四流かも知れない。松下電器は世界的に有名な企業だが、ポテトチップスに関していえばコイケヤの足元にも及ばない。

それらは飲料、パソコンといった商品分野だけではない。イメージの内容、つまり形容詞でもよい。たとえば、ソニーは「何でも小さくする」のは得意だが、「安くするのは」不得意なイメージを持たれた企業である。

それを私は「らしさ」と呼んでいる。

商品や企業に限らず、人間であっても「その人らしさ」が存在する。人でいえば、「頭の良い人」「優しい人」「女性にもてる人」。企業でいえば、「おいしいふりかけをつくる」「健康に良い食品を売る」「伝統的」「マジメに取り組む」等々。

そして、企業はそれを逆手に取り、強みにする。「自然を、おいしく楽しく」はカゴメの企業スローガンだが、カゴメは従来のトマトに限らず、カゴメの「らしさ」を拡大しようとしている。

逆に、「らしさ」から無理矢理逸脱しようとすると、生活者からしっぺ返しを食らってしまう。前述したトヨタの一〇〇%果汁がその一例である。

現実的な例を出してみよう。

日立には、一時期「おしゃれ」なイメージをつけようと、「Inspire the next」をはじめとする企業スローガンを使い、おしゃれな若者をターゲットとした商品広告をＴＶで盛んに流していた時期があった。しかし、生活者の日立に対するイメージは、「無骨だけど頑丈」であって、決して「ファッショナブル」を代表とするチャラチャラとしたイメージではなかった。もちろん、結果は失敗。日立のおしゃれイメージは、どんな調査を実施しても出てくることはなかった。

さて、ここまでは、ちょっと商品イメージや企業イメージを知っている実務担当者ならば、誰でも知っていることである。日立のような失敗は、頭ではわかっていても行動がついていけない、割り切ることができないといった「意思」の問題であって、知識の問題ではない。

問題はここからだ。

「ある商品や企業は、どこまで、そのイメージを無理なく広げることができるのか」

「ある商品や企業は、そのイメージをどこまで強くすればよいのか」

「ある商品や企業は、異質なイメージを獲得したいとき、どれだけ頑張れば成功するのか。あるいは、どこまで頑張っても成功しないのか」

これらがはっきりわかっていないと、日立のように成功しそうにもない行動に頭から突っ込んでいって玉砕することになるし、そういう例はじつに多い。

一方で、「らしさ」なぞ微塵もないのに成功「してしまった」例もある。

花王はかつて、フロッピーディスクのトップメーカーだった。しかも、完全な後発企業だったにもかかわらず、である（フロッピーディスクの市場が縮小してしまってからは撤退した）。ものをきれいに洗う洗剤が得意なメーカーなのに、パソコンのデータを記録するフロッピーディスクという、まったく異質の「らしさ」を持った商品を成功させてしまったのである。普通に考えたら、あり得ない暴挙である。

一体、これはどういうことなのだろうか。

このことも併せて説明、予測できないと、偶然に頼るだけのマーケティング戦略しかつくれなくなってしまう。

レーダー理論でソニーVAIOの成功を読み解く

基本的な考え方を、事例をあげながら説明しよう。

レーダー理論と名付けたものだ。

ソニーが今から二十年前の一九八三年に初めて発売したパソコンがあった。往年の名機といわれたNEC PC―9801の発売が一九八二年。その翌年である。

SMC―777と名付けられたパソコンは、意欲的なスペックだった。当時、上級機や業務用パソコンにしか搭載されていなかったOSという概念、CP／Mを採用し、PC―9801が8インチや5・25インチのフロッピーディスク、PC―8801などは音楽用テープを記録用メディアとして採用していた時代に、3・5インチのフロッピーディスクを標準で採用した。

マニアが見れば、一目瞭然の革新的スペックである（もっとも、当時はマニアしかパソコンを買わなかった時代だが）。

ところが、フタを空けてみるとまったく売れなかった。大失敗である。

その理由は簡単。

「ソニーのパソコンなんて、すぐ壊れそうだからイヤ」というのが当時のマニアのほとんどの意識だったのだ。

VAIOが大ヒットした今から考えれば「えっ」とびっくりするが、当時のソニーのイメージを思い起こせば当然であった。ソニーはトランジスタラジオ、録音テープ機やステレオのメーカーだったからである。いわゆる電子機器メーカーではない。一九六七年にはICラジオを発売し、半導体もつくっていたが、マニアを含めた一般生活者のイメージはまだまだトランジスタだった。

会議用録音テープ機のメーカーが、最先端の電子機器であるパソコンをちゃんとつくれるはずがない。これが当時のマニアがソニーに下した評価だったのだ。今でいうなら、アイワやパイオニアが最新鋭の三十万円クラスのペンティアムDマシンを売り出すようなものである。

もっといってしまえば、ナショナル自転車が最速F―1マシンを開発するような、ユニクロがルイヴィトン対抗の五十万円のバッグを発売するようなものなのだ。

ソニーだけではない。同じ理由で松下もパソコンを出して失敗したことがある。一九八〇年代の初期にJR―100Uを発売して失敗している。一九八六年にMSX規格に乗って出したFS―A1も泣かず飛ばずだった。そのせいで、故松下幸之助が二度とパソコン事業に乗り出すな、と命令をしたほどである。

その十四年後、ソニーはVAIOを発売。デスクトップ機は売れなかったものの、ほぼ同時に市場に投入したVAIOノート505が大ヒット。一時期、ノートパソコン出荷台数の四〇%ものシェアを占拠し、大成功を収めたのは記憶に新しい。

VAIOの成功の理由は様々な方面でいわれている。

曰く、デザインが良い。

曰く、ソニーの「小さくする」イメージと相性が良い。

曰く、ソニーのブランドイメージが良い。

曰く、（その後の展開で）パソコンとAV機器との融合はソニーイメージに有利。

どれもが正解ではある。

しかし、この十四年を振り返ってみると、着実にソニーの「らしさ」が変わってきているのがわかる。それなしでは、いくら「小さくて」「デザインが良い」ものであっても売れなかっただろうということは、容易に想像がつく。

さて、その十四年の変化とは。

・ソニーが開発した3・5インチフロッピーディスクが実用化され、一九八〇年代に広まった。

・おなじく、CDが開発され、一九八〇年代の半ばに普及した。そして、CD―ROMがフロッピーに取って代わった。

・ソニーが開発したトリニトロンブラウン管が一九七七年に発売され、一般市場では苦戦したものの、一九九〇年代から二〇〇〇年初期にかけ、パソコン用のCRTディスプレイとして普及した。

パソコン本体のメーカーとしては散々な評価のソニーだったが、じつは、十四年間というものの間、パソコン周辺機器メーカーとしてマニアやプロを含めて着実に評価を高め、一般生活者にも馴染みが深くなっていったのである。

レーダー理論を使えば、この様子を図式化することができる。

図表64　レーダー理論─知覚空間におけるポジションの移動

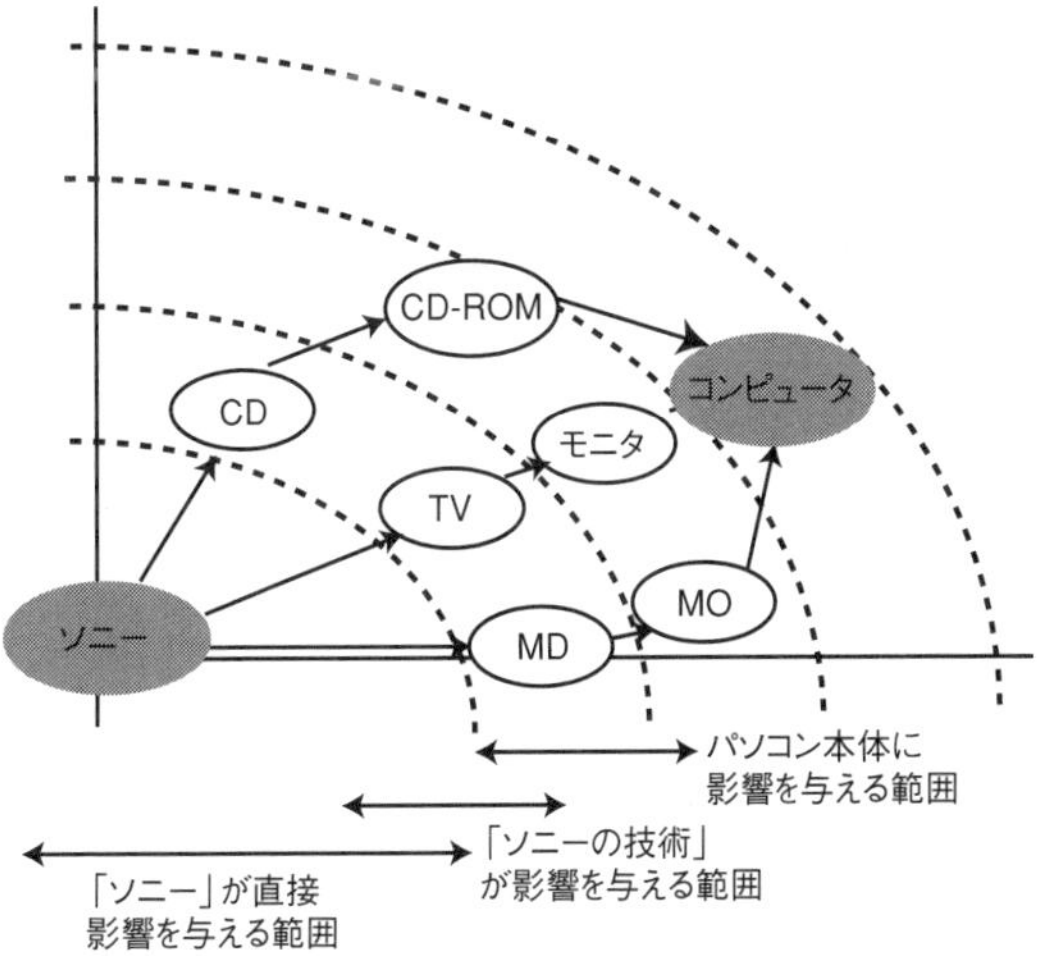

図表64を見てほしい。企業や商品イメージには、レーダーのように円形の「影響する範囲」が存在する。各円は、どこまでが影響を及ぼす範囲で、どこから「らしさ」がなくなるのかを示している。

トランジスタ機器メーカーのソニーと、パソコンのイメージは離れているが、周辺機器の成功で、徐々にソニーのイメージ（「らしさ」）が変化している。離れていたイメージの間に「ブリッジ（架け橋）」がかけられていったのである。

似たようなことは、味の素にもいえる。明治四十二年に発売した味の素。その調味料専業メーカーがいきなり食品を発売しても失敗するだけである。

そこで、彼らは、それまでと同じ調味料分野の商品であるマヨネーズを出し、徐々にドレッシング市場に重心を移していった。そして、ようやくクックドゥを代表とする合わせ調味料や冷凍食品にも分野を拡大することができたのである。

なぜ、こういうことが起きるのか。

それは、人間の記憶のメカニズムのせいである。人は新しいものを記憶するとき、頭の中にあるボックスにそれぞれを振り分ける。そのボックスは、「(トランジスタ)ラジオ」だったり、「パソコン(電子機器)」だったりする。こうしておけば、パソコンを検討するときに、ほかの余計な商品分野である「飲料」や「クルマ」のことに煩わされずに、パソコンという名前のついたボックスから情報を引き出すだけでよい。

つまり、効率的に、情報を入れたり出したりする本能なのだ。

そして、当時のソニーは、多くの生活者に「(トランジスタ)ラジオ」のボックスに入れられていて、決して「パソコン(電子機器)」には入れられていなかった。だから、ソニーがパソコンを発売したときに、記憶のメカニズムに不協和音が生じ、「買うな」という危険信号が出たのだ。

これは、社会学ではラベリングと呼ばれる。名前のとおり、「ソニー」という情報に、「(トランジスタ)ラジオ」というラベルを貼り、その記憶ボックスに入れる過程を表わした用語である。

さて、これらのボックスに付ける名前は必ずしも名詞だけではない。「優しい人」「いやな人」「メリットのある人」といった形容詞で人を記憶するように、商品や企業も形容詞でラベリングされることも多い。

それが、まさにブランドイメージと呼ばれるもので、私のプロダクトコーンでいうところの「エッセンス」でもある。

ちなみに、名詞はプロダクトコーンでいうところの「規格」になる。規格、エッセンスがあれば、もちろんベネフィットもある。「生活を楽にしてくれる」「手軽に健康を維持できる」「仕事の効率を上げてくれる」などである。

業界によって、生活者は企業や商品を名詞（規格）で振り分けたり、形容詞（エッセンス）で振り分けたりする。

電子機器メーカーは規格で振り分けられることが多い産業の一つである。

また、外食産業も「中華料理（が得意な店）」「ステーキ（がおいしい店）」というように規格で振り分けられることが多い。

形容詞で振り分けられることが多いのは、たばこ（男性的な、大衆的な等）やアルコール類（スッキリした、大人数の、じっくり味わう等）などだ。もちろん、たばこでも、「タールが多い（きつい）たばこ」や「メンソール」など、規格で分けられることもあるので、複合型ともいえる。

図表65　ソニーの影響範囲

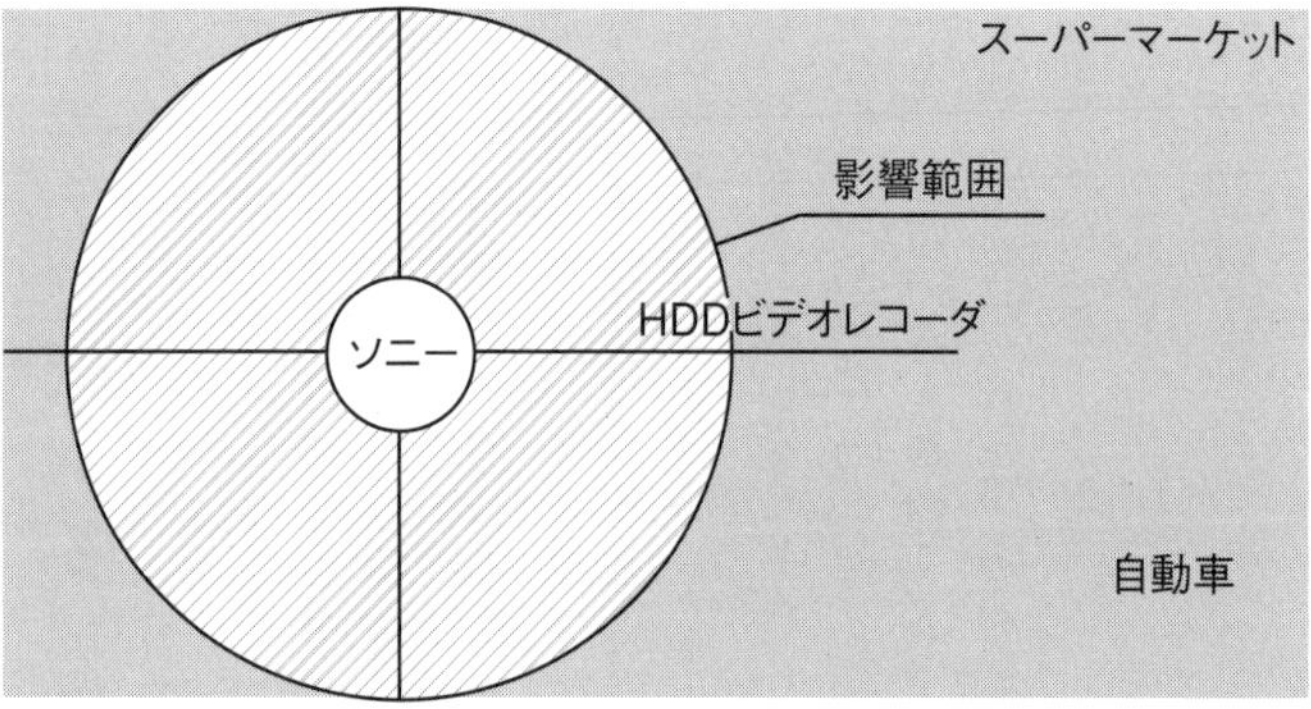

商品のポジショニングを明確にするレーダーマップ分析

　さて、ここまではわかりやすくするために、ソニーとパソコンという一対一の関係で説明してきたが、実践では、ソニーと「パソコン」と「携帯音楽プレーヤー」と「HDDビデオレコーダ」のように、複数のものとの関係性を見なければならない。

　場合によっては、ソニーと「飲料」「自動車」「スーパーマーケット」というような、まったくの異業種との近さを考える必要があるかもしれない。それが図表65である。

　ソニーという中心点に対して、各商品分野がどう位置づけられていて、ソニーがどこまで影響しているのか、つまり生

図表66　アメーバ状の影響範囲＝本来のポジショニング

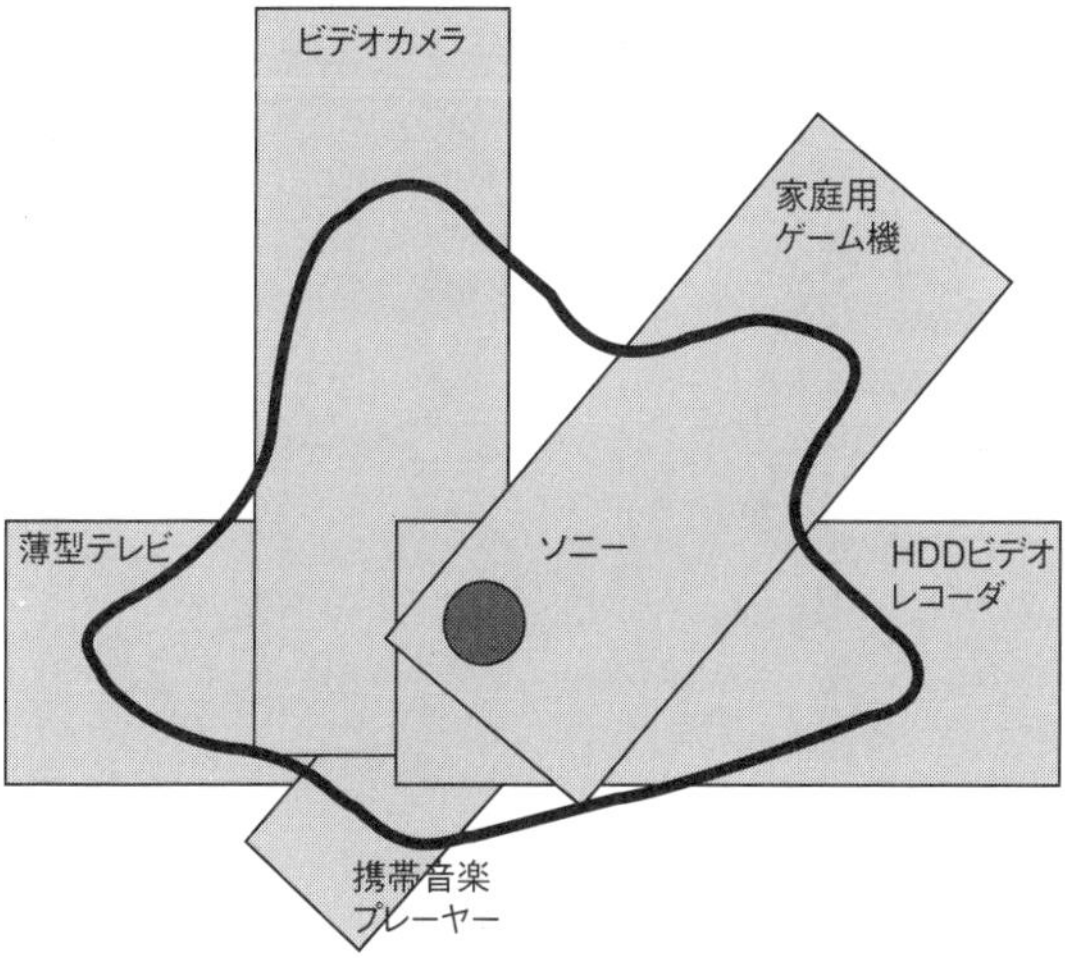

活者のイメージがどこまで強いのかを示したものである。

しかし、このままでは、ソニーのことしかわからない。実際のマーケティング戦略では、ソニーだけでなく松下やシャープ、はたまた日立や三洋などの競合企業との関連性も見ないと、成功する戦略立案はおぼつかない。

したがって、現実的には図表66のような形のマップをつくる必要がある。点を面にしてソニーの影響範囲を図式化するわけだ。これを「レーダーマップ分析」と私は呼んでいる。

ちなみに、従来の統計手法を使用して、似たようなマップをつくることがよくある。図表67がそれである。一目瞭然なのは、従来のマップ分析では、各商品や企業の影響力は、真円でかかれていること

図表67　従来のマップ分析

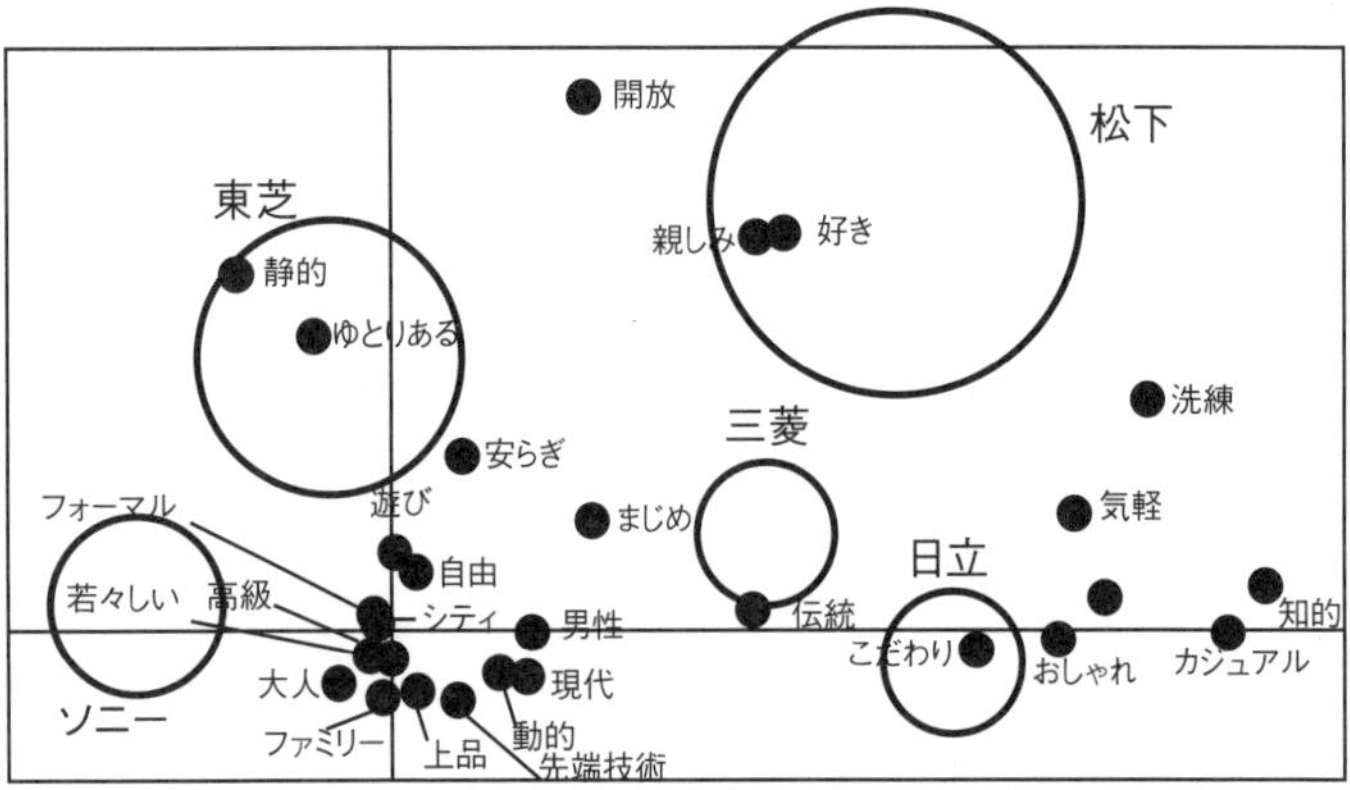

である。その円の大きさについては客観的な尺度はない。それもそのはず。これらの円の大きさは、分析する人間の感覚で書かれているに過ぎず、分析者ですらなぜこの大きさなのかをちゃんと説明できないのだ。

たいていの統計手法の教科書に載っているくらいポピュラーな手法なのに、実践では使えないのはそのせいである。

しかし、筆者のレーダーマップ分析なら、誰がやっても同じ結果になる。それはデータを基にきちんと計算した結果からマップをつくるからである。実際、筆者が代表を務めるシストラットではマップを作成するのは学生アルバイトの仕事である。最初にちょっとした説明と練習さえすれば、学生でもつくれるだけの「基準」があるからだ。

図表68　最後的なレーダーマップ

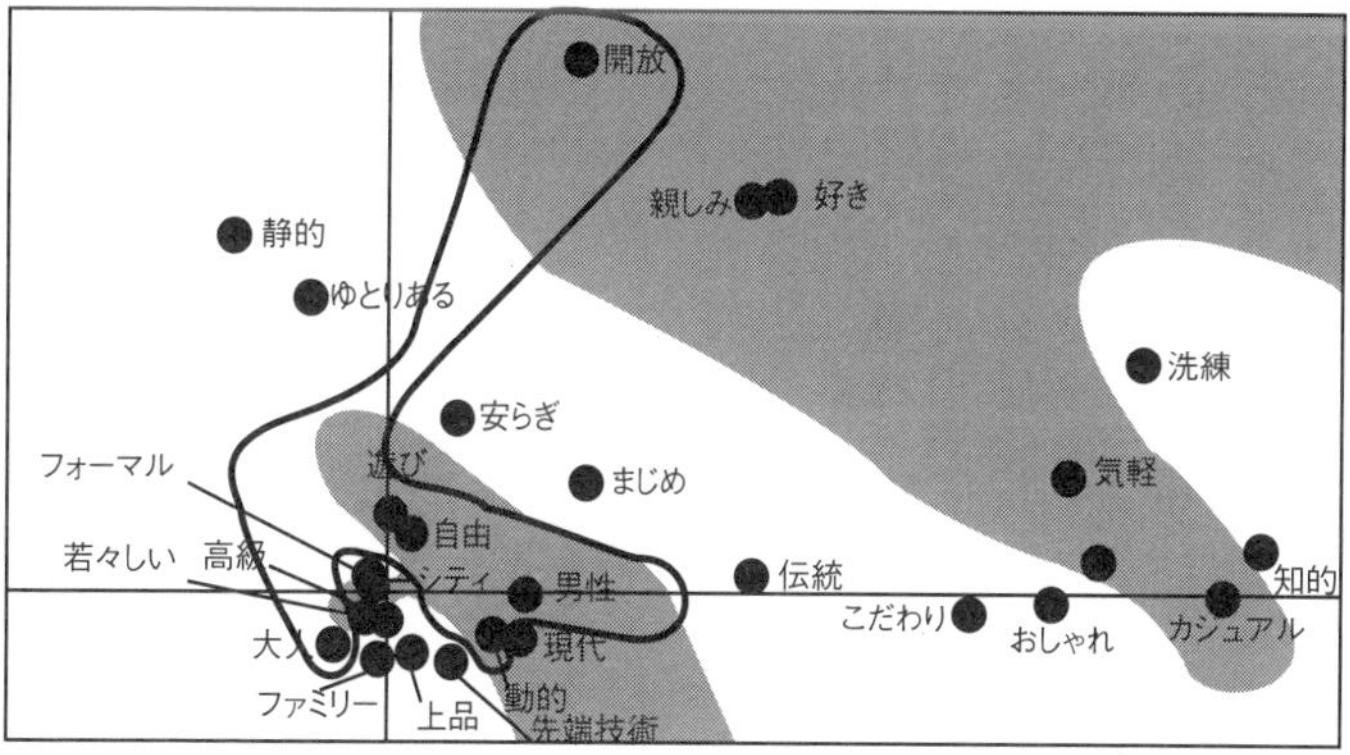

このレーダーマップのよいところはいくつもあるが、その一つが、各商品や企業がどのように重なっているかが一目瞭然だということだ。図表68のように、一枚一商品でマップをつくり、それを重ねていくと、ある商品がどの分野で競合商品とぶつかり合い、どの分野では一人勝ちなのかがすぐにわかる。

これは、とくに、イメージをベースにしたマップだとその有用性がはっきりする。

たとえば、普通のブランドイメージ調査では、透明感、親しみ、おしゃれな、といったキーワードを高い順にグラフにするだけである。それを一枚一枚商品ごとにつくっていく。そこにコメントが入る。

「A商品のイメージは、『安全』『高級』『家族』が高く、『高品質でセレブなファミリーカー』ととらえられていることがわかる」
「B商品のイメージは、『若者』『スポーティ』『コンパクト』が高く、『若々しくてスポーティな、都市型コンパクトカー』であることが判明した」

これはこれで大切な情報である。否定する気はさらさらない。しかし、C商品が似たようなイメージを持った場合、どう判定するのかがわからない。

たとえば、

「C商品のイメージは、『安全』『高級』『家族』が高く、『高品質でセレブなファミリーカー』ととらえられており、A商品とよく似ていることがわかる」

だと、それではAとCは同じくらいブランドイメージが強いのか、そうでないのか。また、「家族」の代わりに「女性」となっているだけのD商品は、脅威としての競合なのか、ともに併存する商品同士なのかはわからないままである。

「D商品のイメージは、『安全』『高級』『女性』が高く、『高品質でセレブなファミリーカー』ととらえられていることがわかる」

それを見るためには、一つのグラフに商品を放り込む必要があるが、図表69で見るように三〜四の商品のイメージを同時に表示するのが精一杯である。このグラフに二〇もの商品を入れ込んでも、見る側が混乱するだけである。かといって、高い順に並べたグラフにしないと、それぞれの商品の特徴がわからなくなる。

レーダーマップはこれらを解決するために開発したものである。一枚一枚を見れば商品の特徴がわかり、マップを重ねれば商品ごとの類似性か差別性かが判断でき、そしてそれぞれの強さも同時に理解できてしまうのだ。

短期間で「らしさ」の橋渡しを行なった花王の成功

一見、例外に見える例がある。二つとも、偶然にも花王の例だ。

一つは、花王のフロッピーディスク事業、もう一つは食品事業である。

洗剤がメインの花王がフロッピーディスクをつくっていたというと、やはり一般の人たちは驚く。そして、

「洗剤メーカーがつくったパソコン用品なんて、すぐに壊れそう」

という反応が返ってくる。

食品事業もまたしかり。

図表69 イメージをグラフ化した例

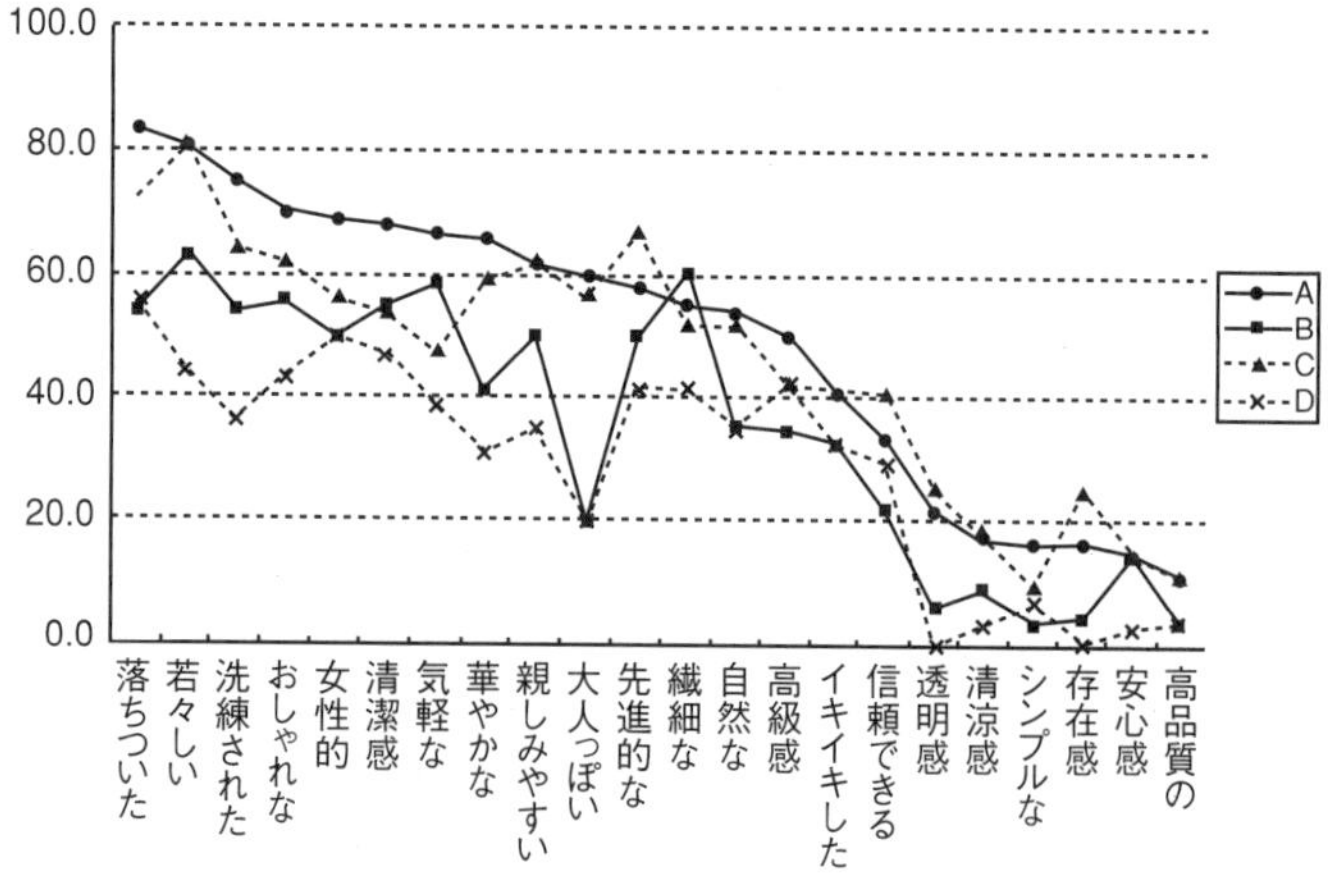

「花王の食品なんて食べたら、泡がぶくぶくと口に広がってきそう」である。

普通にレーダー理論で考えても、花王とこれらの事業の相性が悪いことは明白である。花王の「らしさ」がないからだ。

しかし、フロッピーディスク市場で花王はトップメーカーだった。そして、食品事業にも読者諸兄がご存じのエコナの大ヒットがある。

それでは、レーダー理論が間違っているのだろうか。検証してみよう。

まずはフロッピーディスク事業である。花王は事業参入に当たって、自身のイメージを理解していたようだ。昔、花王石鹸の社名から「せっけん」を取って花王としたのは、「石鹸だけではない『おはようから、おやすみまで』の商品を提供する企業として」自社を考えていたからだ。

そこで、彼らが何をしたのか。

「界面活性技術を使って、フロッピーディスクの信頼性を高めました」と訴求したのである。

界面活性技術がフロッピーにどう好影響を与えるのかは、説明書きがあったもののよくわからない。しかし、花王には、洗剤メーカーとして界面活性技術に優れているとのイメージなら十分にある。その結果、大学の講師などをはじめ、フロッピーのヘビーユーザーが「ものは試し」と使い始めたところ実際にエラー率が少ないことがわかり、そこからファンが広がっていったのである。

ここでは、「界面活性技術」が、橋渡しの役目を果たしている。この説明がなければ、花王とフロッピーという「水と油」は、決して交わることがなかっただろう。

食品事業もまたしかりであった。「エコナクッキングオイル」は一九九〇年にデビューした。当初のベネフィットは「使用量が１／２ですむから経済的」であった。

しかし、まったくの泣かず飛ばず。真っ赤な赤字事業だった。それこそ「天ぷらを揚げたら、ぶくぶく泡が立ちそうな」オイルを使う主婦はいなかったからである（実際、私の会社で買ったことがあるが、確かに１／２ですむし、泡も立たなかった）。

そこに出現したのが、九年後の一九九九年に発売された「健康エコナクッキングオイル」である。コンセプトは「体に脂肪がつきにくい」である。おまけに、日本で初めて「特定保健用食品」として厚生省の認可が降りた。「泡が立ちそうな」イメージなど吹っ飛んでしまうほどの爆発的なヒットである。

もともと、食用油は特売で投げ売りされる商品である。スーパーに行けばいくらでも安いものが見つかる。「経済的」などというベネフィットは大きなものではなかった。

しかし、「健康に良い」となると話は変わる。しかも「ホントかな」という疑問は、厚生省のお墨付きで一気に吹っ飛ぶ。橋渡しの役目を担ったのは「ベネフィットの魅力」と「厚生省のお墨付き」であったわけだ。

こう考えていくと、レーダー理論の典型例であるソニーのケースも、一見、例外に見える花王のケースも、「らしさ」は徐々に長期的につくっていくか、短期的につくり上げるかの違いだけであって、「橋渡しの橋」が「らしさ」を拡大していることがよくわかる。

レーダーマップ分析で効率的な商品戦略を立てる

さて、レーダーマップの見方や応用を説明しよう。

レーダーマップの外観は図表70のようなものである。従来の統計の専門家がつくるマップとは大きく異なるのがわかるだろう。真円ではなく、アメーバのようにイメージ領域が広がっているのが、大きな特徴である。

そして、それぞれの領域は色分けされている。これは、イメージが濃いところと薄いと

図表70　商品Aのイメージ：『洗練』『知的』『まじめ』『伝統』

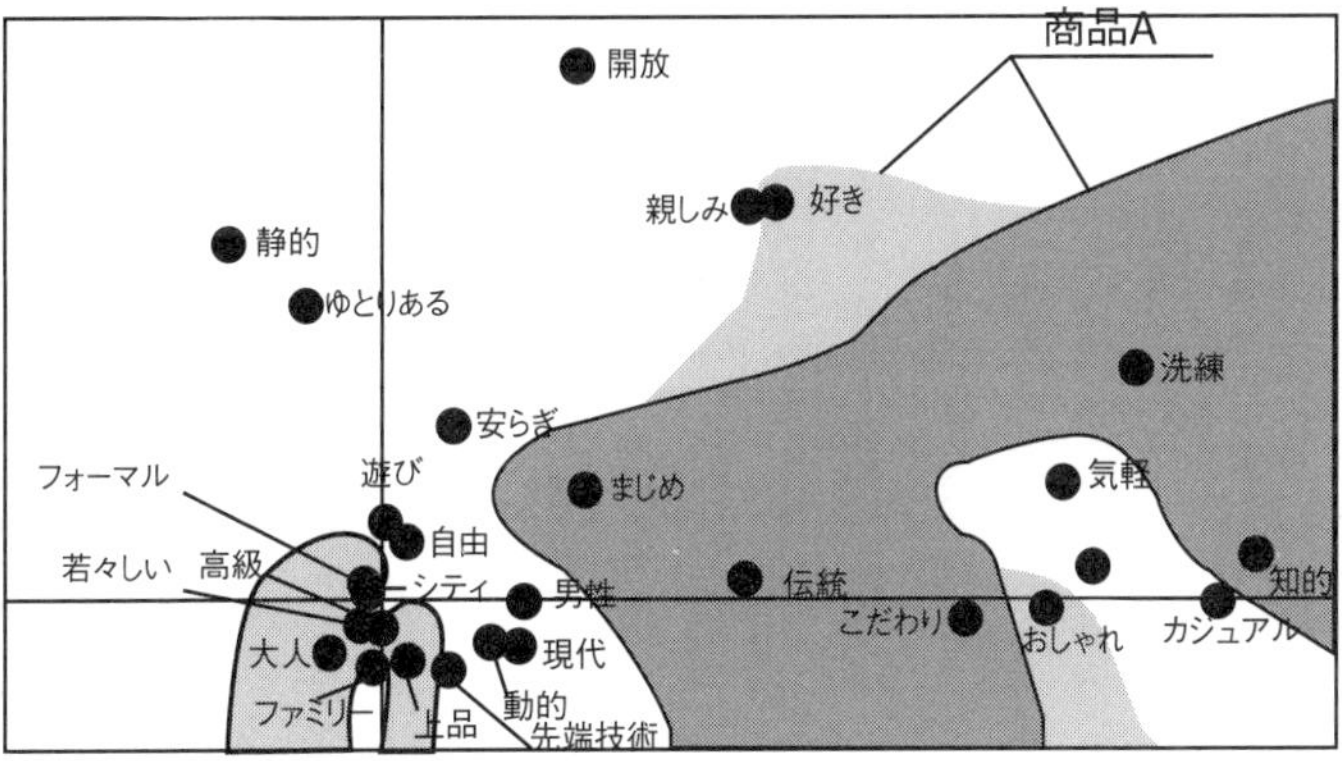

ころを表現している。濃い領域は、その商品がとくに強いイメージを持っている部分、何もない真っ白なエリアは、対象となる商品のイメージがないところを意味している。したがって、どちらかというと、地図の等高線のようなものをイメージしてもらえると、マップの感じがつかめる。

図表70の例でいえば、

「商品Aは、『洗練』『知的』『まじめ』『伝統』イメージがきわめて強い」

という意味である。

普通の棒グラフとコメントの組み合わせよりも、直感的にわかる。

さて、これに競合商品である商品Bを組み合わせる。

商品Aを透明シートにコピーし、そこに同じく商品Bがコピーされた透明シートを重ねる感じになる。すると、商品AとBのイメージ領域が重なるところが出てくる（図表71）。

この場合は「大人」が重なった。

つまり、商品AとBは「大人向けイメージ」で競合しているものの、商品Aは「洗練された大人の女性」であるが、商品Bは「大人の男の解放感」のイメージであることがわかる。

さらに商品Cを重ねたのが、図表72である。商品Cは、A、Bとまったく異なる領域を主戦場としている。

つまり、商品Cは独自のポジションを占めており、商品A、Bとは競合ではないことが一目瞭然となる。

さて、このままでは現状を表わしたに過ぎない。

商品Cは、現状とは別のポジション、たとえば「親しみ」のイメージを、一気に取ることはできない。現在の商品Cのイメージ領域が「親しみ」とはかけ離れているからである。このままでは、花王の食品事業のように「らしくない」と生活者に嫌われるだけである。

しかも、市場には強大な商品Aがあるので、真っ向から勝負を挑むのは得策ではない。

したがって、商品Cにとっては、「急がば回れ」の原則どおり商品Aが手薄な部分を迂回して、弱い商品Bをつぶしてから順に領域を広げるように移動するのが、もっとも効率がよい戦略ということになる（図表73）。

図表71　商品Aと商品Bの比較

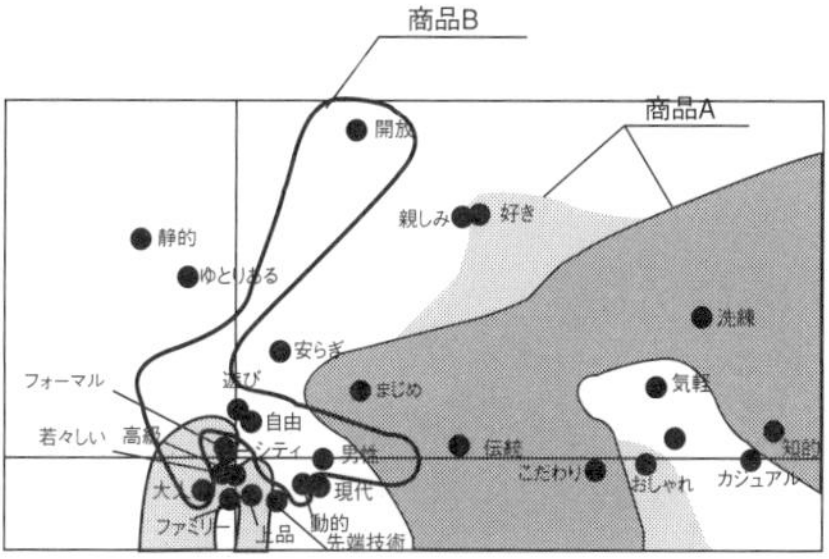

図表72　商品Aと商品B、商品Cの比較

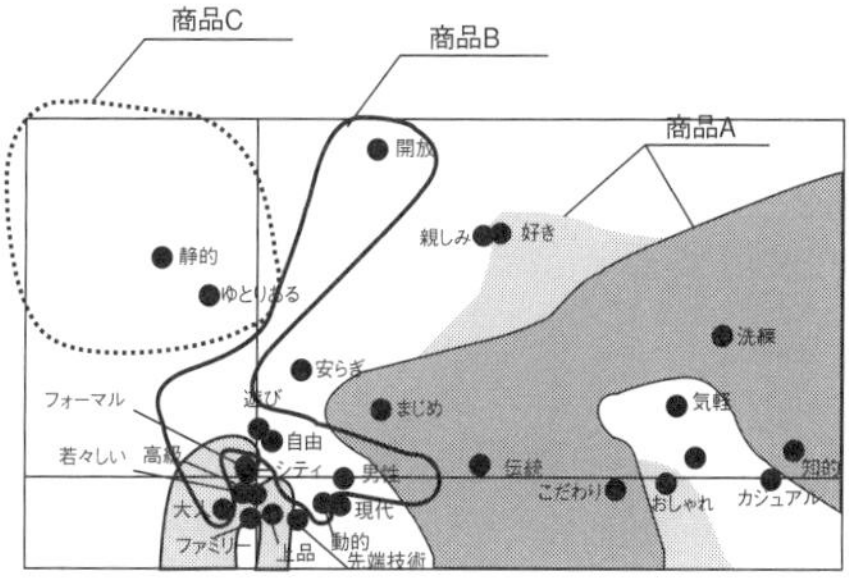

図表73　商品Cがとるべき戦略

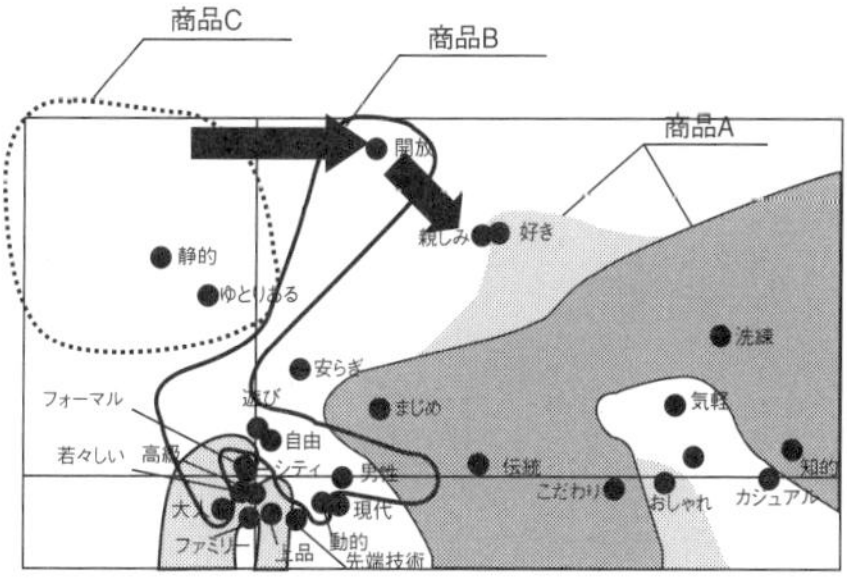

図表74 イノベーター理論とレーダーマップ

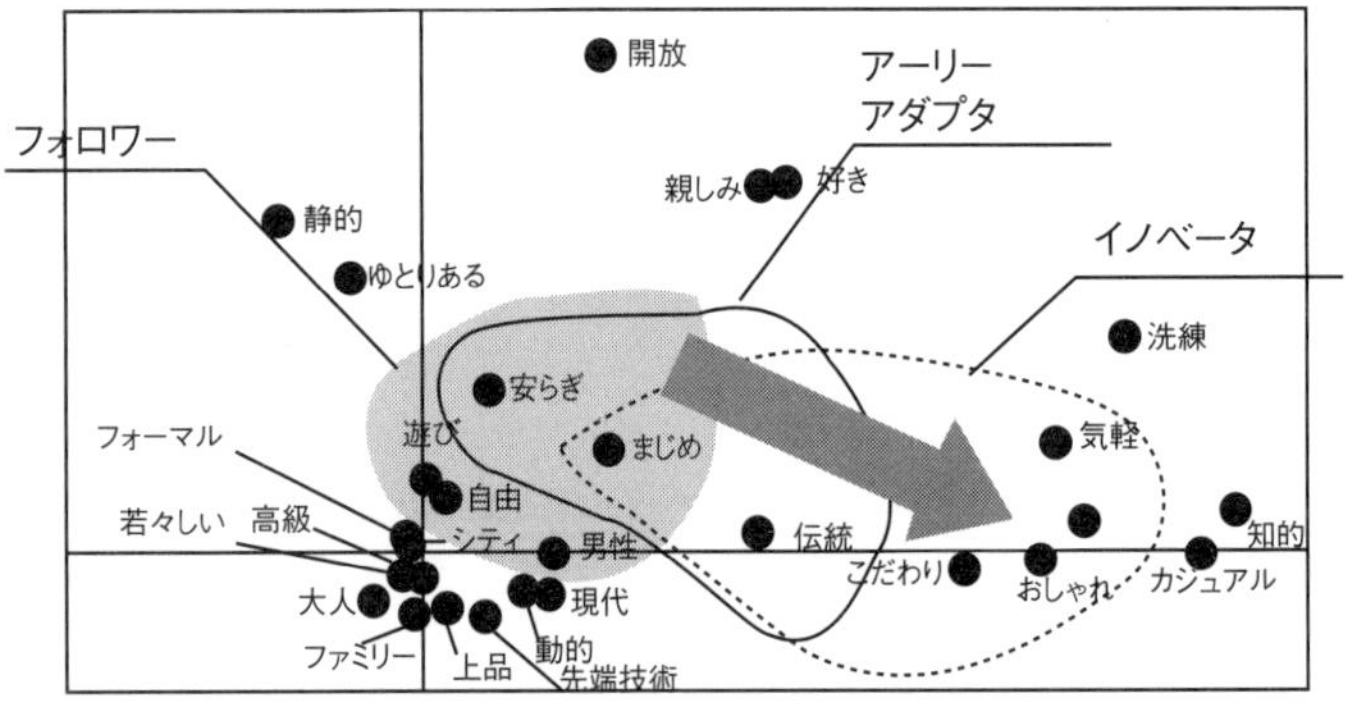

さて、別な応用例である。

商品Aのレーダーマップをイノベータ、アーリーアダプタ、フォロワーごとに作成してみると、図表74のようになった。

核となる部分は三種類の生活者とも共通ではあるが、それぞれ異なった領域を占めている。ここで思い出してほしいのは、イノベータはゆくゆくは一般大衆であるフォロワーを引っ張る役目を果たすことである。つまり、数年後にはイノベータのレーダーマップのようにイメージが変化していくことが、予想できるのである。

これが好ましい変化なのか、よろしくない変化なのかによって、イノベータのイメージ領域を修正してやる必要がある。広告や情報提供の内容を企業が工夫することによって、イノベータのイメージを変えてしまえば、フォロワーはついてくる。

しかも、一〇〇%の生活者のイメージを変える費用はバカにならないが、イノベータである一〇%の生活者のイメージを変えるだけなら、比較的低い投資ですむ。レーダーマップを使うとこういった予想をし、次の一手を確実に打つことが可能になるのである。

以上がレーダー理論の基本である。

最後に、レーダーマップの典型パターンを紹介しておこう。

典型的ガリバー型（図表75）

多くは市場の二六・一%以上を占める商品や企業がこのパターンである。しっかりとした「核」があり、イメージ領域もきわめて広い。こういう商品がある市場では、下位商品は苦戦する。

典型的物まね型（図表76）

二位、三位で、トップ商品の類似商品に多いのがこのパターンである。領域そのものはトップと似ているものの、核もなく、全体的にイメージが薄い。雪印乳業がまだ元気だったころの明治乳業や森永乳業がこのパターンであった。また、マクドナルドに対するロッテリアもかつてはこのパターンだった。

独自ポジション型（図表77）

トップにも二位三位にも属さない、独自のイメージを形成する商品。差別化がきちんとできあがっていて、トップほどの売上はないものの、盤石なブランドイメージと安定的な売上を誇る良質な商品がこれである。乳製品でいえば、小岩井乳業がこれにあたっていたし、ハンバーガーチェーンではモスバーガーやフレッシュネスバーガーがこれである。

希薄イメージ型（図表78）

イメージ領域がほとんど見あたらない、寂しいマップができあがる。新製品の大半は、いくらヒットしていても、一年くらいはこのパターンであることが多い。ブランドイメージをつくるのがどれだけ難しいかを物語る好例である。

もちろん、売れない商品はほぼ一〇〇％このパターンであるが、現在そこそこ売れている商品でもこの型であることも珍しくない。スーパーなどの流通や営業部の力で売れているものの、ブランドイメージなど無きに等しい商品は世の中にはごまんとある。

過去の遺産型（図表79）

このパターンも意外に多い。イメージ領域が連続しておらず、瀬戸内海の小島のようになってしまっている。かつて、典型的ガリバー型や典型的物まね型だった商品が、時とと

図表75　典型的ガリバー型

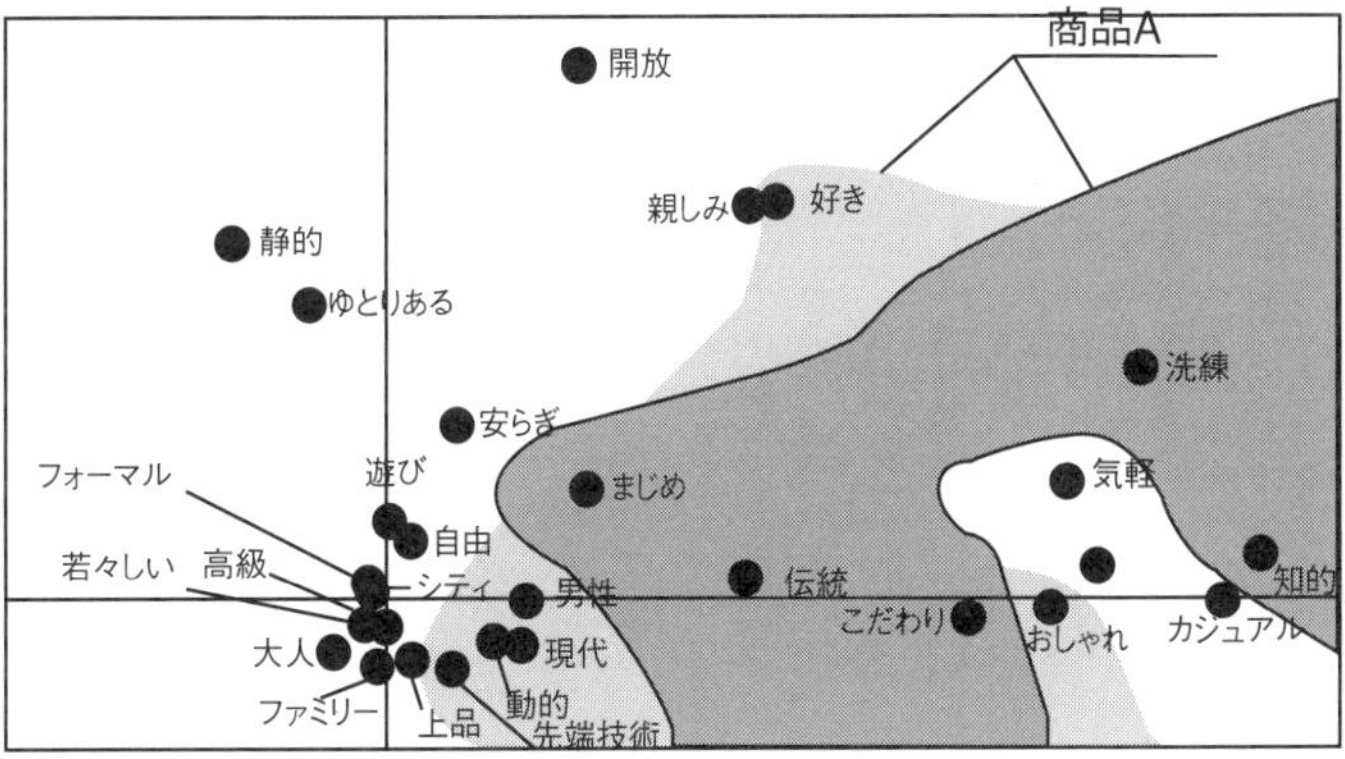

図表76　典型的モノマネ型

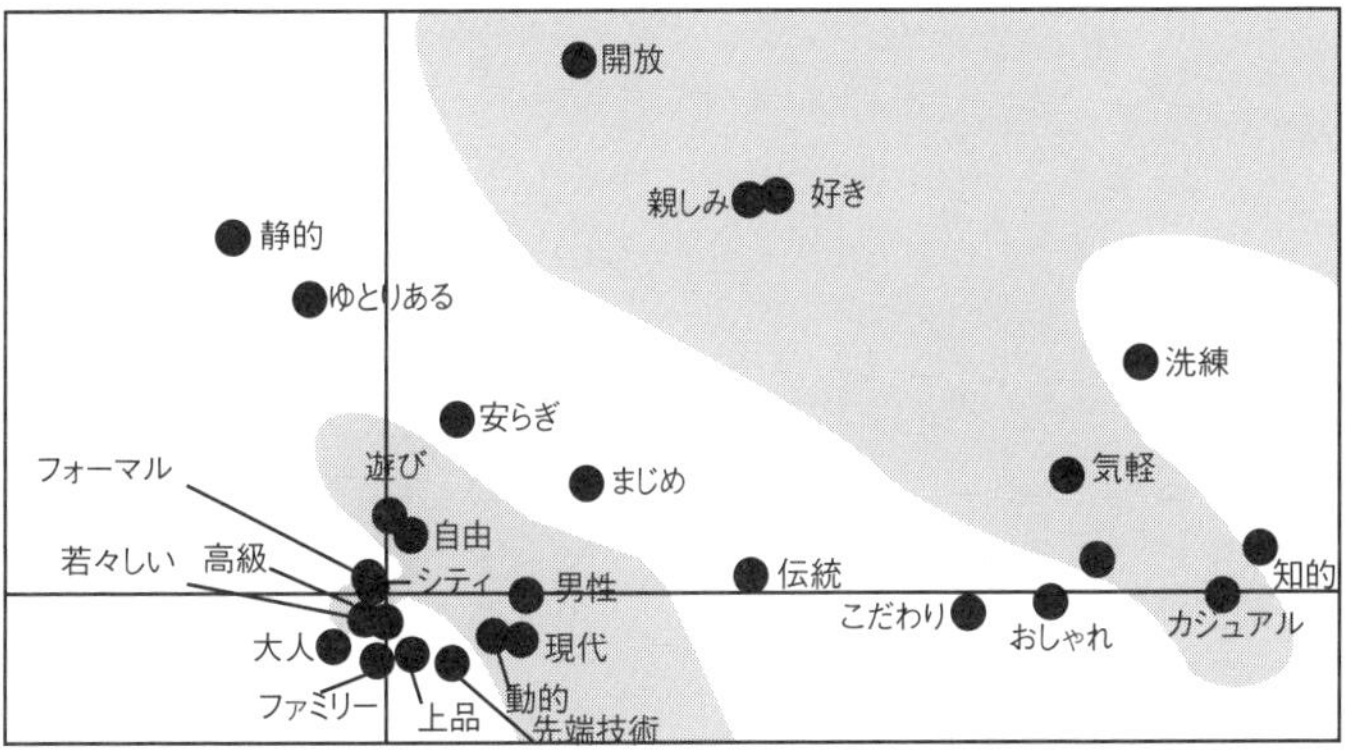

もに競合商品にイメージを食われ、ボロボロになっていった末路であることが多い。

また、広告の失敗でイメージが拡散していった商品や、強い商品に真っ向から勝負を挑んだものの負けてしまった商品にもよく見られる。

そしてまた、よくあるのが、「イメージを拡大する無計画な戦略」を立てたために、「拡大ではなく、拡散してしまった」ケースである。

レーダーマップを一〇〇つくると、そのうちの三〇～四〇は、「過去の遺産型」のパターンである。ちなみに、三〇～四〇は「希薄イメージ型」であり、「ガリバー型」や「独自ポジション型」は一〇にも満たない。

図表77　独自ポジション型

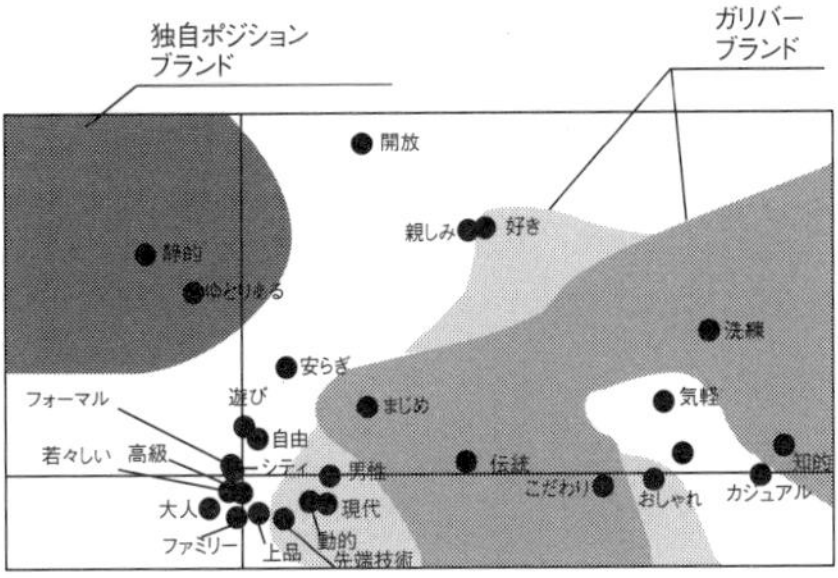

図表78　希薄イメージ型

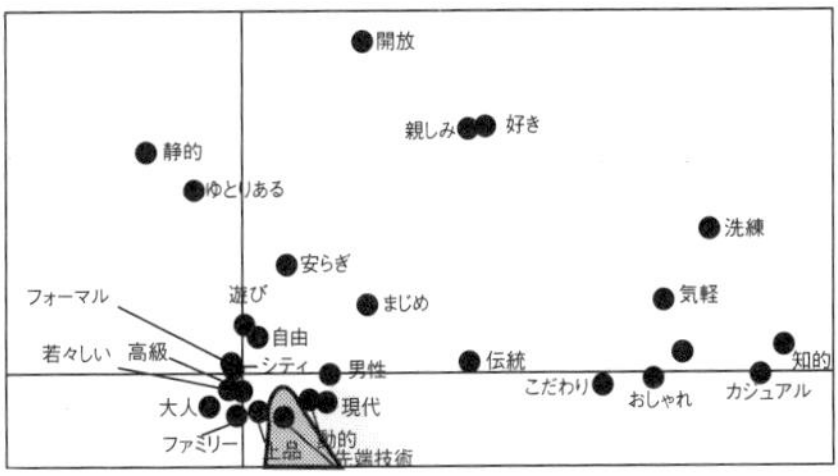

図表79　過去の遺産型

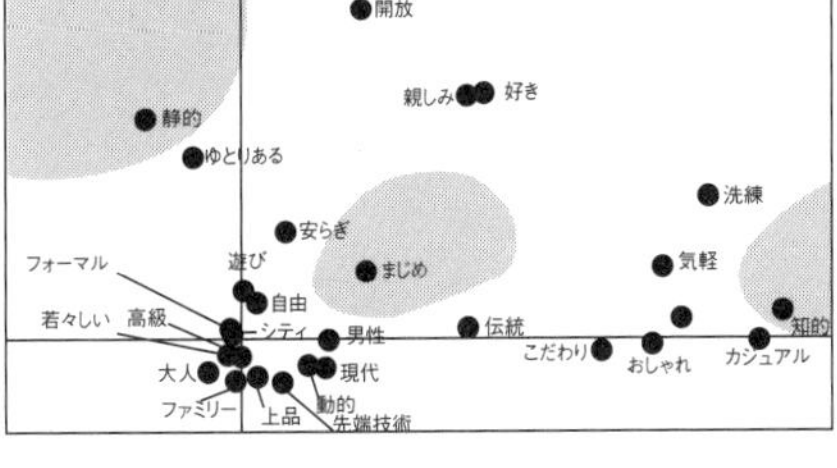

SIMPLE MARKETING

5-2 購入基準ヒエラルキー

生活者の思考の流れ

生活者、いや人間は、一気にたくさんの要素を並列に考えることができないという習性を持っている。実生活でも「悩んでます」という人の多くが、様々な要因をごっちゃにして整理がつかなくなっていることが多い。

「あっちが立てば、こっちが立たず」状態である。

それぞれの要因を分け、どれを最初に考えるべきか。そして次は何を検討すべきかという優先順位をつけてあげるだけで、すっきり解決することも多々ある。

たとえば、「転職しようかと悩んでます」という女性がいる。話を聞くと、次のようなことで悩んでいるらしい。

・人間関係がうまくいかない
・残業が多い割に給料が少ない
・自分がやりたいこととはちょっと違う気がする

それなのに、すぐに転職に踏み切れないのは次の理由だという。

・尊敬する上司がいる
・自宅から近い
・仲のよい女性の同僚がいる

彼女はこれらをスラスラと羅列できたわけではなく、悩みと引きとめる理由をバラバラに思いつくままに話していた。しかし、話を聞いた段階で、すでに「要素を分解する」作業は終わっていると言えるだろう。

だとすれば、次にしなければならないのは、優先順位づけである。

そこでそれぞれの項目にＡＢＣで順位をつけてもらった。【Ａ】は絶対に許せない（外せない）項目。【Ｃ】はなくてもよい。【Ｂ】はその中間である。

〈マイナス要因〉
【Ａ】人間関係がうまくいかない
【Ｂ】残業が多い割に給料が少ない
【Ｂ】自分がやりたいこととはちょっと違う気がする
【Ｂ】今よりよい、またはマシな職場が見つかるかどうか不安

〈プラス要因〉
【A】尊敬する上司がいる
【B】自宅から近い
【A】仲のよい女性の同僚がいる

この段階で【C】がないのは当然だ。【C】ランクならばはじめから悩んではいない。
さて、ここで代替案を提案してみた。

【A】仲のよい女性の同僚がいる
私「この同僚とは、もし転職しても連絡を取り合ったり、会ったりすることはできないのですか」
彼女「できます。あ、そっか、それなら【B】ではなくて【C】ですね」

【A】人間関係がうまくいかない
【B】残業が多い割に給料が少ない
私「たとえば、自分のやりたいことが、はっきりしていれば、人間関係や給料は我慢できますか」

彼女「人間関係は我慢できませんが、給料は今もらっている程度でも十分我慢できます。あ、それなら、給料は『やりたいこと』がハッキリしていればという条件付きで【C】ですね」

このようにして、一つひとつを掘り下げていくと、結局、彼女の最大の悩みは、

「やりたいことがまだ見つかっていない」

ことに尽きることがわかった。

それさえわかれば、転職してもいいし今の会社に残ってもいい。結局、彼女は「やりたいことが見つかるまで、現在の職場にとどまる」ことになった。

人間が一度に検討できるのは、十一項目までといわれている。しかし、料理をするときでも、一遍にまな板の上に乗せるのではなく、一つひとつ順番を考えながら包丁を使ったり、鍋に入れたほうがうまくいく。

なぜ、こんな一見マーケティングとは関係ないことを延々と書いたのか。

一つには、戦略をつくるときに、こういう発想がないと企業担当者が混乱してしまうからである。要素を分けて、優先順位をつけた上で組み立て直す。これは戦略発想の基本中

図表80 100％果汁を選ぶまでの思考過程

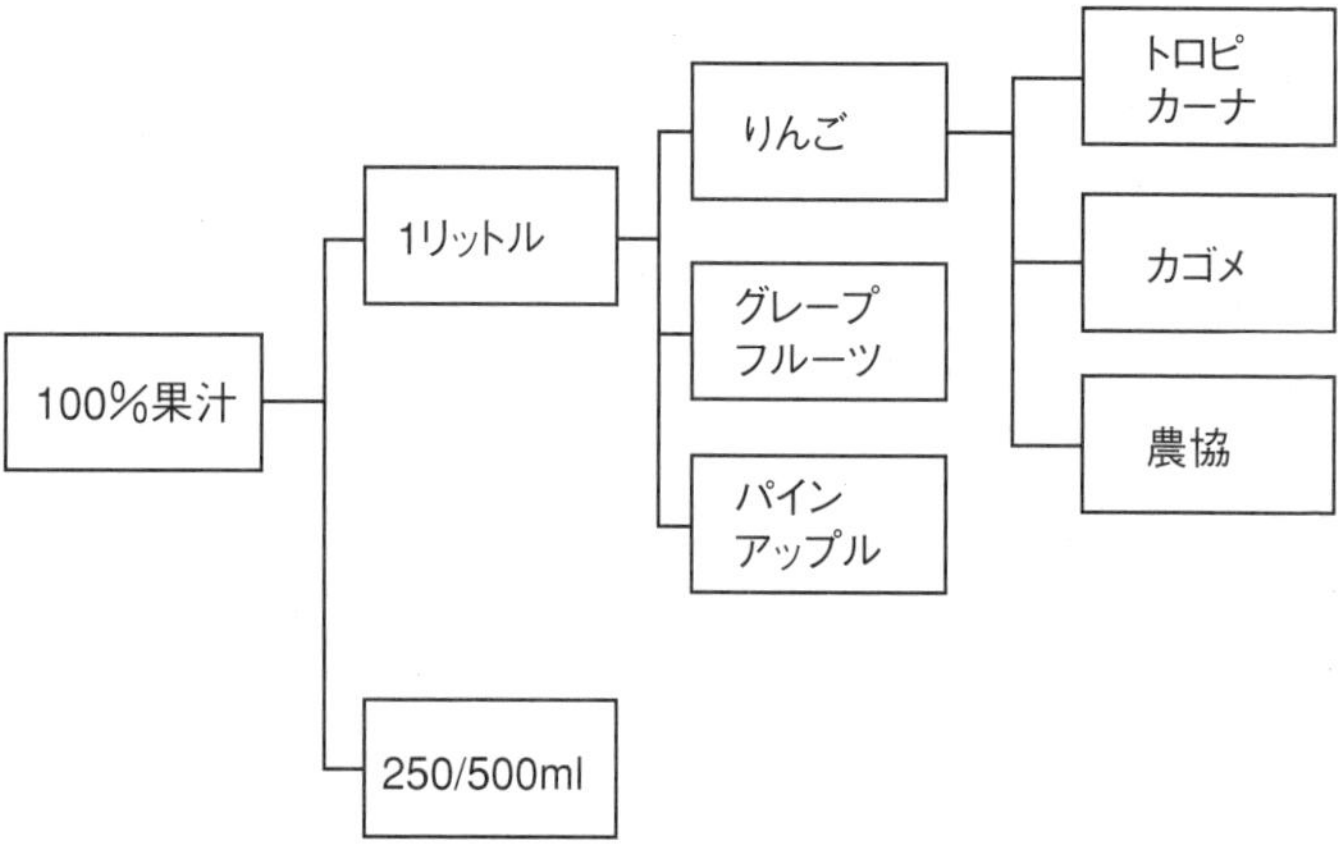

の基本なのに、できていない人が多い。

じつは、もう一つ、もっと大事なことは、生活者もまた知らず知らずにこういう判断をしているということなのだ。

図表80は一〇〇％果汁を選ぶまでの思考過程を表わしている。

主婦のAさんは、スーパーの棚でこんな感じで買うべき商品を考えている。

まず、家族で飲むのだから不経済な二五〇ミリリットルの容器は考えない。一リットル以上のボトルが対象だ。次に、子供がまだ幼稚園児なので酸味の強いものは避けたい。したがって、グレープフルーツやパインアップルは対象外。りんごがいい。最後に、どこのメーカーにしようかと考える。

独身OL、Bさんはコンビニの店頭で商品を見ている。

図表81　主婦の多いスーパーでの棚割

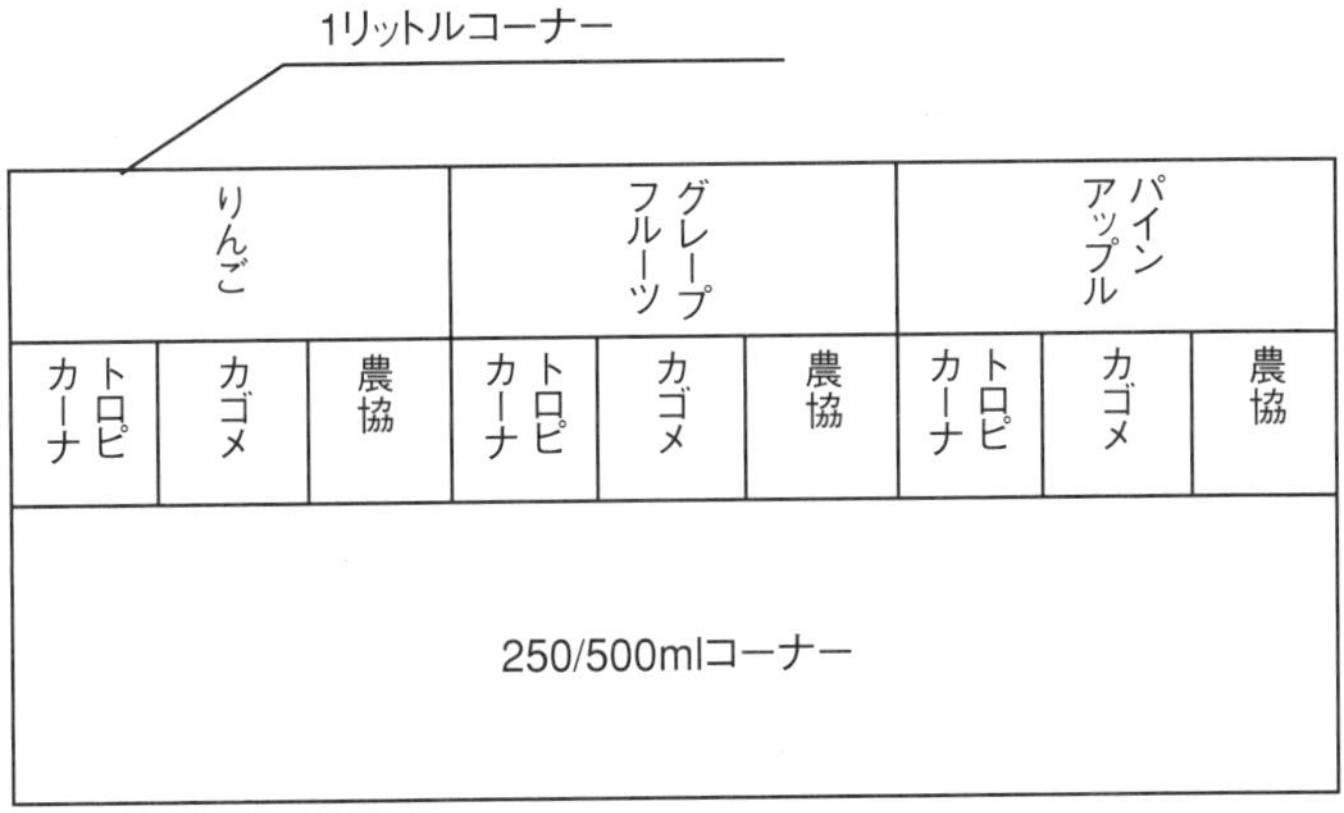

図表82　独身者の多いコンビニでの棚割

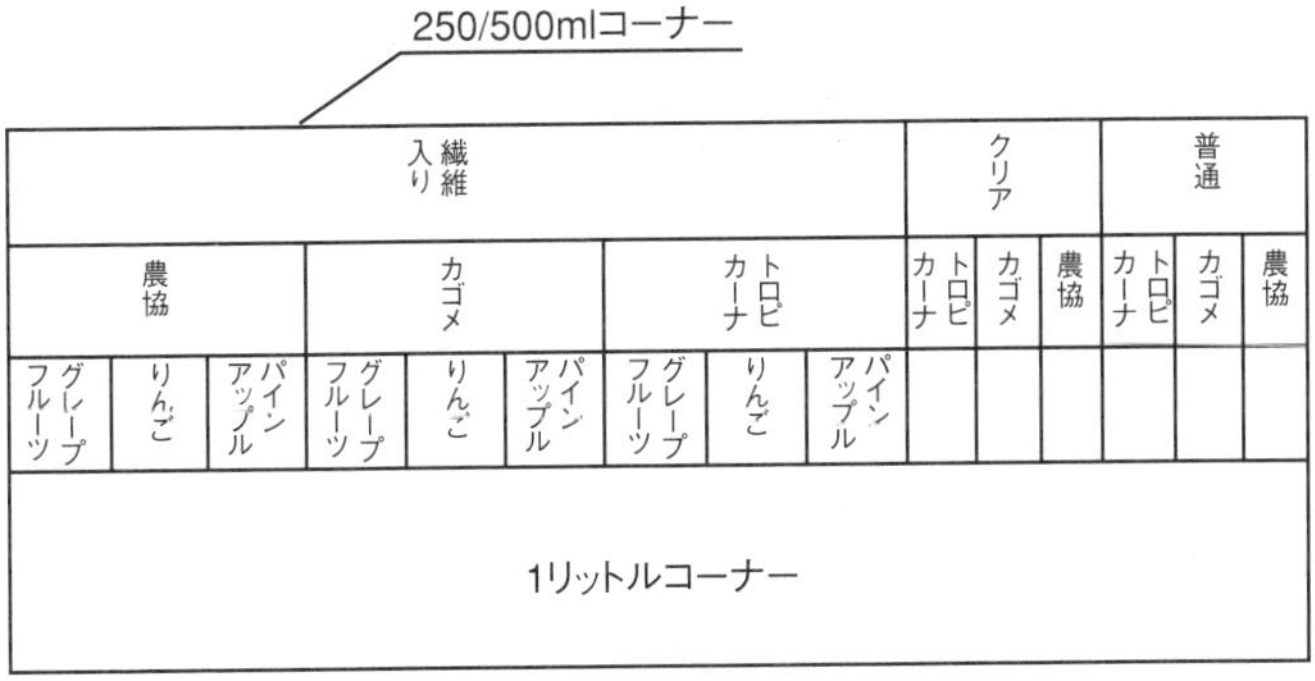

一人で一リットルも二リットルも一度には飲めないので、五〇〇ミリリットル以下の容器を考える。お通じにもいいということだし健康的なので、繊維の入っているものがいい。なので、クリアタイプは対象外。次に、企業イメージのよくないメーカーは外して農協のものにする。最後に生食用の果物が好きなのでグレープフルーツにする。

主婦が多いスーパーでは、Aさんのような考え方をする人が多いので、図表81のような棚割にすると客が選びやすくなる。

一方、独身者が多いコンビニでは、Bさんのような人が多いので、図表82のような陳列が最適なのだ。

選びやすさとは、生活者の思考の流れ（順番）に沿った分類の仕方をするということだ。理論としては、これだけである。非常にシンプルかつ簡便なものだ。しかし、応用例はかなり広い。

生活者の意識に合わせた商品戦略とは

これで成功したのが、八〇年代の池袋東武百貨店である。当時、百貨店業界は、ブランド全盛時代だと考えていた。だから、「ハコ」と呼ばれる空間を区切って、そこにブランド別の売場を設けていたのである。生活者はブランド毎に商品を選ぶという想定だったのだ。

確かに、それは正しかった。上から下までブランドでまとめることが格好良かった時代だったからである。

しかし、隣に西武百貨店を睨む東武百貨店は同じ事をやっていては勝てない。そこで、「ブランドを気にせずに、自分で自由に組み合わせて選ぶ」人たちを想定して、「ハコ」を止めて「平場（ひらば）」をメインとした。

それまでのハコ型の売場では、ネクタイを選ぼうとすると、バーバリー、ダンヒル、セリーヌと「ハコ」を次々と回らなければならない。商品を「ハコ」から外に持ち出して比較するわけにもいかない。

しかし、「平場」なら、ブランド別ではなく色や柄別にネクタイが並んでいる。ストライプはストライプばかり、ペイズリーはペイズリー柄ばかりが並んでいるから、比較しやすいし、試着も簡単にできる。

これが大ヒットしたのである。

とくに、ブランドで全身を固めるのがフォロワー、コーディネート（組合せ）を工夫するのが当時のイノベータだったから効果は倍増。他の百貨店が次々と「ハコ」を廃止して「平場」に移行したのだった。

この考え方は、流通業だけでしか使えないものではない。タカラの「すりおろしシリーズ（たとえば、『すりおろしリンゴ』）」もまた、こういった考え方でのネーミングであった。

当時、果汁飲料というと、「味」「形態（クリアタイプか繊維入りタイプ）」が当たり前の順番であった。もともと一〇〇%果汁はオレンジから始まって、他の味（果物の種類）に広がっていったので、その慣習に則れば、「アップル・繊維入り」「オレンジ・果実ふさ入り」というように順番がつく。それを反対に「身体に良いもの＝繊維」という発想が先に来る生活者をとらえたのが、この商品だった。

中身はなんということのない普通の果汁飲料だったのが、一時期大成功を収めたのは、生活者の発想に無理なく合致したからである。

別な例を挙げよう。

ＪＴ飲料が大ヒット商品を世に送ったことがある。「桃の天然水」がそれである。

一時期、猫も杓子も「桃天」を飲んでいた。それまで泣かず飛ばずだったＪＴ飲料を一躍上位グループに押し上げた立役者である。似たような境遇で、泣かず飛ばずだったキリンの飲料部門をトップグループに押し上げた「午後の紅茶」のヒットを彷彿させる現象だった。

しかし、このままコカ・コーラ、サントリーなどと同じトップグループに入るかと思いきや、ＪＴ飲料が次にとった手が「レモンの天然水」「リンゴの天然水」だった。

これが大きくコケた。

ヒットが続かないＪＴ飲料は、結局「桃の天然水」すらコンビニの棚から外され、しばらくしてスーパーからも消えていった。現在は、ＪＴの自販機で細々と売られる程度である。

ＪＴが「天然水」をキーワードとしたのには理由がある。当時「クリアウォータ飲料」と業界で呼ばれる飲料がヒットしていた。普段はウィスキーの水割りにしか使っていなかったミネラルウォータが単体で飲まれ始めたのがこのころである。生活者の常識ではなく、業界の常識を判断基準としてしまったのだ。

ＪＴは生活者の判断基準も考慮していなかったわけではない。

「桃の天然水」は、最初、缶飲料として発売された。しかし、当初はまったく売れなかった。それを、五〇〇ミリリットルのペットボトルにしてから火がつき始めたのである。当時、五〇〇ミリリットルボトルは他社が手がけていなかった。事実上、「桃の天然水」が初めての飲料だったといっていい。

もう一つ理由がある。

それまでの桃の飲み物といえば「(ピーチ）ネクター」しかなかった。そう、あのどろっとしたネクターである。ご存じのように「桃の天然水」は甘さを控え、さらっと仕上がっている。飲みやすいクリアな飲料水に仕立て上げられているのである。それが、缶では中身が見えないのに対して、ペットボトルではちゃんと見える。

だから、ＪＴが「クリアタイプ」を「桃の天然水」の成功要因だと考えたのも無理はない。

しかし、生活者から見れば、クリアタイプの飲料は他社からいくらでも出ている。「桃の天然水」でなければならない理由はどこにもない。しかし、桃の味の飲み物は事実上「桃の天然水」しかない。

今となっては検証する術はないが、もし、JTが「天然水」のシリーズではなく「桃」のシリーズでもっときちんと商品開発していれば、コカ・コーラ、サントリー、キリンと並ぶ飲料メーカーに育っていたのかも知れない。JT飲料は、その後「桃の天然水・ソーダ」を発売したが、発売時期がまったくずれていただけに、起爆剤にはなれなかった。

飲料の話が続いたので、別な商品分野で説明しよう。

ボルボという自動車メーカーがある。

ご存じのように、安全を第一に設計されたクルマだ。しかし、ボルボはセダン、上級セダン、ワゴン、スポーツと、一見、ばらばらのタイプのクルマをラインナップしている。ボルボのように弱小メーカーでは、「若者に強い」「スポーツに強い」「上級に強い」といったクルマのタイプ別に得意分野を絞り込むのが常識である。業界トップのトヨタでも様々な車種を販売しているが、販売店でそういった分類をしている。

しかし、ボルボはこうやった。

「ボルボには一見、様々なタイプのクルマがあります。

でも、ボルボの品質は一つ、『安全』です」

残念ながら、現在ではマーケティングの失敗や競合の追い上げで一時期の勢いがない同社だが、これも生活者の考える順番をとらえたマーケティングであり、当時のボルボの差別性を際だたせたものである。

SIMPLE MARKETING

5-3 「選好シェア」と「実売シェア」の時間差理論

商品の魅力度を表わす選好シェア

最後にもう一つ、商品評価を行なう尺度を紹介しておこう。この節では、商品の量的側面をはかる尺度について説明したい。

ある商品が、今後、成長する可能性があるかどうかを判断するのは、きわめて難しい。一見、商品の可能性は、需要予測のさまざまな手法から導き出せるように見える。しかし需要予測手法の多くには、株価をその変動のパターンに当てはめて予測するように「当たるも八卦」的なあいまいさがつきまとうのは否めない。

確かに統計手法を利用した需要予測は、商品を管理する側にとって頼もしい味方である。しかしこの方法では、どんな統計手法を使うかによって、答えにバラツキが出てしまう。同じデータを利用しているにもかかわらず、計画を立案する人間の主観によって今後の需要予測が伸びたり減ったり、誤差が生じてしまうのだ。そのため、需要予測を担当するセクションを、どの部署とも利害関係が生じないように、独立させている企業もあるほどである。

さらに統計による需要予測には、株価の動きをパターン分析から予測するだけでは片手落ちだということに似た問題がある。株にせよ、商品にせよ、それを最終的に購入するのは人間である。その人間の心理的な動きを考慮しない予測では、生活者を第一とするマーケティングの世界にはなじまないというわけだ。

そうした反省を考慮すると同時に、とくに緻密な数字は必要ないが商品の成長の勢いが止まりつつあるのか、それともまだ伸びるのかだけでも知りたいという要望にこたえるのが、「選好シェアと実売シェアのタイムラグ理論」である。

生活者は、商品のカテゴリー別の買い物リストを持っている。

生活者は、商品のカテゴリー別の買い物リストを持っている。たとえばＯＬの愛さんがお金を出してもいいと思っているチョコレートなら、明治製菓の「メルティキス」か森永製菓の「ダース」だ。一方、高校生のひなさんは、グリコの「ポッキー」とマスターフーズの「Ｍ&Ｍ'Ｓ」、さらにマッキントッシュの「Ｋｉｔｋａｔ」を買ってみたいと思っている。

選好シェアとは、今まで買ったことのある商品、これから買ってみたい商品を合計して、シェアに変換した数値である。

こうした選好シェアの高低を分析するのも、マーケティングの一つの手法ではあるが、選好シェアを実売シェア（市場シェア）と比較すると、さらに興味深い現象が見られる。

図表83 選好シェアと実売シェアのタイムラグ

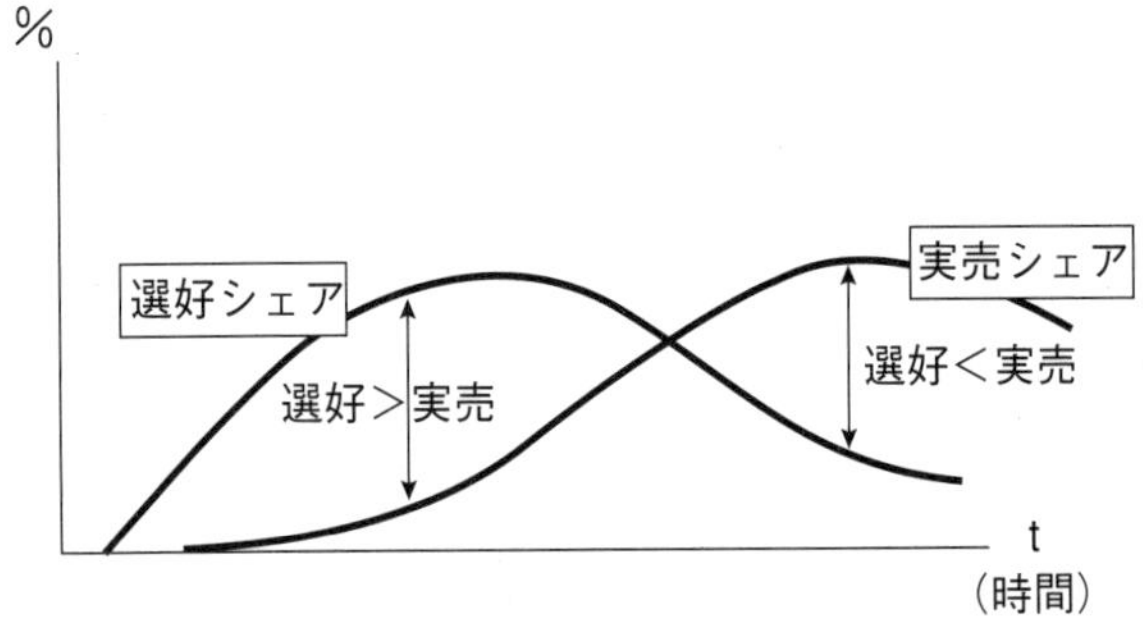

商品が、実売シェアよりも選好シェアのほうが高いものと、逆に選好シェアよりも実売シェアのほうが高いものに分かれるのである。

さらに一つの商品について、実売シェアと選好シェアの上昇の過程を時系列に追うと、図表83のようなカーブを描く。両者がピークを迎える時期は異なっており、タイムラグがあるわけだ。この図の説明は後で詳しくすることにして、もうすこし選好シェアについて説明したい。

生活者の買い物リストは、さまざまな要因によって変化する。たとえばチョコレートなら、「味に飽きた」、「いつも通るキヨスクで売られなくなった」などの理由で、リストから外されることもあれば、「友人の間で話題になっている」「広告を見て欲しいと思った」「いつも寄るコンビニエンス・ストアのレジで必ず見かける」などの理由でリストに加わることもある。

これらの生活者が購入の行動にいたる直前の心理状態を「購入意向」という。

しかし、人間は「商品を買いたい」と思っていても、必ずしも行動を起こすとは限らない。友人から「おいしいよ」と聞いていても、近くのコンビニやキヨスクになければ買いそびれ、そのうち商品の名前すら忘れてしまう。また、店頭に並んでいるのを実際見て「おいしそうだ」と思っても、「もしまずかったら二百円損してしまう」と購入を踏みとどまってしまう場合もある。

つまり、選好シェアに数えられる人々は「実売予備軍」であって、必ずしも実売シェアに結びつくわけではないのである。

では「選好シェアのほうが実売シェアよりも高い商品」とはどんなものか？「買いたい人はたくさんいるのに、実際に買っている人は少ない」商品である。

逆に、実売シェアのほうが選好シェアよりも高い商品とは、「買いたいと思っていなくても、実際買ってしまった人が多い」商品である。

さて、商品は、「買いたい人のほうが多い＝選好シェアが高い時期」と、「買いたいと思っていないのに買ってしまった人が多い＝実売シェアが高い時期」を経験する。

では、なぜ実売シェアと選好シェアに差があるのか？　そして実売シェアが下がったとき、買いたいと思っている人すべてに行動を起こしてもらうためにはどうすればいいのか？

一般的に選好シェアのほうが実売シェアよりも高い商品は、発売間もないものが多い。この原因は三つある。

第一に、流通力が弱いので商品が店に置かれていないからである。一般的に、新製品は選好シェアが高いケースが多い。しかし、新製品はあまり配荷が高くないので、生活者がその製品を買いたいと思っても、実際の購入にはむすびつきにくいのである。

第二に、その商品に関する情報が浸透していないからである。選好シェアはその商品を知っている、いないにかかわらず算出されるので正比例はしないものの、知名度の低い商品は知名度の高い商品よりも選好シェアが低くなる。

選好シェアは実行力の層＝イノベータから上昇するのである。買う人間が列に並んでいるとすると、最後にその商品が欲しいと思った人は、その一人前に商品が欲しいと思った人よりも、つねに行動力がない人ということになる。この生活者の行動力の差が、選好シェアと実売シェアのギャップとなって現われる。

第三に、フォロワーが購入をためらうからである。親和欲求の強いフォロワーは、商品の導入期や成長期には「今すぐこの商品に手を出したら、恥ずかしい」と思いがちだ。そのため「買いたい度合い」が高くても、実際に購入するまでに時間がかかるのである。

逆に、選好シェアはそれほど高くないのに、実売シェア（市場シェア）が高い商品がある。それはなぜか？

第一に、企業の流通力が強いからである。

生活者は、その商品をそれほど買いたいわけでなくても、いつもの店に置いてあれば、つい買ってしまう。探す手間を省くことによって、時間の短縮をはかるのである。

トヨタの商品が売れる理由も、流通力が強いからだ。「カローラ」のユーザーの大半は、「とくにカローラが買いたいわけではないが、いつも訪問してくれるセールスマンはトヨタの人。そこで小さめのファミリーカーを選んだら、カローラになった」という人々だ。彼らは、選好シェアが低いのに実売シェアが高い商品を買うユーザーの代表なのである。

さらに、実売シェアが選好シェアよりも高い商品の好例としては、少額商品では、キヨスクやたばこ屋を中心に圧倒的なシェアを誇るハーブキャンディーやロッテの「グリーンガム」などが挙げられる。「欲しい」と思っていなくても、実物が目の前にあると、つい手を出したくなるという心理が働くのである。

第二に、惰性で買ってしまうからだ。

同じブランドを買い続ければ、少なくとも以前買っていた商品よりも劣った商品を買うおそれはない。新しい商品を買う時間とコストも削減できる。たとえば調査により購入理由を調べる際に、「味が良いから」などの理由とともに、「何となく」や「いつも買っているから」などの選択肢を入れておくと、実売シェアが選好シェアよりも高い商品の場合、必ずといっていいほど、後者の理由がトップを占めるのである。

では選好シェアと実売シェアは、どのように上がっていくのか？　また、相互に影響しあうのか？　ここでもう一度、図表83を見てほしい。

新製品が発売されたばかりのときには生活者がその商品に高い関心を持つから、選好シェアも一挙に上がる。しかし次第に選好シェアは下がり始める。

一方、実売シェアは、新製品が配荷の問題や、コミュニケーション不足の問題を克服するにつれて、上昇し始める。実売シェアは、選好シェアが上がった後で、ようやく上昇し始める。

選好シェアのピークと、実売シェアのピークの時期には、タイムラグがあるのである。

さて、選好シェア理論を利用する上で、注意する点は何か？

選好シェアが落ち始めたら、要注意だ。そしてついに選好シェアより実売シェアの比率が高くなったら、商品が売れる要素はなくなったと解釈してもいいだろう。こうなる前に、ぜひ、手を打たねばならない。選好シェアを指標に、商品に、まだ見込みがあると考えたら、配荷にマーケティング投資を投入し、セールス力をつけるべきだ。また知名度をチェックして六〇％以下なら、ぜひ、広告の露出量を増加すべきである。

たいていの商品は、選好シェアが下降線をたどり始めても放置されがちである。そして、体調が悪くなってからはじめて病院へ行くのと同じように、選好シェアがすでに下がってからやっと、担当者が商品の改善を求めてコンサルタントのもとへ赴く。だが、そのときにはもう手遅れで、大半は、選好シェアが落ちているため売上が伸びないのである。

図表84　選好シェアが下がったとき

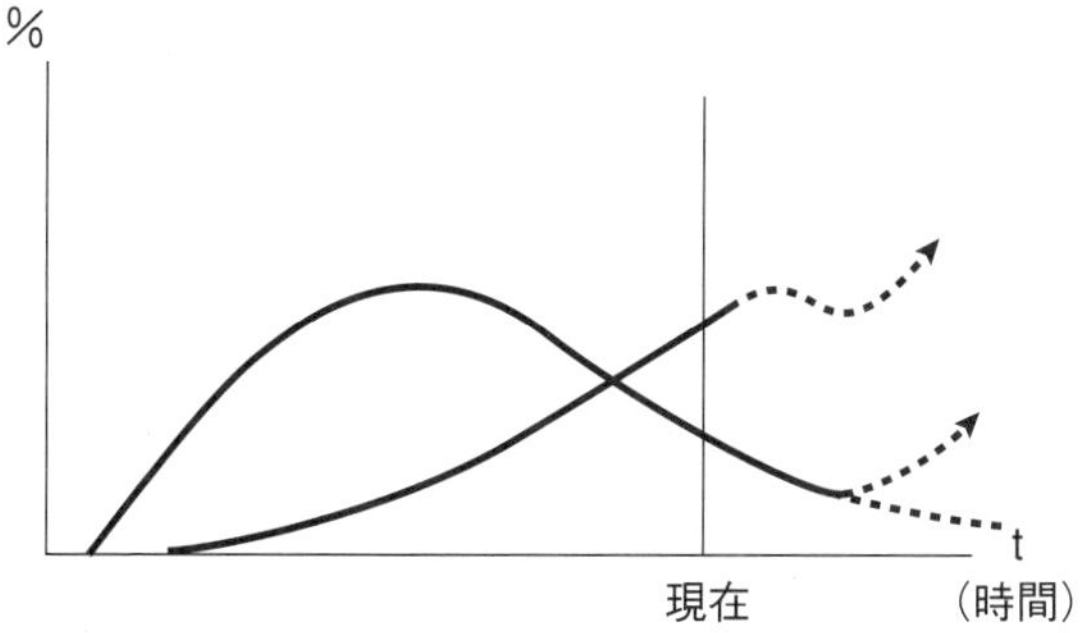

無理にキャンペーンをやるより、選好シェアを根本から見直すべき

実務責任者は必死になって売上を確保しようとする。そこでイベントや販促、あるいは特売で乗り切ろうとするケースが後をたたない。しかしすでに選好シェアが下降している状態では、たとえキャンペーンを実施しても、その場しのぎの対処療法に過ぎない。

一時的に売上が伸びても、キャンペーン終了後には、ちょうど売上が伸びた分だけ実売が落ち込み、キャンペーンでかかったコストだけが無駄になる。こんな商品が、じつに多いのである。ゆえに手遅れになる前に選好シェアを上げておく、あるいは維持せねばならない。

では不幸にして、選好シェアが下がってしまったらどうするか？

当然、選好シェアを上げるのが目標となり、その商品のイメージや、理解のされ方を再検討して改善しなければならない。そしてその手段が、先に述べた「記号性と意味性の双方向一致」の強化と、プロダクト・コーンおよびＤＣＣＭの見直し・改善なのである。

参考文献

ビジネス社『ランチェスター販売戦略　1〜5』田岡信夫
日本経済新聞社『市場占有率2006』日経産業新聞編
国勢社『世界国勢図会'98／'99』財団法人矢野恒太郎記念会編
コンピュータエイジ社『パソコン白書2000—2001年版』
誠文堂新光社『テレビCMの広告効果』JNNデータバンク編
経済界『世界最高の戦略家クラウゼヴィッツ—強い企業の戦法』三菱総合研究所
有斐閣『心理学小辞典』大山正他
法政大学出版局『意味の論理学』ジル・ドゥルーズ
マグロウヒル出版『頭の働きを科学する』P・チャンス他
プレジデント社『戦略的マーケティング』G・D・ヒューズ
ダイヤモンド社『マーケティング原理　第9版』P・コトラー他
ダイヤモンド社『ユニーク・ポジショニング』J・トラウト他
中央公論新社『広告の科学—その発想と戦略』チャールズ・ヤン
インプレス『スローなビジネスに帰れ』阪本啓一
イーストプレス『暴走するインターネット』鈴木謙介

本書のサポートページ
http://isbn.sbpnet.jp/33510/

本書をお読みいただいたご感想・ご意見を上記URLからお寄せください。本書に関するサポート情報やお問い合わせ受付フォームも掲載しておりますので、あわせてご利用ください。

お電話でのお問い合わせにはいっさいお答えできませんので、なにとぞご了承ください。Webサイトにアクセスする手段をおもちでない方は、ご氏名、ご送付先、および「質問フォーム希望」と明記のうえ、FAXまたは郵便（80円切手をご同封願います）にて、下記宛先までお申し込みください。お申し込みの手段に応じて、折り返し質問フォームをお送りいたします。フォームに必要事項をもれなく記入し、FAXまたは郵便にて下記宛先までご返送ください。

送付先住所　〒107-0052 東京都港区赤坂4-13-13
FAX番号　03-5549-1144
宛先　ソフトバンク クリエイティブ株式会社　第一書籍編集部　読者サポート係

ただし、本書の記載内容とは直接関係のない一般的なご質問、本書の記載内容以上の詳細なご質問、お客様固有の環境に起因する問題についてのご質問、書籍内にすでに回答が記載されているご質問、具体的な内容を特定できないご質問など、そのご質問への対応が、他のお客様ならびに関係各位の権益を減損しかねないと判断される場合には、ご対応をお断りせざるをえないこともあります。またご質問の内容によっては、回答に数日ないしそれ以上の期間を要する場合もありますので、なにとぞご了承ください。

改訂 シンプルマーケティング

2006年2月15日　初版　第1刷発行

著　者　森《もり》 行生《ゆきお》
発行者　新田 光敏
発行所　ソフトバンク クリエイティブ株式会社
〒107-0052　東京都港区赤坂4-13-13
組版・編集　株式会社 トップスタジオ
装　丁　森 裕昌
印刷・製本　文唱堂印刷株式会社

※本書の出版にあたっては正確な記述に努めましたが、記載内容、運用結果などについて一切保証するものではありません。
※乱丁本、落丁本は小社販売局にてお取り替えします。小社販売局（03-5549-1201）までご連絡ください。
※定価はカバーに記載されております。

Printed in Japan　ISBN4-7973-3351-0